기독교 학교 운동사

대한민국 근현대사
기독교학교운동을 되짚다

기독교학교 교육신서 19

기독교
학교
운동사

대한민국 근현대사
기독교학교운동을 되짚다

쉼이있는교육

　오늘날 한국의 기독교학교는 어떤 방향으로 나아가야 하는가? 기독교
학교의 나아갈 방향에 대한 진정한 모색은 단지 다가올 미래에 대해 상
상한다고 되는 것은 아니다. 사실 진정한 미래가 과거에 뿌리를 두고 현
재 줄기가 뻗고 마침내 미래에 피는 꽃과 같은 것이라면 과거를 성찰하는
것 이상으로 중요한 일은 없다. 한국 기독교학교의 미래 전망은 그런 점
에서 과거 기독교학교의 역사를 깊이 있게 분석하는 작업으로부터 시작
되어야 한다. 그런데 안타깝게도 그동안 우리나라 기독교학교의 역사에
대한 연구가 충분하게 이루어지지 못했다. 일반 교육의 역사 속에서 잠시
언급되거나 교회사 연구에서 일부 다루어지는 정도에 불과했다고 말해
도 과언이 아닐 것이다.

　이 책은 우리나라에서 기독교학교가 어떻게 시작되었으며, 어떻게 확
산되어 오늘에 이르게 되었는지를 분석하되 기독교학교 운동의 관점에
서 기술하였다. 기독교학교를 설립하고 발전시키는 데에는 설립자들을
비롯한 기독교교육자들의 헌신과 수고, 열정이 있었고, 여러 가지 장애
와 난관이 있었지만 이를 극복하고 오늘에 이르게 된 큰 흐름이 있었다.
이 흐름을 몇 가지로 분류하고 그 분야의 전문 학자들이 연구, 분석하여

이를 책으로 묶은 것이다. 처음 흐름은 개화기부터 일제강점기에 이르는 시기로서 이 분야의 전문가인 한국기독교역사연구소 박혜진 박사가 "개화기-일제강점기 기독교학교의 설립과 의의"라는 주제로 연구하였다. 두 번째 흐름은 북간도에서 일어난 기독교학교 운동인데, 우석대학교의 강영택 교수가 이를 집중적으로 조명하여 "일제강점기 북간도의 기독교학교 운동"으로 기술하였다. 세 번째 흐름은 해방이후 기독교학교 설립 운동인데, 장로회신학대학교의 박상진 교수가 "해방 이후 기독교 사립학교 팽창 및 요인분석"이라는 주제로 집필하였다. 마지막 흐름은 가장 최근의 기독교학교 운동의 역사로서 "한국 기독교대안학교 운동사"를 고신대학교 조성국 교수가 연구하였다.

기독교학교교육연구소 창립15주년을 기념하여 발간하는 이 책의 출간을 시작으로 기독교학교 역사에 대한 더 활발한 연구와 출판이 이루어지기를 기대한다. 연구와 집필에 기꺼이 참여해주신 네 분의 필진에게 감사드리고, 이종철 부소장을 비롯한 원지은 연구원 외 모든 기독교학교교육연구소 연구원들에게 감사드리며, 이 책의 출판을 위해 수고한 도서출판 쉼이있는교육 관계자들에게도 감사의 인사를 전한다. 우리의 선배 기독교교육자들에 의해 지금까지 이어져 온 기독교학교의 역사가 오늘과 내일의 기독교교육자들에 의해 계승되며, 더욱 아름답게 발전해가기를 소망한다.

2021년 12월

기독교학교교육연구소 소장 박상진

차례

제3장: 해방 이후 기독교 사립학교의 팽창 및 요인 분석 연구

제4장: 한국 기독교대안학교 운동사

표/그림 차례

제3장: 해방 이후 기독교 사립학교의 팽창 및 요인 분석 연구

#기독교학교 #개화기-일제강점기 #남장로교회_선교부 #북장로회_선교부

제1장
개화기-일제강점기 기독교학교의 설립과 의의

박혜진 박사

I. 들어가는 말

19세기 말 조선이 문호를 개방하고 서구 국가들과 통상조약을 체결하게 되면서, 개신교 선교사들이 내한하여 선교활동을 시작하였다. 초기 한국 선교를 전개한 대표적인 선교부는 미국 남·북장로회, 미국 남·북감리회, 호주장로회, 캐나다장로회의 6개 교단이다. 선교사들은 처음에 선교가 아니라 교육과 의료사업에 대해 허락을 받았으므로, 그들의 주된 활동은 학교와 병원을 설립하는 일이었다. 물론 교육과 의료도 복음 전도를 위한 것이었지만, 교육과 의료 사업은 구한말과 일제시기 내내 한국인들에게 빛이 되고 희망이 되었다.

한국 교회의 학교 설립운동은 개교회별로 이루어졌다. 어느 정도 규모가 있는 교회는 거의 예외 없이 초등과정의 학교를 만들었다. 선교사들이 일정부분 도움을 주고 교장으로 재직하기도 하였지만, 대부분은 한국인들의 힘으로 각 교회마다 학교를 설립하고 교인들이 재정을 부담해 학교를 유지하고 한국인 교사들이 가르쳤다. 이와 달리 중등학교는 선교부의 재정, 선교사와 미국 후원자의 기부금으로 유지하고 선교사들이 직접 운영했다.

　선교부 관할 기독교학교들에 대한 본격적인 연구는 이성전과 안종철[1]의 연구에서 찾을 수 있다. 이성전은 '서울 대 평양'이라는 구도로 미션스쿨의 설립과 일제하의 갈등 문제를 저항과 타협, 이반의 논리로 설명하였고, 안종철은 교육사업 철수를 둘러싼 갈등과 평양지역 중등학교에 대해, 미국 해외선교부와 한국 현지 선교사들의 입장 차이를 상세하게 서술하였다. 각 선교부별 학교 관련 연구로, 송현강은 남장로회선교부의 스테이션 설치부터 교육선교와 의료선교 등 전반적인 연구를 하였고, 이재근은 전주 신흥학교와 기전여학교에 대해 연구하였다. 그리고 한남대 인돈학술원이 2014년 12월에 "남장로교의 교육선교와 전북지역의 미션스쿨"이라는 주제로 세미나를 개최하였다. 광주와 순천 학교에 대한 이진구와 한규무의 연구도 있다.[2] 박혜진은 북장로회의 중등학교를 연구하였는데, 주로 신사참배 문제로 인한 교육사업 철수 과정을 연구하였다.[3] 중등학교의 설립자 또는 교장이었던 선교사들의 교육활동에 대한 개별적인 연구들[4]도 있다. 류대영은 베어드William Baird의 교육사업을, 안

1) 李省展: 서정민·가미야마미나코 옮김, 『미국선교사와 한국 근대교육』(한국 기독교역사연구소, 2007); 안종철, 『미국 선교사와 한미관계, 1931-1948』(한국 기독교역사연구소, 2010); 안종철, "중일전쟁 발발 전후 신사참배 문제와 평양의 기독교계 중등학교의 동향", 『한국문화』 48호(2009.12).

종철은 매큔George S. McCune의 교육선교 활동을 다루었다. 한국 교회가 설립한 기독교학교에 대해서는 기독교학교교육연구소에서 꾸준히 연구 성과들을 내고 있다. 평양대부흥운동 이후 학교설립운동에 대한 방대한 연구성과와 더불어, 초기 한국 교회의 학교 설립에 대해서는 박상진의 연구가 있다.[5] 박상진은 1890년대부터 1910년까지 한국 교회의 기독교학교 설립과정과 설립목적, 그리고 교회의 지원체계를 주로 장로교 총회록을 참고로 하여 매우 자세하게 기록해놓았다.

이 글에서는 장로교와 감리교를 중심으로 개화기부터 일제말까지 각 지역 기독교학교들의 설립과정을 살펴보고자 한다. 기독교학교 설립의 주체는 외국선교부와 한국 교회로 나누어 살펴봐야 한다. 이를 위해 학교사, 장로교 총회록과 감리교 연회록, 노회록, 개교회사, 교단사 등을 주로 참고하였다. 1980~90년대에 발행된 학교사에 비해 2000년대 이

2) 송현강, 『미국 남장로교의 한국 선교』(한국 기독교역사연구소, 2018); 이재근, "남장로교의 전주 신흥학교·기전여학교 설립과 발전(1901-1937)", 『한국 기독교와 역사』 42호(한국 기독교역사연구소, 2015.3); 이진구, "광주 스테이션의 학교교육—숭일·수피아를 중심으로", 『제1회 인돈학술세미나—미국 남장로교 한국선교부의 교육선교』(한남대 인돈학술원, 2008); 한규무, "순천 매산학교", 『프런티어』4(한남대 인돈학술원, 2009). 위의 송현강의 책 일부 내용과 이재근의 논문도 인돈학술원 세미나에서 발표한 글이다. 다른 선교회에 비해 남장로회의 교육선교 분야가 가장 활발히 연구되고 있다.

3) 박혜진, 『일제하 한국 기독교와 미션스쿨』(경인문화사, 2015).

4) 류대영, "윌리엄 베어드의 교육사업", 『한국 기독교와 역사』 32호(2010.3); 안종철, "윤산온의 교육선교 활동과 신사참배문제", 『한국 기독교와 역사』 23(2005.9).

5) 기독교학교교육연구소 엮음, 『평양대부흥운동과 기독교학교』(예영커뮤니케이션, 2007); 박상진, "초기 한국 교회의 학교 설립과 지원체제 연구", 『기독교학교, 역사에 길을 묻다』(예영커뮤니케이션, 2013). 『평양대부흥운동과 기독교학교』에는 "1907년 평양대부흥운동의 기독교교육적 의미"(박상진), "대부흥운동이 기독교학교 설립에 끼친 영향"(박규규), "한국 교회 초기 기독교학교 설립"(임희국), "한국 교회 초기 기독교학교의 건학이념 연구"(조성국) 등의 연구논문이 수록되어 있다. 또한 『기독교학교, 역사에 길을 묻다』에는 "초기 한국 교회의 학교 설립과 지원체제 연구"·"한국 초기 기독교학교의 쇠퇴에 관한 연구"(박상진), "초기 기독교학교에서의 지역사회와 학교의 관계"(백승종), "구한말 기독교학교/신식학교의 설립에서 내한 선교사와 토착인 교육자의 상호관계 고찰"(임희국), "초기 기독교학교에서의 신앙교육"(강영택), "개화기 기독교학교의 민족교육"(한규원) 등 이미 한국 교회의 기독교학교 설립에 대한 상당한 연구가 진행되어 있다.

후의 학교사들은 비교적 1차 자료들을 충실히 반영하여 서술하고 있어 많은 도움을 받았다. 1, 2차 자료들을 기반으로 하여, 위의 기독교학교 교육연구소 연구에서는 잘 드러나지 않았던 통계수치들을 적극 활용하여 한국 교회의 설립과정, 교육내용과 재정 등을 분석하고, 한국 기독교학교 교육의 특징과 의의를 도출해내고자 한다.

II. 한국 기독교학교의 설립

미국의 북장로회와 미감리회(북감리회)는 한국에 처음으로 선교사를 파송한 개신교 선교회이다. 1884년 9월 북장로회 선교사 알렌Horace N. Allen의 뒤를 이어, 1885년 4월 이후 북장로회 선교사 언더우드H. G. Underwood, 미감리회 선교사 아펜젤러H. G. Appenzeller 부부, 스크랜턴W. B. Scranton과 스크랜턴 대부인M. F. Scranton 등이 입국하였다. 1889년 호주장로회, 1890년 영국성공회, 1892년 미남장로회, 1896년 남감리회, 1898년 캐나다장로회 등이 차례로 내한하여 한국선교를 시작하였다. 한국에 들어온 개신교는 다양한 교파를 배경으로 그대로 한국에 이식되어 초기부터 강력한 교파교회로 출발하였다. 각 선교회들은 선교지 중복에 따른 갈등과 마찰을 피하기 위해 선교지역 분할협정을 체결하였다. 1892년 6월 북감리회와 북장로회 사이에 처음으로 이루어졌고, 곧 다른 선교회들 사이에도 필요성이 인정되어 계속 협정이 이루어졌다. 1909년 당시 담당구역을 보면 서울·평양·원산 세 도시는 두 개 이상의 선교회가 공동점유하였고 나머지 지방은 대체로 중복을 피하여 분할하였다. 서울·경기·충청·강원 등 중부지역은 남·북 감리회와 남·북 장로회가 분할하였고, 평안도·황해도는 북장로회와 북감리회, 함경도는 캐나다장로회, 경북지역은 북장로회, 경남은 호주장로회, 전라도는 남장로회가 각각 관할하게 되었다.[6] 한국선교를 주도했던 장로회와 감리회 등 주류 교단 선교부는 선교 거점 도시에 대규모의 스테이션(station)[7]을 설치하고 그곳을 중심으로 활동했다. 스테이션 안에는 교회, 남녀 중등학교, 병원, 선교사 주택, 선교사 묘지 등이 있었다.

1. 한말 일제하 사립학교 정책의 변화와 대응

일제 당국은 강점 이전인 통감부 시기부터 사립학교에 대한 통제를 강화하여, 1908년 『사립학교령』을 발표했다. 『사립학교령』으로 학교의 교육 목적, 명칭, 학칙, 예산, 유지방법, 설립자, 교원, 교과용 도서 등에 관해 규제하였고, 이를 위반했을 경우 학교의 변경 또는 폐쇄를 명할 수 있도록 했다.[8] 그 때까지 별다른 제한을 받지 않았던 사립학교의 설립이 이제부터는 정부의 통제를 받게 된 것이다. 강점 이후 일제는 1911년 8월 '충량(忠良)한 국민을 육성'한다면서 『조선교육령』을 공포하고, 바로 이어 10월에 『사립학교규칙』[9]을 공포하여 사립학교에 대한 감독을 강화하기 시작했다. 사립학교를 설립하기 위해서는 학교를 유지할 수 있는 기본재산을 갖추고 있어야 했으므로 당시 재정이 충분하지 않은 대다수

6) 한국 기독교역사학회 편, 『한국 기독교의 역사 I』(기독교문사, 2011), 144, 168-173.

7) 선교지부, 선교거점, 선교스테이션 등으로 불렸는데 최근의 연구경향을 따라 스테이션이라고 한다.

8) 정재철, 『일제의 대한국 식민지 교육정책사』(일지사, 1985), 257.

9) "사립학교규칙," 『조선총독부관보』, 호외, 1911년 10월 20일.

의 사립학교들은 새롭게 인가를 받기 어려웠다. 교과용 도서도 조선총독부에서 편찬한 것이나 총독의 검정을 거친 것을 써야만 했다. 1910년 7월 전국의 학교 총수 2,235개 가운데 정부의 인가를 받은 사립학교는 2,082개로 약 93%나 되었다. 그러나 『사립학교규칙』이 제정된 이후인 1912년에는 1,362개교(일반 817, 종교계 545), 1919년에는 742개교(일반 444, 종교계 298)로 확연히 감소되었다.[10] 10년도 안 된 기간에 사립학교가 약 ⅓로 감소한 것이다.

총독부는 1915년 『개정사립학교규칙』[11]을 공포하여, 교과과정은 정규 학교 규칙에 정해진 것만을, 교원은 일본어에 정통해야 하며 시험에 합격하여 교원 면허장이 있는 자이거나 총독이 지정한 학교를 졸업한 자에 한한다고 하였다. 기존의 사립학교 교원 대부분이 더 이상 교사로 존속하지 못하게 되었으며, 더 심각한 경우는 성경과목 및 종교적 의식이 금지되는 문제였다. 기존에 인가받은 사립학교에는 10년간의 유예기간을 주어, 그동안 개정령에 맞게 조치를 취하도록 했다. 조선총독부는 교육과 종교의 분리를 강제하고 종교를 교회 안에 묶어두려고 하였다.[12] 『개정사립학교규칙』에 따라 사립 중등학교는 고등보통학교로 가든지 각종학교로 가든지 둘 중 하나를 선택해야 했다. 고등보통학교가 된다면 일본어 교육을 대폭 강화하고 한국 역사와 지리, 성경 등을 교과목으로 가르칠 수 없게 된다. 각종학교로 남게 된다면 1925년까지의 유예기간

....

10) 장규식, 『1920년대 학생운동』(한국독립운동사연구소, 2009), 160, 162.

11) "사립학교규칙 중 개정", 『조선총독부관보』 1915년 3월 24일.

12) 關屋貞三郎(학무국장), 「私立學校規則改正要旨」 『조선휘보』 1915년 4월, 22-27.

동안 교과목은 자유롭게 가르칠 수 있었지만, 상급학교 진학과 취직 등에서 불이익을 받아야 했다. 성경을 정규 교과목에 둘 수 있느냐 없느냐의 문제를 두고 고심하던 기독교계 학교들은 감리교 계통 학교와 장로교 계통 학교가 각각 다른 결정을 내렸다. 감리교계 학교와 캐나다장로회 학교들은 정규 과목은 아니더라도 방과후에 성경 수업과 예배를 드리는 것은 무방하다고 여겨 고등보통학교로 승격시켰다. 그러나 대부분의 장로교계 학교들은 종교교육을 배제하는 고등보통학교로의 길을 포기했다. 고등보통학교로 인가받지 않은 학교들은 '각종학교各種學校'가 되었고, 각종학교 졸업자는 전문학교 입학자격을 주지 않았다. 상급학교 진학이 되지 않았으므로, 장로교 학교 재학생들 가운데 감리교 학교나 관공립 학교로 옮기는 경우도 있었다. 장로교 학교들은 학교가 폐지되지 않도록 온갖 노력을 기울이기로 하고 우선 재단을 만들기 위해 적립금을 마련하고, 각 노회 지역 내의 학교와 사숙을 합병하고, 학교가 없는 지역의 교회에서는 서당이라도 두고 교회 자녀를 가르치기로 했다.[13]

〈표1〉 사립각종학교 수(1910-1919/ 각년 5월말 현재)[14]

연도	일반	종교	계
1910	1,227	746	1,973
1911	1,039	632	1,671
1912	817	545	1,362
1913	796	487	1,283
1914	771	473	1,244
1915	704	450	1,154
1916	624	421	1,045
1917	518	350	868
1918	461	317	778
1919	444	298	742

『사립학교규칙』 개정 이후 사립 각종학교는 1916년 1,045개교, 1917년 868개교, 1918년 778개교, 1919년 742개교로 대폭 감소하였고, 1919년 당시 종교학교 298개교가 거의 기독교학교인데 그 중에서도 북장로회 학교가 164개교로 반 이상을 차지했다. 교육사업에 매진하던 선교사들은 『사립학교규칙』이 학교 경영에 막대한 지장을 가져올 것이며, 이는 정부가 선교사들에게 성경교육의 자유를 약속한 것에 위배되는 것이므로 10년 동안의 유예기간이 완료되기 전에 이 규칙을 다시 개정해 달라고 요구했다.[15]

총독부와 장로교의 종교와 교육을 둘러싼 갈등은 3·1운동 이후 일제의 정책 변화에 따라 새로운 양상으로 전개되었다. 6개 선교부 연합회가 사이토斎藤實 총독 앞으로 진정서[16]를 보내 기독교학교에서 성경을 가르치고 예배를 드릴 수 있게 해달라고 요청하였다. 총독부는 1920년 3월 사립학교규칙을 다시 개정해 수신과 일본어를 필수 과목으로 넣는 조건부로 성경과목을 가르칠 수 있도록 했다. 이제 기독교학교에서 성경을 가르치면서, 유예기간이었던 1925년까지 고등보통학교에 규정된 내용을 다 갖추지 않아도 각종학교로 존속할 수 있게 되었다. 1922년 제2차 조선교육령을 공포하고, 『사립학교규칙』[18]도 다시 개정하였다. 개정된 사립

13) 『예수교장로회 조선총회 제4회 회록』(1915.9.); 『예수교장로회 조선총회 제5회 회록』(1916.9)

14) 「朝鮮人敎育 私立各種學校狀況」, 조선총독부학무국, 1920(『日本植民地敎育政策史料集成(朝鮮篇)』 43-下권), 6-7.

15) Horace H. Underwood, Modern Education in Korea(International Press, 1926), 173.

16) "전선 선교사대회 진정서," 조선총독부 학무국, 『朝鮮の統治と基督敎』(조선총독부, 1921, 1923); 김승태 편역, 『일제강점기 종교정책사 자료집-기독교편, 1910-1945』, 170-172.

17) "사립학교규칙 개정(府令 제21호)," 『조선총독부 관보』, 1920년 3월 1일.

학교규칙에서 중요한 것은 앞으로 개인의 학교 설립을 제한하고, 사립의 전문학교, 중학교 또는 고등보통학교를 설립할 때는 학교를 설립·유지할 만한 기본재산이 있는 재단법인이어야 한다고 규정하였다. 선교부에서 운영하는 학교들을 제외하고, 기본재산 없이 근근이 유지해온 사립학교는 경비문제로 인해 폐교될 곳이 적지 않을 것이 예상되었다. 선교부도 각 학교 교장들과 회의를 통해 선교부의 교육정책을 다음과 같이 정했다. 첫째, 정부 기준에 맞도록 학교의 교과목, 건물, 장비, 교사진과 예산 등을 향상시킬 것, 둘째, 각 학교의 수용능력을 향상시키고 학생들에게 기독교적 성격, 능력과 자질을 충실히 할 것, 셋째, 교사와 선교사들의 영향력으로 한국인 기독교 지도자를 양성할 것 등의 세 가지다.[19]

일제는 1923년 지정학교指定學校 제도를 도입했다. 각종학교 가운데 기본재산, 학교 설비, 자격있는 교사진을 갖추고 있으면, 학무국에서 시학관이 파견되어 학교를 실사하고 시험을 통해 지정학교로 인정해 주는 제도이다. 지정학교로 인가를 받으면 교과목에 성경과목을 넣고 예배를 드리면서도 고등보통학교와 동등한 자격을 주어 상급학교에 진학할 수 있었다.[20] 1920년대 사립 각종학교에서는 고등보통학교 내지 지정학교로 승격을 요구하는 동맹휴학이 유행하게 되었다.

19) "Minutes and Reports of the 38th Annual Meeting of the Chosen Mission of the Presbyterian Church in the U.S.A. 1922(1922.6.25~7.4)," 59.

20) "耶蘇敎學校 感謝 希望", 『동아일보』 1923.11.7.

2. 선교부의 기독교학교 설립

한국 근대교육의 효시는 1885년 감리교의 아펜젤러가 설립한 배재학당이다. 장로교의 언더우드는 고아원을 설립하여 학생들을 가르쳤고, 1905년 경신학당이 되었다. 1886년 이화여학당과 1887년 정동여학당 등이 설립되었고, 지방에서도 기독교계 학교들이 설립되었다. 이들 학교에서는 성경과목을 일반과목에 포함시켜 복음전도의 기회로 삼았다. 대개 선교부들은 각 지역의 스테이션에 기독교학교를 설립했다. 각 선교부에서 학교를 설립할 당시에는 초등과정인 보통과로 시작하여 어느 정도 교육을 실시하다가 자리를 잡게 되면서 고등과가 설치되어 중등학교로 발전하는 경우가 많았다.

미북장로회선교부는 서울·평양·선천·대구 지역에 경신·정신·숭실·숭의·신성·보성·계성·신명학교를 설립, 운영하였으며, 미남장로회선교부는 전주·광주·군산·목포·순천 지역에 신흥·기전·숭일·수피아·영명·멜볼딘·영흥·정명·매산남녀학교를 설립, 운영하였다. 미북감리회선교부는 서울·평양·공주·수원 지역에 배재·이화·광성·정의·영명남녀·삼일·매향학교를, 미남감리회선교부는 서울·원산·개성 지역에 배화·루씨·한영서원·호수돈·미리흠학교를 설립, 운영하였다. 호주장로회선교부는 부산·마산·진주·거창·통영 지역에 일신·창신·의신·호신·광림·시원·명덕·진명학교를, 캐나다장로회는 함흥·성진·회령·원산 지역에 영생·보신·신흥·보흥·보광학교 등을 설립, 운영했다. 북장로회와 북감리회 선교부가 8개, 남장로회 선교부가 10개, 호주장로회가 9개의 학교를 설립하였고, 남감리회, 캐나다장로회 선교부가 각각 5~7개의 학교들을 설립하였다.

서울은 감리회와 장로회 선교부의 공동 선교구역이었으므로 두 선교부는 모두 서울에서 가장 먼저 학교를 설립하였다. 북감리회 배재학교와 이화여학교, 북장로회 경신학교와 정신여학교는 모두 정동 지역에, 그리고 조금 늦게 들어온 남감리회의 배화여학교까지 총 다섯 개의 학교가 서울지역에 설립되었다. 선교부가 경영한 각 학교의 설립을 간략히 살펴보자.

1885년 7월 서울 정동에 아펜젤러H. G. Appenzeller가 교사 신분으로 들어 왔다. 미국 대리공사 폴크G. Foulk는 고종에게 아펜젤러가 영어를 가르치는 학교를 설립하기 원한다는 뜻을 전했고 고종이 이를 허락했다. 아펜젤러는 8월 3일 자신의 집에서 이겸라, 고영필 두 학생에게 영어를 가르치기 시작했다. 학생은 곧 4명으로 늘어났고 계속 학생들이 몰려 왔다. 전도사업의 필수요건인 한국인과의 접촉이 순조롭게 진행된 것이다. 서소문 언덕에 7,000여 평의 학교부지를 마련해 1886년 6월 학교를 열었다. 이곳은 영어를 배우려는 학생들로 가득 찼다. 이 시대 영어는 출세의 지름길이기 때문이었다. 1887년 고종이 배재학당培材學堂이란 이름을 지어주었다.[21] 스크랜튼 대부인M. F. Scranton은 1885년 10월 정동 32번지에 1,000여 평의 넓은 땅을 구입, 기와집을 짓고 1886년 11월 입주하였다. 처음엔 선뜻 서양인에게 여자아이를 보내는 부모가 없었다. 처음 이화에서 교육받은 여성

---

21) 배재백년사편찬위원회, 『培材百年史』(재단법인 배재학당, 1989).

들은 대개 가난하거나 버려진 아이들이었다. 이들은 교육받은 후 한국의 여성 지도자, 교육자가 되었다. 1887년 고종은 이화학당梨花學堂이란 이름을 지어주었다. 언더우드H. G. Underwood는 고아들을 모아 1886년 정동에 학당을 설립하였는데, 초기에는 원두우학당, 예수교학당, 민로아학당 등으로 부르다가 1897년 폐지되었다. 1901년 게일J. S. Gale이 신입생 6명으로 중등과정을 시작하면서 예수교중학교로 불리다가 1905년부터 경신학교儆新學校라 했고, 영어 명칭은 장로회 해외 선교회 이사장인 웰즈 목사를 기념하여 'John. D. Wells Training School'이라고 했다.[22] 1886년 7월 내한한 여의사 애니 엘러스Annie J. Ellers는 1887년 6월 정동 제중원 숙소에서 한 명의 고아에게 글을 가르쳤고 그해 겨울 3명으로 늘었다. 학교 이름은 처음에는 정동여학당, 1895년 연지동으로 학교를 이전하면서 연동여학교, 다시 사립학교령에 따라 1909년 정신여학교가 되었다.[23] 1897년 10월 내한한 캠벨J. P. Campbell은 여학생 6명으로 기숙학교를 시작했는데 이것이 배화학당의 출발이다. 선교사 집 수위의 딸 박수, 김갓난이 있었고, 처음엔 남학생도 받아들여 유경상劉敬相, 장용남張容男, 김흥준金興俊이 있었는데, 남학생들은 1903년 배재학당에 편입되었다. 개교 1년만에 학생이 20명으로 늘자 1900년 2층짜리 벽돌 건물 두 채를 지어 교사(校舍)와 선교사 주택으로 사용하였다. 학교 이름은 고간동 선교부지를 마련하는 데 헌금

22) 고춘섭 편저, 『경신사』(경신중고등학교, 1991), 111-208; 이만열·옥성득 편역, 『언더우드 자료집』 제5권 (연세대학교 출판부, 2010), 11.

23) 김광현, 정신백년사출판위원회 편, 『정신백년사(상)』(정신중고등학교, 1989).

24) 성백걸, 『배화백년사, 1898-1998』(학교법인 배화학원, 1999).

한 미국 사우스 캐롤라이나 지역 주일학교 학생들을 기려 '캐롤라이나 학당'Carolina Institute이라 하였는데, 한국인들은 그냥 동네 명을 따라 '잣골학교'라 불렀다. 1903년 학부 인가를 받을 때 윤치호가 '배화'培花라는 이름을 지어주었다. 1913년 배화여학교는 사직단 뒤쪽 필운대 아래로 이전하였다. 1926년에는 남캐롤라이나주 인스티튜트 부인회에서 모금한 것과 선교본부 보조로 캠벨기념관을 신축하였다.[24]

북장로회 선교부는 평양, 선천, 대구 스테이션에 학교들을 설립하여 운영하였다. 평양 숭실학교는 1897년 베어드W. M. Baird 선교사가 13명의 학생을 모집해 사랑방학교를 개설함으로 시작되었고,[25] 평양 숭의여학교는 1903년 마펫S. A. Moffett 선교사의 제안으로 창립되었다.[26] 선천의 신성학교와 보성여학교는 다른 지역 학교들과는 달리 한국인이 설립하거나 설립에 참여하였다. 선천 신성학교는 1905년 7월 선천의 기독교 지도자들이 중등학교 설립을 결의하고, 1906년 4월 선천중학회라는 이름으로 설립기성회를 조직하여 26명의 학생으로 개교하였고, 초대 교장은 선천읍교회를 설립한 휘트모어N. C. Whittemore 선교사였다. 그러나 선천지역 유지들의 힘으로 학교를 경영하기 어려워지자 1909년 미북장로회선교부가 경영하게 되었다. 휴 오닐Hugh O'Neill 부인의 기부금으로 학교 재단을 마련하고 교실과 기숙사 등을 건축하여, 'The Hugh O'Neill Jr.

---

25) 숭실100년사 편찬위원회, 『崇實100년사 1. 평양숭실』(숭실학원, 1997).

26) 숭의100년사 편찬위원회, 『崇義100년사, 1903~2003』(학교법인 숭의학원, 2003).

27) 최석숭 편, 『평북노회사』(기독교문사, 1979), 190~191; Harry A. Rhodes, History of the Korea Mission Presbyterian Church U.S.A. vol. I, 1884~1934(대한예수교장로회총회교육부, 1984), 212; 김영혁 편저, 『창립 100주년 신성학교사』(신성학교동창회, 2006).

Academy'라고 불렀다.[27] 보성여학교는 1907년 9월 휘트모어, 로스Cyril Ross, 샤록스A. M. Sharrocks 등 북장로회 선교사와 양전백·이성삼 장로 등 선천 교계 지도자의 발기로 창립되어 10월에 개교하였다.[28] 경북지역 교회 소속 보통학교가 49개였고, 1900년 개교한 대남학교에서도 이미 졸업생이 배출되기 시작하자, 졸업생들이 공립학교로 가면 기독교교육의 단절이 예상되었다. 대구와 부산 선교사들이 모여 기독교 이념의 중학교 설립이 시급함을 공감하고 아담스J. E. Adams 선교사에게 설립을 위임하여, 대남학교 졸업생을 중심으로 학생 27명을 모집해 1906년 계성학교가 대구스테이션 내에서 개교했다. 계성이란 교명은 대구제일교회 박덕일 장로가 지었다고 한다. 초창기 학교 운영비는 아담스 교장이 부담하였고, 1911년 4월 북장로회선교부 경영이 되었다.[29] 대구스테이션 내에 남학교가 개교하자, 브루엔M. S. Bruen, 존슨 부인Mrs. Johnson 등 여선교사들도 1907년 10월 서둘러 학생을 모집하고 수업을 개시했다. 신입생들은 월요오후반을 다녔거나 신명여자소학교를 졸업했거나 또는 지방교회 소학교나 사숙을 졸업한 소녀들이 주류를 이루었다. 1910년 6월 북장로회선교부로부터 설립승인을 받아 선교부 경영 학교가 되었다.[30]

복음전도를 더 중시한 남장로회 선교사들이 교육선교에 관심을 갖게 된 것은 타교파에 비해 비교적 늦은 1901년 무렵이었다. 남장로회 선교

28) Blanche I. Stevens, "The Posyung Girls' Academy, Syenchun Station, for the year 1933-1934" Presbyterian Church in the U.S.A. Board of Foreign Missions Korea Mission Reports 1911-1954 제7권(한국 기독교역사연구소 영인), 329-343; 홍선의, 『보성백년사, 1907~2007』(보성중고등학교, 2007).

29) 계성100년사편찬위원회, 『계성백년사, 1906-2006』(학교법인 계성학원, 2006).

30) 신명100년사편찬위원회, 『신명백년사, 1907-2007』(신명고등학교·성명여자중학교, 2008).

사들은 "불신자는 전도하고 신자는 교육시킨다"는 모토를 가지고, 스테이션이 있는 전주·군산·목포·광주·순천에서 학교를 설립하였다. 남장로회 선교부 역시 선교사가 자신의 집에서 소년 소녀 몇 명을 모아 가르친 것이 학교가 되었다. 1901년 7월 전주에서 윌리엄 해리슨과 그를 돕는 한국인 어학선생이 소년을 위한 작은 주간학교를 개설했다. 1904년 전주군 이동면 화산리로 이전하였고, 1908년에 학교 이름을 '신흥New Dawn'이라고 하였다. 1909년에는 미국인 그레이엄C. E. Graham의 후원으로 2층 벽돌 건물을 신축했으며, 고등과도 시작되었다.[31] 신흥학교가 지정학교로 인가받는 데 필요했던 재정도 모금되어, 1928년에 지하 1층, 지상 2층, 건평 475평의 웅장한 본관 교사가 건축되었다. 건축비를 지원한 미국의 리처드슨 여사Lunsford Richardson에 대한 감사의 표시로 이 본관 이름은 리처드슨홀이 되었다. 1936년 3월에는 리처드슨 여사가 또 한 차례 기증한 기금으로 벽돌 2층 건물을 건물이 세워져 강당 겸 체육관으로 사용되었다. 이 건물에는 에그버트 스미스 오디토리엄Egbert Smith Auditorium이라는 이름이 붙었는데, 에그버트 스미스는 당시 남장로교 해외선교위원회 총무로 리처드슨의 오빠였다.[32] 1902년 3~4명의 여학생을 1주일에 두 번 테이트Miss Mattie Tate 선교사 집에서 한글과 숫자를 가르치기 시작한 것이 기전여학교의 시작이다. 초대 교장은 전킨William M. Junkin의 아내 메리 레이번 전킨Mary Leyburn Junkin 여사였다. 전킨 목사가

31) 조지 톰슨 브라운; 천사무엘·김균태·오승재 역, 『한국선교이야기: 미국 남장로교 한국선교역사(1892-1962)』(서울: 동연, 2010), 101.

32) 이덕주, 『전주비빔밥과 성자이야기』(도서출판 진홍, 2007), 43; 이재근, "남장로교의 전주 신흥학교·기전여학교 설립과 발전(1901-1937)," 『한국 기독교와 역사』 43호(2015.9), 69.

1908년 1월 과로로 인한 폐렴으로 사망하자 전주소녀학교Chunju Girl's School가 기전여학교紀全; Junkin Memorial Girl's School가 되었다. 1909년 최신식 교사를 신축하면서 고등과를 설치하였고, 당시 편물이나 레이스로 학비를 버는 학생이 많았다.[33]

광주의 숭일학교는 1908년 유진 벨Eugene Bell이 설립하여 고등과와 보통과를 운영하였는데, 1920년대 중반 선교부에서 한국인이 매년 한 학급씩, 6년 후 보통과 전체를 인수할 것을 제시하였다. 지정학교 제도 시행과 더불어 숭일학교는 1925년 고등과를 폐지하였고, 1926년 4월부터 한국 교회가 6년제 보통과를 경영하였다. 1932년에는 수피아여학교의 보통과와 통합하게 된다. 그라함Ellen I. Graham이 광주 양림동 선교사 사택 주변에서 놀던 조선 아이들을 모아 작은 글방을 연 것이 수피아여학교의 시작이다. 그라함이 교장이 되어 남녀 두 학교에서 산수를 가르쳤고 그라함의 어학선생도 학생들을 가르쳤다. 학생이 40명으로 늘어 건물이 필요하게 되자, 1910년 본국 교회에 헌금을 요청하였다. 이에 노스캐롤라이나주 애슈빌의 스턴스M. L. Stearn 부인이 죽은 자기 여동생 스피어Jennie Speer를 기념하여 남장로회 선교사업에 보내준 헌금으로 수피아홀Speer Hall을 건축하였고, 학교 이름도 수피아여학교須彼亞女學校, Jennie Speer Memorial School for Girls가 되었다. 지정학교 인가를 받기 위해서는 교사 확장이 필요했는데, 1927년 미국 남장로회 여성들이 자신들의 생일감사 헌금 5만 9천 달러를 모아 보내주어 윈스보로홀Winsborough Hall과 별관과 강당까지 지었다. 모금운동에 주도적 역할을 한 윈스보로W. C. Winsborough

33) 기전70년사 편찬위원회, 『기전 70년사』(기전여자중고등학교·기전여자실업전문학교, 1974).

의 이름을 붙인 것이다.[34]

　　군산 영명학교는 전킨 선교사의 사랑채에서 1902년 시작되었다. 보통과와 고등과를 운영하다가, 1923년 지정학교 제도 이후에는 6년제 보통과, 2년제 고등과만 두기로 결정하였고, 그나마 고등과는 1926년에 재정난으로 폐지되었다. 1935년 전북노회의 지원을 받아 2년제 고등과를 10년만에 재개했으나, 1938 신사참배 문제로 폐지된다. 멜볼딘여학교는 1902년 전킨 선교사 부인Mary L. Junkin의 안방에서 시작하였다. 학생들을 여학교로 끌다시피 인도하였는데, 학생들이 오지 않을 때는 조사인 김씨 부인을 대동하고 마을로 찾아나서기도 했다. 30대 부인이 입학하자 하인을 딸려보내 같이 공부하기도 하였고, 임피 고을의 양반들은 군산여학교를 상놈들이 다니는 학교라고 손가락질하기도 했다. 남편의 건강 때문에 레이번 전킨이 전주로 옮겨가고, 불William F. Bull 선교사의 부인 엘비(Libbie A. Alby)는 모교인 미국 멜볼딘대학에 여학교 건축을 호소하여 구암에 3층의 신식 교사를 신축하고 멜볼딘여학교라 부르게 되었다. 군산 뿐만 아니라 전북 서남쪽 지방의 학생들이 멜볼딘여학교에 와 교육을 받게 되었다. 멜볼딘은 기존 2년제 고등과에 2년 연장해 4년제 고등과로 개편하였다. 그러나 1927년 재정문제로 고등과가 중단되었다가

029

34) J. D. Cumming, "The Jennie Speer Memorial School for Girls" The Korea Mission Field(1926.10), 207-208; 이덕주, 『광주 선교와 남도 영성 이야기』(도서출판 진흥, 2008), 92-93, 99-100; 양국주, 『남자 좀 살아주시오-유화례의 사랑과 인생』(Serving the People, 2015), 65-67. 미국남장로회 부인조력회(The Woman's Auxiliary) 창설자인 윈스보로 부인은 1920년에 내한했을 때 쉐핑(E. J. Shepping)에게 부인조력회를 소개하여 1922년 광주에서 부인조력회가 조직되었고, 후에 여전도회로 발전했다.

35) 송현강, 『미국 남장로교의 한국 선교』, 192; 개복교회110년사편찬위원회, 『개복교회 110년사, 1894-2004』(대한예수교장로회 개복교회, 2004), 175, 179-180.

1930년 4년제로 재개하였다.[35)]

스트레퍼F. E. Straeffer 여선교사가 1903년 길거리 아이들을 집으로 데려다 가르친 것이 목포 학교의 출발이다. 1903년 9월 유진 벨·임성옥·유내춘 등이 학교를 세우기로 하고 남녀 학교가 동시에 개교하였다. 1906년 프레스턴 목사·유내춘·남궁혁이 교사로 영흥학교를 이끌어갔고, 1907년 고등과가 신설되었다. 프레스턴 교장이 자기 아버지가 목회하던 사우스캐롤라이나주 스파탄버그제일교회와 담임 존 왓킨스 목사의 후원금 2천 달러로 강당과 교실을 신축하여 호남 최초의 근대식 학교 건물이 완성되었다. 학교 이름도 존 왓킨스 아카데미The John Watkins Academy라 하였고, 1914년 영흥학교로 개명하였다. 1927년 고등과를 폐지했다가 1931년 재개하였고, 1935년 2년제 상과로 변경하여 실용위주의 교육을 하였다. 1909년에는 미남장로교 예산으로 여학교 교사를 신축하였다. 2년제 고등과를 신설하고, 1914년 고등과 첫 졸업식이 있던 해에 정명여학교로 개명하고, 4년제 보통과와 4년제 고등과로 개편했다. 맥컬리 부인Green McCallie이 10,000달러를 기부해 석조 3층의 새 교실을 건립하였고, 이때 맥컬리기념여학교McCallie School for Girls라 부르기도 했다. 재정문제로 1935년 고등과를 2년제 가사과로 변경하고 실용위주의 교육을 하였다.[36)]

전주 신흥학교에 기부했던 그레이엄의 소개로, 노스캐롤라이나주 더럼의 실업가 왓츠George Watts는 순천선교부 전체를 맡아달라는 프레스턴

36) 송현강, 『미국 남장로교의 한국 선교』, 201; 김양호, 『목포 기독교 이야기: 목포 기독교 120년사·초기』(세움북스, 2016), 228-229.

의 요구를 받아들여 선교부 개척에 필요한 선교사 13명의 생활비로 매년 1만 3천 달러를 부담하기로 약속했다. 그리고 1911년 내한한 건축선교사 스와인하트R. Swinehart를 순천에 보내 선교사 사택을 건설했다. 매년 선교비와 특별헌금 등 왓츠의 전폭적 지원 덕분에 매곡동 산자락 땅을 계속 구입해, 1924년 당시 2만 6천여 평에 교회, 유치원, 남녀학교, 병원, 기숙사, 남녀 성경학교가 있었다. 왓츠는 1920년에 이어 1930년에도 내한해 병원과 학교 등의 시설비로 8만달러를 후원했다.[37) 크레인 John C. Crane이 순천읍교회 초기 예배당에서 교인 자녀를 모아 가르치면서 1912년 은성학교라는 남학교가 시작되었고, 더피L. Dupuy도 1914년 작은 한옥에서 19명으로 여학교를 시작하였다. 1915년 「개정사립학교 규칙」에 의해 성경교육을 할 수 없게 되자 남녀 학교는 1916년 폐쇄되었다. 1919년 성경 교수가 다시 가능해지자 학교재건 논의를 하였고, 왓츠 장로는 1920년 순천을 방문하여 학교 재건과 건축지원을 약속했다. 남·녀 학교는 각각 'The Watt's Male Academy', 'The Watt's Girl's Academy'라 부르다가, 1921년 재건될 때 매산남학교·매산여학교라는 공식 명칭을 사용하였다. 고등과와 보통과로 나누어 보통과는 순천지역 교회들이, 고등과는 선교부가 각각 운영을 책임지기로 하였다. 선교부가 비용문제로 보통과만 두려 했을 때 이기풍 목사를 비롯한 교인들이 운영비 일부를 부담하는 조건으로 고등과 설치를 요구하였고, 뒤에 재정난 타개를 위해 실업교육을 중시하게 된다.[38)

---

37) 왓츠가 20년 넘게 장로로 봉직하고 있는 더럼제일교회 담임목사는 전주 전킨 선교사의 처남이기도 했다. 이덕주, 『예수 사랑을 실천한 목포·순천 이야기』(도서출판 진흥, 2008), 98–100.

미국 북감리회선교부에서는 서울·평양·공주·수원 지역에 배재·이화·광성·정의·영명·삼일·매향학교를 설립, 운영하였다. 1894년 홀William J. Hall 선교사가 평양에 한옥 2채를 구입한 후 교회·병원·학교를 동시에 열었다. 그는 소년 13명을 모아 한글·한문·성경교육을 시작하였으나, 그 해 11월 24일 사망하여 교육이 중단되었다. 1903년 무어John Z. Moore 선교사가 미국 캔자스주 제일감리교회에서 2500달러 기부금과 노블W. A. Noble 박사가 중국에서 모금한 것, 그리고 한국인 신도들로부터 모은 돈으로 평양성 서문밖으로 학교를 이전하여 격물학당格物學堂이라 하였다. 1918년 4월 광성고등보통학교로 인가받았다.[39] 고등보통학교 승격 이후 한국인 기부자가 증가하였다. 1934년에는 이신李信 여사가 전 재산인 시가 16,000원 상당의 토지를 희사했다. 정의여학교는 노블 부인 Mattie W. Noble이 제출한 여학교 설립 건의안을 받아들여 1899년 9월에 46명의 학생을 모집하여 학교를 시작하였다. 1900년부터 실업반을 설치하고 편물과 자수 등을 교수하였고, 1920년 정의여자고등보통학교로 인가받았다.

공주에서는 교인들이 교사 월급을 부담하겠다고 하면서 선교사에게 학교를 세워달라 요청하자, 서울 배재학당 학생이 교인 자녀들에게 3개월 정도 가르치다가 중단된 적이 있다. 1905년 샤프R. A. Sharp와 함께 공

38) L. Dupuy, "A Teacher's Institute in the Southern Presbyterian Mission," The Korea Mission Field (May 1921), 109; 이덕주, "순천선교부와 지역사회," 『한국 감리교회사와 지역교회사 연구』(한국 기독교역사연구소, 2018), 365-384; 송현강, 『미국 남장로교의 한국 선교』, 215.

39) 광성100년사 편찬위원회, 『光成 100년사』(광성중학교·광성고등학교, 1995), 기독교역사연구소, 2018), 36

주에 내려온 윤성렬에 의해 학교가 재개되어 명선학교로 시작했지만 1년 만에 샤프가 순직하였다. 중흥학교였다가 1907년 윌리엄즈F. E. C. Williams 가 파송되면서 안정적으로 성장했다. 1909년부터 영명학교라 불렸고, 1910년부터 고등과를 시작, 1912년에는 영어를 배우고자 하는 학생 10 여명으로 영어야학도 시작했다. 1917년에는 미국 부인의 기부금 6천원 으로 학교 부근 작은 산을 사서 식목작업을 학생들이 관리하도록 하여, 소나무 벌목으로 수익을 내고, 목재는 기숙사 땔감으로 사용했다. 1925 년에는 미국 텍사스석유회사로부터 공주지역 석유공급권을 따와 학생들 이 석유배달해서 학비를 벌도록 했고, 공주 외곽 호두나무 산지에서 호 두를 사다가 학생들이 가공해서 판매했다. 1926년에는 암소와 토끼를 구입해 학생들이 양육시켰고, 가구를 판매하고 재봉시설을 갖추고 양복 을 제작했다. 선교비 지원이 감소하게 되자 농촌 지도자를 양성하기 위 해 농업중심 학교로 육성하기로 하였다. 1932년 공주지역의 유일한 기 독교계 고등보통학교가 없어지고 영명실수학교가 설립되었다. 1904년명 선여학교로 시작된 영명여학교는 서울 이화학당의 지교(支校) 형태로 운 영되어 보통과를 마친 학생들을 이화학당으로 보내 고등과 교육을 받게 했고, 이화학당 졸업생들을 교사로 초빙했다. 1927년 소학교로 인가받 았다.40)

수원지역에서는 1901년 선교사들이 들어오자 개방적 지역 인사들이 학교 설립를 적극 추진하였다. 수원읍교회 초기 교인 이하영이 기독교를

---

40) 이덕주, "공주선교부 설립과 초기 사역", 『한국 감리교회사와 지역교회사 연구』(한국 기독교역사연구소, 2018), 231-244, 258-261.

받아들인 후 1902년 교회 안에서 시작된 남학교의 첫 교사로 한문을 가르쳤으며, '삼일'이라는 명칭도 그가 지은 것으로 전해진다. 미국 매사추세츠주 노스아담스교회 교인들의 헌금으로 '아담스관North Adams Memorial'을 설립하였고, 1925년 6년제 보통학교로 인가받았다. 선교부의 보조금 삭감으로 위기에 처하자, 삼일학교 교사 김병호, 지역 유지들, 미국 노스아담스교회 교인들이 재정에 보탰다. 1930년대에도 재정압박으로 폐쇄위기에 처했으나, 이후 수원의 유지들로부터 거액의 지원금을 받아 학교를 유지하였다. 삼일여학교는 미감리회여선교부에서 운영하였는데, 1903년 이경숙 전도부인이 파견되어 학생을 가르치고 복음을 전하였다. 1926년 삼일여자보통학교가 되었고, 김세환 학감은 일제말 재정문제로 폐쇄위기에 처했을 때 수원지역 유지들을 설득해 학교를 유지시켰다. 1938년 '삼일'이란 명칭을 빼앗기고 매향여자소학교로 이름을 바꾸었다.[41]

남감리회선교부는 서울 배화여학교 외에, 개성과 원산 지역에서 학교를 설립, 운영하였다. 개성에서 제일 먼저 세워진 학교는 1904년 12월 캐롤Arrena Carroll 여선교사에 의하여 창립된 호수돈여학교이다. 12명의 여아를 데리고 학교를 시작하였는데, 처음에는 개성여학교, 1906년 재정지원자의 이름을 따서 두을라학당杜乙羅; Tallulah Institute으로 개칭되었다. 1909년에는 거액 기부자인 스탤리T. F. Staley 박사의 거주지인 홀스톤을 한자로 음역하여 호수돈여숙Holston Institute이라고 하였다. 4년제 고등과를 설치하고, 1918년 호수돈여자고등보통학교가 되었다. 1906년에 크램부

41) 이덕주, "수원선교와 매향여학교," 『한국 감리교회사와 지역교회사 연구』, 321~347.

인Mrs. W. C. Cram이 젊은 과부 및 기혼여성 8명을 데리고 시작한것이 미리 흠여학교美理欽; Mary Helm School이다. 1906년 10월 3일에 윤치호에 의해 시작된 한영서원은 뒤에 송도고등보통학교와 두 초등교육기관인 제1, 제2 송도 보통학교로 분리되어 발전하였다. 원산의 루씨여학교는 1903년 15명의 학생으로 시작하였는데 여성교육에 대한 인식이 부족하여 학생 모집에 어려움을 겪었으나 점차 개선되어 학생수가 증가하였다. 미국 북 캐롤라이나 여선교회 회장인 루시 커닝햄 부인이 건축비를 부담한 것을 기념하여 1913년 사립학교 인가 받을 때 루씨컨닝김樓氏建仍金여학교로 정했다가 1923년에 루씨여학교로 변경하였고, 1925년 루씨여자고등보통학교 인가를 받았다.[42]

캐나다장로회는 함흥·성진·회령·원산에 영생·보신·신흥·보흥·보광학교 등을 설립, 운영했다. 그리어슨Robert Grierson이 성진 욱정교회 내에 보신학교와 보신여학교를 설립하여 교장으로 시무하였다. 그리어슨 부인은 1933년까지 보신여학교 교장으로 시무하였다. 1912년 회령선교부는 보흥학교를 설립하여 운영하다가 1916년 남학생을 위해 신흥학교信興學校를 분립하고, 보흥학교는 보흥여학교가 되었다. 보흥여학교는 1918년에 고등과를 증설하면서 함경북도 내 유일한 사립여자중등교육기관으로 발전했다.

호주장로회선교부는 부산·동래·마산·진주·거창·통영 지역에 일신·창신·의신·호신·광림·시원·명덕·진명학교를 설립, 운영하였다. 1891년 내한한 멘지스B. Menzies, 민지사와 페리Perry는 1892년 3명의 고아를 교육시

42) 양주삼, 『조선남감리교회 삼십년 기념보』(조선남감리교회 전도국, 1930).

키고자 하였고, 이후 더 많은 소녀들이 모여들어 작은 고아원에서 1895
년 '날마다 새롭게Daily New'라는 뜻의 일신여학교가 되었다. 1909년 고
등과를 설치하였고, 1923년 고등과를 부산진 범일동으로, 다시 1925
년 동래에 고등과를 이전하고 동래일신여학교라 하였다. 140개 이상의
지교회 여선교회가 헌금을 하여 여선교여합회는 이 학교에 '제인 B. 하
퍼 기념학교The Jane B. Harper's memorial School'라는 이름을 붙였다. 보통과도
이전하고자 했으나 동래에는 이미 여학생만을 모집하는 공립보통학교
가 있어 선교회에서는 한 면에 두 개의 보통과가 필요없다고 하여 보통
과 이전은 보류되었다. 이에 따라 동래일신여학교는 고등과, 부산진일신
여학교는 보통과로 완전히 분리되었다. 호주장로회 여선교연합회와 여
선교사들은 일관되게 어린 여성들을 교육선교의 초점으로 삼아, 여성을
위한 여성들의 사역이라는 선교원리에 근거해 여성선교정책을 발전시켰
다. 호주장로회는 마산에 남자중학교를 발전시킬 계획을 세웠다. 아담슨
A. Adamson 목사가 10여 명의 생도를 모아 가르치기 시작했고, 1908년 창
신학교가 되었다. 1912년 3년제 고등과를 신설했다. 1913년에는 창신
학교에서 여자반을 분리하여 의신여학교가 설립되었다. 창신학교 고등과
가 1925년 3월 심각한 재정난으로 문을 닫아 마산 기독교교육에 큰 타
격이 되었다. 호주장로회는 1925년 11월 호신학교濠信學校를 다시 개교
하였다. 호주빅토리아주장로교회에서는 이 학교를 창신학교 2대 교장을

43) 동래학원 80년지편찬위원회 편, 『동래학원 80년지,1895-1975,』(학교법인 동래학원, 1975), 9-10, 33;
    정병준, 『호주장로회 선교사들의 신학사상과 한국선교, 1889-1942,』(한국 기독교역사연구소, 2007),
    250-260; 문창교회100년사편찬위원회, 『문창교회 100년사(1901-2001),』(한국장로교출판사, 2001),
    77-80.

기려 'D. M. Lyall 기념 남자중등학교'라 이름했다. 진주에는 광림학교
와 시원여학교를 세웠는데, 시원여학교는 스콜스 여선교사를 기려 'The
Nellie R. Scholes Memorial School'이라 했다.[43]

각 지역에 설립된 선교부 경영의 학교들은 다음과 같다.

〈표2〉 선교부 경영의 대표적 기독교학교[44]

지방	학교명	설립연대	선교부	설립자	학교 인가사항 등
서울	배재	1885	미감	H.G.Appenzeller	1909 배재고등학당, 고등과 1회 졸업생(4명), 대학부 신설(→1907 감리교협성신학교), 1916 배재고등보통학교(4년제), 2년제 배재학당은 1925까지 지속
	이화	1886	미감	M.F.Scranton	1904-4년제, 1929 이화여자고등보통학교와 이화여자보통학교로 분리
	경신	1886	북장	H.G.Underwood	1905-1908 합성중학교로 배재학당과 연합, 1909 사립경신학교, 1923 지정학교인가, 1938 경신중학교
	정신여	1887	북장	A.J.Ellers	1895 연동여학교, 1909 사립정신여학교, 1935 지정학교인가, 1944 풍문재단에 흡수
	배화여	1898	남감	J.P.Campbell	초기엔 남학생도 수용, 1903 배화학당, 1912 고등과와 보통 설치, 1925 배화여자고등보통학교
평양	숭실	1897	북장	W.M.Baird	1908 사립숭실학교(4년제), 1912-5년제, 1928.5 지정학교인가, 1938.3 폐교
	숭의여	1903	북장	S.A.Moffett	1906-1920 장감연합경영, 1931 지정학교승격, 1938.3 폐교
	광성	1894	미감	W.J.Hall	홀 사망으로 중단, 1903 무어 격물학당, 1912 고등과 설치, 1918 광성고등보통학교
	정의여	1899	미감	M.W.Noble	1900 실업반, 1920 정의여자고등보통학교, 1923-4년제
선천	신성	1906	북장	선천중학회	1905.7 선천 기독교 지도자들이 학교설립 결의, 1906.7 개교, 1909 선교부경영, 1931 지정학교인가
	보성여	1907	북장	선교사, 양전백 등	1907.9 선교사와 선천 교계 지도자의 발기로 창립, 1940-4년제, 1942 선천여자상업학교

44) 이만열, 『한국 기독교문화운동사』(대한기독교출판사, 1897), 190-198; 한국 기독교역사학회 편, 『한국 기독교의 역사 I(개정판)』(기독교문사, 2011), 151-152; 김승태, 『일제의 식민지 종교정책과 한국 기독교계의 대응』(한국학중앙연구원 한국학대학원 박사학위논문)의 각 지역 학교 도표를 참고하였고, 여기에 설립연도 등의 오류를 수정하였다. 또한 설립자와 학교 인가 등의 내용을 추가하였다. 선교부가 운영하였다고는 하지만 선교부에서 재정지원이 되지 않은 일부 학교들은 명단에서 제외하였다.

037

지방	학교명	설립연대	선교부	설립자	학교 인가사항 등
대구	계성	1906	북장	J.E.Adams	1911 선교부경영, 1911.6 설립인가, 1933 지정학교인가
	신명여	1903	북장	M.S.Bruen	1910 선교부경영, 1914.4 설립인가, 1944 대구남산여학교
공주	영명여	1905	미감	A.J.Sharp	이화학당 지교형태, 1927 소학교인가
	영명	1907	미감	R.A.Sharp, W.Scraton, F.E.C.Williams	1909.7.26. 사립학교 인가, 1910 고등과 시작, 보통과 폐지, 1932 영명실수학교
수원	삼일	1903	미감	이하영	1909 사립학교, 1925 삼일보통학교(6년제), 1930 폐교위기-수원 유지 지원
	삼일여	1907	미감	M.F.Scranton	1901 북문안 초가집, 1909 사립삼일학교, 1926 삼일여자보통학교, 1938 매향여자소학교, 1940 폐교위기-수원 유지 지원
전주	신흥	1907	남장	W.B.Harrison	1907 고등과설치, 1934 지정학교인가, 1937 폐교
	기전여	1902	남장	Mattie Tate	1909 고등과설치, 1926 고등과 3년제, 보통과6년제, 1937 폐교
광주	숭일	1908	남장	Eugene Bell	1925 고등과폐지, 1926 한국 교회가 6년제 보통과 경영, 1932 수피아 보통과와 통합, 1937 폐교
	수피아여	1908	남장	Ellen I. Graham	지정학교인가, 1937.9 폐교
군산	영명	1902	남장	W.M.Junkin	1904 중등과정, 1908 초등과 분리, 1909 4년제 고등과, 2년제특별과, 1926 고등과폐지, 1935전북노회지원으로 2년제 고등과 재개, 1937 폐교
	멜볼딘여	1902	남장	Mary L. Junkin	1906 4년제보통과, 1909 멜볼딘여학교, 1912 2년제고등과, 4년제고등과, 1927 고등과중단, 1930 4년제고등과 재개
목포	영흥	1903	남장	Eugene Bell, 임성옥 등	1907 2년제, 1914-4년제보통과, 2년제고등과, 1927 고등과폐지, 1931고등과 재개, 1935 고등과-2년제 상과로 변경, 1937 폐교
	정명여	1903	남장	F.E.Straeffer	1914 정명여학교 명칭, 4년제 보통과, 4년제 고등과, 1924 보통과6년, 고등과4년, 1935 고등과-2년제 가사과로 변경, 1937 폐교
순천	매산	1912	남장	John C. Crane	1912 은성학교, 1916 성경교육불가로 학교폐쇄, 1921 사립매산학교(6년제보통과, 2년제고등과), 고등과 폐지에 교인들이 일부 부담, 고등과 설치 요구
	매산여	1914	남장	Lavalette Dupuy	1916 성경교육 불가로 학교폐쇄, 1921 매산여학교(5년제)-실업교육중시, 1937 폐교
함흥	영생	1907	캐나다	D.M.McRae	1910 영생중학교, 1931 영생고등보통학교
	영생여	1903	캐나다	E.F.Sutherland (Mrs.D.M.McRae)	1910 영생여학교, 1911 고등과 개설, 1929 영생여자고등보통학교
성진	보신	미상	캐나다	R.Grierson	그리어슨 교장, 1924 영생학교에 합병
	보신여	〃	캐나다	R.Grierson	그리어슨부인, 1933 캐스(L.G.Cass) 교장

지방	학교명	설립연대	선교부	설립자	학교 인가사항 등
회령	신흥	1916	캐나다	선교부	남녀공학인 보흥학교로 운영, 1916 신흥학교 분립
	보흥여	1912	캐나다	선교부	남녀공학인 보흥학교로 운영되다, 1916 신흥학교가 분립되면서 여학교, 1918 고등과증설로 함북 유일의 사립여자중등학교.
원산	보광	미상	캐나다		1924 영생학교에 합병
	루씨여	1903	남감	A.Caroll, M.Knowls	1913 루씨컷닝김여학교, 1923 루씨여학교, 1925 루씨여자고등보통학교
개성	한영서원	1906	남감	윤치호	송도고등보통학교와 제1송도보통학교, 제2송도보통학교로 분리
	호수돈여	1899	남감	Arrena Carroll	1899 개성여학교, 1906 두을라학당, 1909 호수돈여학교(Holston-기부자거주지), 1918 호수돈여자고등보통학교
	미리흠여	1906	남감	Mrs.W.C.Cram	미리흠여학교(Mary Helm School)
부산 동래	일신여	1895	호장	B.Menzies, Perry	1909 3년제 고등과 병치, 1915 보통과와 고등과 각4년제, 1923 고등과 분리, 1925 동래로 고등과 이전, 보통과만 운영, 일제때 보통과 폐교
	동래 일신여	1925	호장		1925 동래에 고등과 이전, 동래일신학교, 1933 지정학교인가, 1939 경남노회에 학교경영권 위임, 1940.3 비신자에게매각
마산	창신	1908	호장		1909 보통과4년, 1912 3년제 고등과, 1925.3 폐교
	의신여	1913	호장	A.Adamson	1913 창신학교에서 여자반 분리
	호신	1925	호장		D.M.Lyall기념남자중등학교, 1932 알렌 사망, 1933.4 폐교
진주	광림	1907	호장	Hugh Currell, 박성애 등	안동학교, 1909 안동학교와 정숙여학교 병합해 사립광림학교, 1929 폐교
	시원여	1908	호장	Mrs. Hugh Currell	스콜스 여선교사 기린 시원여학교(The Nellie R. Scholes Memorial School), 1939 폐교
거창	명덕	1913	호장		
통영	진명	1913	호장		

이상 각 지역의 선교부 학교 설립 과정을 간단히 살펴보았다. 1880년 대 한국선교를 시작한 미국 남·북 장로회와 남·북 감리회, 호주장로회 와 캐나다장로회 등의 선교부들은 선교 개시와 함께 학교를 세워 교육활동을 하였고, 교육활동이 곧 복음 전도에서 매우 큰 비중을 차지하게 되었다. 초기 학교 설립의 특징을 살펴보면 첫째, 선교부에서 운영한 학교

들은 대개 보통과로 시작하여 교육하다가 보통과 졸업생이 상급학교 진학을 하는 과정에서 점차 고등과를 병설하게 되었다. 또한 지정학교 제도를 시행하고 나서는 지정학교로 인가 받기 위해 교사(校舍)와 자격 있는 교사(敎師)를 확보해야 하는 과정 속에서 주로 선교부가 고등과를 경영하고, 한국 교회가 보통과를 경영하는 것으로 변화되었다.

둘째, 선교사들이 각 지역 스테이션에 세운 초기 학교들 가운데 남학교의 경우와는 달리 여학교는 학생을 모집하는 데 어려움을 겪었다. 낯선 외국인의 집에 여자아이를 보내기가 쉽지 않았으므로, 초창기 여학교의 학생들은 가난한 집 아이 혹은 고아, 버려진 아이들이 많았다. 이들은 선교사의 거처에서 같이 생활하며 그들로부터 교육을 받게 되었고, 이후 신교육을 받은 여성으로서 한국 사회의 여러 분야에서 중추적 역할을 하게 된다.

셋째, 선교부 경영 학교들은 대개 해외의 후원자들이 보내온 기금으로 학교 건물을 건축하는 경우가 많았으므로, 후원자의 이름, 지역명 등 후원자와 관계된 학교 명칭 또는 건물 명칭을 많이 붙였다. 미국 사우스 캐롤라이나 지역 주일학교 학생들의 헌금을 받은 배화여학교는 '캐롤라이나 학당Carolina Institute', 휴 오닐Hugh O' Neill 사후 그의 유산을 받은 신성학교는 'The Hugh O' Neill Jr. Academy'라고 하였다. 또한 리처드슨 여사의 후원으로 지은 신흥학교의 본관을 '리처드슨홀'로, 스피어Jennie Speer 사후 남장로회에 보내준 선교헌금으로 지은 수피아여학교Jennie Speer Memorial School for Girls의 '수피아홀Speer Hall' 등 많은 학교들이 학교와 건물에 후원자를 기념하는 이름을 붙였다.

그러나 개화기부터 일제강점기까지 활발히 교육활동을 해온 각 선교부 학교들은 1936년 이후 신사참배 문제가 불거졌을 때, 남북 감리교와 캐나다장로회 선교부에서 경영하는 학교들을 제외하고, 북장로회와 남장로회, 호주장로회 선교부에서 운영한 기독교학교들은 대부분 폐교되었고, 이후 일제의 의도대로 선교부의 흔적들을 말끔히 지워나갔다.

3. 한국 교회의 기독교학교 설립

초기 한국 교회의 학교 설립 과정에도 선교사들이 큰 역할을 담당한 곳이 많이 있다. 선교부 경영 학교들은 대부분 설립 당시에는 한두 명, 많게는 10여 명의 적은 인원으로 학교를 시작하였고, 주로 성경과 한글, 한문 정도만 가르쳤다. 교과 과정도 보통과 중심으로 가르치다가, 보통과 졸업생을 배출할 시기가 되면서 고등과를 병설하는 경우가 많았다. 선교부 경영 학교들은 대개 보통과와 고등과를 같이 운영하다가, 총독부의 교육제도 변화에 맞춰 이에 대응하면서 고등과에 집중하게 되었다. 한국 교회의 학교 운영은 선교부 경영 학교들이 운영하던 보통과를 분리하여 교회가 이어받아 운영하게 되는 경우도 많았다.

선교사와 선교부에서 기독교학교를 설립·운영하는 것에 영향을 받은 한국 교회가 교회 부속으로 초등 정도의 교육을 실시할 수 있는 학교들을 설립하고 운영하는 것이 하나의 흐름이었다. 초기에는 주로 초등교육 수준의 보통과 교육을 담당했으나, 졸업생과 재학생이 증가하면서 기독교 교육의 연속성을 위해 교회 부속 학교에서도 점차 고등과를 설립하게 되었다.

　서울 연동교회 부속 연동소학교가 1898년 설립되었다. 교인의 자녀들을 가르치면서 전도의 길이 더 열리기를 기대한 것이다. 이때 학교의 유지비는 교회가 부담하고 학교의 관리는 선교사가 맡았다. 1906년 남녀학교를 분리하여 연동여소학교와 연동남소학교로 개편했다. 연동교회 교인들 뿐만 아니라 주변에 사는 사람들도 자녀들의 초등교육을 바라며 학교 설립에 지대한 관심을 갖고 모금했다. 이때 학교에서는 학교교육 뿐 아니라 가정교육도 중요시하여 자모의 교육에도 게을리하지 않았다. 그러자 연동교회 교인 뿐 아니라 주변의 믿지 않던 가정에서도 교육에 관심을 갖게 되었고, 자연스럽게 교회에 출석하는 교인도 증가하였다. 1909년 중등학교 이름을 따서 연동여소학교는 정신여소학교로, 연동남소학교는 경신남소학교로 개명하였고, 1913년 두 학교가 통합해 보영학교라 했다. 그러나 학교 유지가 어려워진 보영학교는 1916년 폐교되었다.[45]

　하나의 교회가 아닌 여러 교회가 연합하여 학교 재정을 지원한 경우도 있었다. 마펫S. A. Moffett 선교사가 평양에 처음 전도를 시작하면서 학생들을 가르쳤는데 이를 토대로 1897년 베어드W. M. Baird가 남학교를 설립하였다. 학교는 선교사와 평양의 교인들이 관리하였다. 여기에 판동과 보통문 안에 설립된 두개의 사숙이 합병하여 숭덕학교가 되었다. 숭덕학교의 교장은 신학박사, 교원은 주로 숭실대학교 졸업생들이었으며, 학교 교사 건축을 위한 특별부흥회를 개최하여 평양성 내 7교회 교인들이 토지와 금전, 패물 등을 모았다. 장대현교회·서문외교회·산정현교회

45) 고춘섭 편저, 『연동교회 100년사, 1894~1994』(대한예수교장로회 연동교회, 1995).

등 평양의 7개 교회는 매년 학교운영비 중 부족한 금액을 분담하여 지원하였다.[46] 1906년 의주읍교회의 장유관·김창건·김기창 등 교인들이 청년교육에 힘쓰기 위해 동지학회同志學會라는 후원단체를 조직하였는데, 이때 의주읍 공신功臣 제사터와 인근 밭과 토지, 의주 교인들의 집과 밭, 산까지 기부받았다. 이를 계기로 1908년에는 종래 의주읍 내에 설립되어 있는 일신·의신·양실학원을 통폐합하였고, 이를 양실학원이라 하였다.[47]

전라도 지역을 담당하고 있는 남장로회 선교부에서는 1923년 6월 연례회의를 열고, 각 지역의 기독교학교 가운데 지정학교로 전주 신흥학교와 광주 수피아여학교에 집중하기로 결정하였다. 그리고는 두 학교 고등과만을 운영할 목적으로 신흥학교와 기전여학교의 보통과를 전주서문밖교회와 남문밖교회에 맡기게 되었다. 두 교회는 각 60명의 학생들을 교회 예배당에 임시로 수용하였고 학부형들은 임시학부형회를 소집하였다. 더 이상 보통과에 재정을 지원하지 않는 선교부의 태도는 못마땅하지만, 그렇다고 보통과를 폐지하도록 내버려두는 것은 전주의 불행이므로 학부형들이 노력하여 유지방법을 찾아나가기로 했다. 군산 영명학교도 선교부에서 중등과만 운영하기로 하고 보통과를 분리해 1911년 안락소학교를 설립하게 되면서, 안락소학교는 개복교회와 구암교회가 공동운영하게 되었다. 안락소학교의 초대교장은 개복교회 초대장로인 홍종익 장로가 맡았다. 학교 이름은 군산지역 의료선교사 알렉산더A. J. Alexander

---

46) 『평양노회지경 각 교회사기』(광문사, 1925), 11.

47) 차재명 편, 『조선예수교장로회사기』(상)(조선기독교창문사, 1928), 176-177.

를 기리기 위해 안락소학교라고 이름하였다. 개복교회가 안락소학교 운영에 언제까지 참여했는지 정확히는 알 수 없지만, 1923년 이후 학교 통계에 안락소학교는 보이지 않는다. 개복교회는 1920년대 홍종필 목사가 담임목사로 있으면서 경제적으로 어려운 소녀들을 모아 영신여학교를 개설하고 이를 영신야학당으로 개편 운영하였다.[48]

1913년 제3회 전라노회에서는 약한 교회가 학교를 세우면 학교도 교회도 유지하기 어렵게 되므로, 지역 교회에 몇 교회가 연합하여 합당한 위치에 학교를 세울 것을 권고하였다. 또한 한 지역 안에 두 학교가 있을 때 유지하기 어려우면 합하여 한 학교만 둘 것과, 보통 남학교와 여학교를 따로 설립하는 것이 일반적이지만 여자교육이 급하니 11세까지는 남녀공학으로 하도록 결정하였다. 1918년부터는 학교 재정을 확보하기가 더욱 어려워지자 학교기본금을 위해 봄가을에 교인의 집에서 조맥租麥 1두씩 걷게 하자고 하였으나, 제대로 지켜지지 않아 조맥을 수합하는 일은 1925년에 폐지되었다. 총독부 방침에 의해 자격있는 교사가 대거 필요하게 되자 각 지역에서는 방학을 이용해 교원들을 강습하는 일이 많았다. 중등학교에 목사를 청빙해 성경교수와 학생심방에 전담하도록 하고, 보통과 교사와 성경교사는 반드시 각 노회 학무부의 인가를 받게 하였다.[49]

---

48) 송현강, 『미국 남장로교의 한국 선교』, 113; 개복교회110년사편찬위원회, 『개복교회 110년사, 1894-2004』, 211-222, 318-320.

49) 『예수교장로회 조선전라노회 제3회회록』(1913), 13; 『예수교장로회 조선전라노회 제4회회록』(1914), 24-25; 『조선예수교장로회 전북노회 제3,4회회록』(1918), 26; 『조선예수교장로회 전북노회 제17회회록』(1925), 6; 『조선예수교장로회 전북노회 제18회회록』(1926), 38-39.

대구스테이션이 있던 대구제일교회 구내에 설립한 대남소학교는 희도학교의 전신으로, 1900년 가을 소수의 한국인 교인들이 남자 소학교 운영을 위한 예산의 50%를 모금하였고, 50%는 대구스테이션 선교사들이 부담하였다. 1914년 대구제일교회 박순도[朴順道]·서희원[徐喜瑗] 두 교인이 대남학교와 신명여학교의 발전을 위해 각각 헌금하였고, 교회는 두 사람의 이름을 따서 교명을 남학교인 대남은 희원으로, 여학교인 신명은 순도로 바꾸었다. 1926년에는 두 학교를 합병하고 희와 도를 합쳐 희도보통학교가 되었다.[50]

함경도 이원군에서는 서면에 신교육을 위한 학교설립 계획을 마련하고, 각 동리에서 마을 공동재산을 학교 건립비로 기부하였다. 이에 신흥리 전주 이[李]씨 가문에서 학계전토[學契田土]를 학교 설립기금으로 기증하고, 학교설립을 추진하던 인사들은 기독교인들만이 양심적으로 재산을 관리할 수 있다고 하여, 기독교인 임소천[任小天]을 방문하여 학교 설립 문제를 상의하였다. 이때 이들은 임소천으로부터 전도를 받고 기독교인이 되었으며, 신흥리에 소재한 서당에서 남녀 50여 명이 모여 예배를 드리게 되면서 신흥리교회가 설립되었다. 그리고 기독교인 김영호[金永鎬]를 학당의 교사로 초빙하여 학생들을 지도하게 함으로 교회와 학교가 함께 발전한 일도 있었다.[51]

평북 정주군의 오산학교의 경우에는 다른 기독교학교와는 다르게 설

---

50) Harry A. Rhodes, History of the Korea Mission Presbyterian Church in the U.S.A. 1(대한예수교장로회총회종교교육부, 1984), 190; 대구제일교회백십년사편찬위원회, 『대구제일교회 백십년사, 1893-2003』(대한예수교장로회 대구제일교회, 2004), 140.

51) 『조선예수교장로회사기(상)』, 316.

립되었다. 1907년 7월 이승훈李昇薰이 평양에서 "교육진흥론"에 대한 강연을 듣고 신민회에 가담한 후 고향 용동으로 돌아와 강명의숙을 설립하였고, 같은 해 12월 이승훈이 정주군 갈산면에 교육구국敎育救國·교육입국敎育立國이라는 신념에 근거해 4년제 중등과정의 오산학교를 설립하였다. 백이행·이종성·박기선·조만식 등과 선교사 로버츠Stacy L. Roberts도 교장으로 재직하였으며, 특히 조만식은 학생들에게 민족의식을 길러주었다. 1919년 3·1운동 당시 학생과 졸업생, 지역 주민들이 함께 만세시위를 벌이자 일제 당국이 교사를 불태우고 1년 6개월 동안 폐교시키기도 하였다. 이후 오산학교는 1925년 정주군의 유지 120명이 25만 원을 모아 재단법인을 설립하였다.[52] 오산학교가 먼저 세워지고 학교 안에 오산교회가 설립되어, 오산학교는 일반적인 기독교학교들의 설립과는 다른 과정을 보이며, 민족주의 교육의 대표적인 사립학교로서 역할을 하였다.

한국 교회 역시 총회 차원에서 각 지역 교회 설립 학교들을 지원하고 체계적으로 관리하였다. 장로교총회는 학무국[53]과 학무위원을 두었고, 1911년부터 각 지역 학교의 교육방침을 공동으로 하게 하여, "① 본 위원의 권리와 의무와 책임을 완전케 하기 위하여 각 지방 대리회의 제의를 경하여 그 경내 학교들을 혹 설립하며 혹 폐지하며 혹 나누기도 하며 혹 합하기도 하며 유지할 방침과 학사시찰과 제반교섭 등사를 주장할 것임, ② 위 사항을 실행하기 위하여 각 대리회에 교육위원 2인씩 두어 본 위원회의 지휘를 받아 제반임무를 당할 일, ③ 각 학교에서 법사에 청원이나

---

52) 오산칠십년사편찬위원회, 『五山七十年史』(1978), 180.

53) 초창기 장로교총회 학무국과 학교과정위원에 대한 것은 박상진, "초기 한국 교회의 학교 설립과 지원체제 연구"에서 정리해 놓았다.

보고할 시에는 해 지방교육위원을 경유하며 본 사무국의 처결을 요할 것임, ④ 각 대리회에서 그 지방중 약한 학교를 도와주기 위하여 자본을 판매케 함, ⑤ 각 대리회 교육위원이 형편을 본 사무국장에게 매삭 보고할 일"[54]을 결정하였다. 1911년은 「조선교육령」과 「사립학교규칙」이 공포된 시기였으므로 교육과 관련하여 총독부와 교섭하는 일도 역시 학무국의 주요 업무가 되었다. 감리교 총회 역시 주로 각 지역 감리사의 보고 속에 지역 학교 상황이 매우 소략하게 보고되고 있으며, 1920년대 초부터 교육위원 보고가 이뤄지고 있다.

1920년대가 되면 각 지역에서 관공립 보통학교 설립운동이 시작되고, 1930년대에 전국적으로 전개된다. 1930년대 전반기는 1면에 1개의 보통학교 설립운동, 후반기에는 이미 설립한 보통학교의 학년을 연장하거나 학급 증설운동으로 전개되었다. 한국인이 기금을 조성한 후 총독부에 설립인가를 신청하거나, 도지방비나 총독부 국고 보조금을 지원받아 설립하였다. 공립보통학교는 교사 봉급 등 경상비를 학교비學校費[55]로 충당하므로 재정형편이 비교적 안정된 구조였으나, 사립학교는 오로지 수업료 및 설립자 기금이나 기부금에 의존할 수밖에 없었다. 사립학교는 경영상 어려움이 가중되어 점점 학교 설립 또는 유지가 어려워지는 상황이 되었고, 대신 공립보통학교가 증가하게 되었다. 1930년대 평안도 지역에서는 경영난에 빠진 종교계 사립 각종학교를 동민이 직접 인계해 주민 부담하에 운영하기도 하였다.[56]

54) 「예수교장로회 조선노회 제5회회록」(1911.9.17.)

55) 공립보통학교 재정확보를 위한 기금 혹은 관리하는 기구. 학교비 주된 재원은 수업료, 각종 조세에 부과하는 학교비 부과금, 도지방비 보조금이었다.

선교부 경영 학교는 각 지역의 스테이션에 설립되었으므로 지역별로 차이가 많지는 않다. 그러나 한국 교회가 설립, 운영하여 초등교육을 담당한 소학교는 평안도에 가장 많이 집중되어 있다. 장로교에서는 지역별 통계를 1907년부터 볼 수 있는데, 1907년 당시 405개의 소학교 가운데 평안남북도와 황해도에 약 63%인 256개의 소학교가 있었다.

〈표3〉 장로회 1907년 지역별 학교 통계[57]

지역	소학교	학도
평안남북도, 황해도	256	6271
경기도, 강원도, 충청남북도	38	739
전라남북도	44	497
경상남북도	60	803
함경남북도	17	305
1907 합계	**405**	**8615**
1906 합계	238	5124
1905 합계	239	2730

시간이 지나면서 각 지역의 노회들이 대거 분립한 시기에도 평안도에 가장 많은 학교가 설립되었다. 조선예수교장로회 총회는 1907년 독노회 당시부터 매년 각 지역의 노회별로 학교 통계를 기록해 놓았다. 1923년부터 1937년까지는 통계 수치에 더해 각 노회내 학교상황 보고를 도표화하여, 명칭·위치·교장·교원수·목사·보통과생도수·고등과생도수·보통과졸업생수·고등과졸업생수·수입·지출을 명기해 놓았다. 1923년부터 1937년 사이에 보이는 모든 학교의 이름과 위치, 그리고 해당 학교가 나오는 연도와 함께 보통과 졸업생 수와 고등과 졸업생 수, 지역을 정

56) 오성철, 『식민지 초등교육의 형성』(교육과학사, 2000).

57) 『독노회록』(1907).

리해 보았다. 도표에 나온 학교들은 선교부 경영 학교들을 포함하고 있지만, 또한 누락된 학교들도 많이 있다. 게다가 조선예수교장로회총회록에는 1923년부터 학교 조사표가 있어 학교 이름을 그 시기부터 확인할 수 있지만, 각 학교들은 훨씬 이전인 1890년대부터 설립되어왔다는 점을 감안해야 한다. 또한 1923년 이전에 폐교된 학교들도 상당수 있다는 점과, 1923-1937이라는 연도는 지역별로 각 학교의 이름이 나온 보고서의 연도라는 것도 감안하고 봐야 한다. 미인가 학교, 간이학교, 야학 등도 도표에 나와 있는 경우가 있으며, 인가받은 학교 수는 아래 표에 나온 것보다 훨씬 많았고 보고에 누락된 학교도 훨씬 많았으므로, 도표만 가지고는 당시 모든 학교들을 파악할 수는 없다. 그럼에도 불구하고 아래 도표를 통해 장로회가 경영한 각 지역 학교들의 명단을 일부라도 파악할 수 있다는 것에 의미를 부여하고자 한다.

〈표4〉 조선예수교장로회 1923-1937년 학교 이름(가나다순)[58]

번호	명칭	위치	연도	보통졸업누계	고등졸업누계	도별
1	각금(覺今)	대동군 남곶면 각금리	1923			평안도
2	강명여	영주군 읍내	1924-1925			경상도
3	경신	경성부 연동	1934		501	경기도
4	경신(儆信)	대동군 대동강면 오촌리	1923-1935			평안도
5	경신	선천군 신부면 농건동	1925			평안도
6	경신(儆信)	신천군 신천면 사직동	1923-1937	520		황해도
7	경신	영주군 지곡리	1925-1927			경상도
8	경신	통영군 용남면 장평	1925			경상도
9	경신	평양부 외발촌	1933-1936	40		평안도

....

58) 『조선예수교장로회 총회 제12회회록』(1923.9)~『조선예수교장로회 총회 제26회회록』(1937.9) 학교 조사표 참조. 각 연도의 학교 조사표에 나온 학교들을 각각 도표화한 다음, 각 도표를 모아 학교들을 다시 가나다순으로 하여 정리하였다. 정리하는 과정에서 일부 오류가 있을 수 있음을 밝힌다.

번호	명칭	위치	연도	보통졸업누계	고등졸업누계	도별
10	경안학원	안동군 법상동	1924-1925			경상도
11	경의(儆義)	중화군 중화면 초현리	1923-1935	87		평안도
12	계남(啓南)	경주읍 노동리	1923-1937	321		경상도
13	계동	경산군 중방동	1925-1926			경상도
14	계동	익산군 황등면	1927-1937	258		전라도
15	계명	안동군 법상동	1927			경상도
16	계명	김천군 복전동	1924-1926			경상도
17	계명	안동군 옥동	1924-1925			경상도
18	계명(啓明)	의주군 고진면 토교동	1923			평안도
19	계성	대구부 신정	1924-1937		299	경상도
20	계신	의성군 군면 비봉동	1927			경상도
21	공감	안주군 운곡면 용전리	1927			평안도
22	공명	재령군 북율면 신지리	1926-1930			황해도
23	공성	안주군 운곡면 용전리	1925-1937	85	110	평안도
24	관명	은율군 관해리	1934			황해도
25	광덕남(光德)	담양군 만성리	1924			전라도
26	광덕여(光德)	담양군 객사리	1924-1937	71		전라도
27	광동	철산군 백량면 영동	1925-1936	89		평안도
28	광림(光林)	경남 진주군 옥봉리	1924-1926			전라도
29	광명	고흥군 고흥면 옥하리	1928			전라도
30	광명	광양군 진상 웅동리	1928			전라도
31	광명	영생동	1930			황해도
32	광산	광주읍 양림정	1931			전라도
33	광산(光山)	의주군 위원면 정심동	1923			평안도
34	광선	제주도 모슬포	1925-1928			제주도
35	광선	은율군 은율면 남천리	1924-1937	291		황해도
36	광성	철산군 백과면 풍천동	1925-1931			평안도
37	광신	안동군 방하동	1925			경상도
38	광신	광양군 옥곡면 육영리	1928			전라도
39	광신	광양군 진상면 황죽리	1928			전라도
40	광신여학교(光新)	강계군 동부동	1923-1924			평안도
41	광암	여수군 율촌면 봉전리	1928			전라도
42	광창	재령군 항내리	1926			황해도
43	구세(救世)	용천군 용천면 운흥동	1923-1937	102		평안도

번호	명칭	위치	연도	보통졸업누계	고등졸업누계	도별
44	구신	영일군 죽남면 가사리	1926			경상도
45	금산심광(心光)	금산 하옥리	1923			전라도
46	금화	강진 병영 삭반리	1933			전라도
47	기전여	전주읍 화산정	1927-1936			전라도
48	길두	고흥군 포두면 길두리	1928			전라도
49	김화	강진군 고군면 백양리	1928			전라도
50	남성	고흥군 포두면 남성리	1928			전라도
51	내명	영주군 평은면 천본리	1923-1937	181		경상도
52	녹명	안동군 녹전면 녹채동	1924-1927			경상도
53	대동	안동군 임북면 마동	1925			경상도
54	대동	선천군 군산면 장공동	1925-1933	58		평안도
55	대동사숙	경주군 서북어리	1924			경상도
56	대명	의주군 송장면 소수동	1927-1930			평안도
57	대방	광양군 옥룡면 대방리	1928			전라도
58	대성	안주군 동면 평율리	1927-1937	103	92	평안도
59	대성(大聖)	영광군 법성면 대덕리	1924-1925			전라도
60	대영	재령군 남율면 해창리	1925-1937	266	18	황해도
61	대흥(大興)	익산군 황화리	1923			전라도
62	덕림	순천군 자산면 기탄리	1925-1937	137	130	평안도
63	덕명학원(德明)	지품면 낙평동	1923			경상도
64	덕성	봉산군 사리원읍 북리	1925-1937	597		황해도
65	덕성	안악군 대행면 생근리	1929-1937	109		황해도
66	덕성(德成)	함남 영흥	1923			함경도
67	덕신(德信)	영덕군 원전동	1923-1925			경상도
68	덕일	용천군 부라면 원성동	1924-1930			평안도
69	덕창	영일군 성법동	1926			경상도
70	덕창(德彰)	대동군 용산면 하리	1923			평안도
71	덕흥(德興)	영광군 덕흥리	1924			전라도
72	동광	철산군 운산면 산령동	1929			평안도
73	동교	안동군 임북면 구룡	1925			경상도
74	동덕	평양부 반교리	1929			평안도
75	동명(東明)	창성군 대유동	1923			평안도
76	동양(東陽)	석동	1923			경상도
77	동일	철산군 철산면 동천	1925			평안도

번호	명칭	위치	연도	보통졸업누계	고등졸업누계	도별
78	동화	안동군 냉천	1925			경상도
79	득신(得信)	진남포부 신흥리	1923-1937	466		평안도
80	매산남	순천읍 매곡리	1925-1936	320		전라도
81	매산여	순천읍 매곡리	1925-1936	150	9	전라도
82	메리볼덴여	옥구군 개정면 구암리	1927-1936	157		전라도
83	명덕	강동군 고천면 도덕리	1932			평안도
84	명덕여학교	거창군 거창면 하동	1925-1936	96		경상도
85	명덕(明德)	순안군 은산면 문창리	1923-1937	56	45	평안도
86	명덕	중화군 상도면 내동리	1926			황해도
87	명덕	평남 순천군 제현면	1926			평안도
88	명도여학교	대구 부남 성정	1926			경상도
89	명동	정주읍 관단면 초장동	1933	33		평안도
90	명륜(明倫)	용강군 용월면 갈현리	1923-1925			평안도
91	명신(明新)	강계읍 강계읍 동부동	1923-1937	450	89	평안도
92	명신(明新)	강동군 고천면 도덕리	1923-1934			평안도
93	명신(命新)	강서군 동진면 대성리	1923-1936	173	40	평안도
94	명신	광양군 지약면 금호리	1928			전라도
95	명신	김해군 하계면 신룡	1925			함경도
96	명신여	대구 부남 산정2	1934		144	경상도
97	명신	선천군 천남동	1925-1937	800/361	261	평안도
98	명신	안악군 창포	1924			황해도
99	명신(明新)	연일군 흥해 중성	1923-1924			경상도
100	명신(命新)	의주군 수진면 미산동	1923-1927			평안도
101	명신(明新)	의주군 수진면 용운동	1923-1936	90		평안도
102	명신(明新)	의주군 위원면 동상동	1923			평안도
103	명신보통	재령군 북율면 남정리	1927-1937	806		황해도
104	명신	재령읍 국화리	1929-1937	635	335	황해도
105	명진	서흥군 내덕면 상석리	1926			황해도
106	명창	봉화군 육곡리	1924			경상도
107	모성	황해 장연면 후남면 도지리	1928			황해도
108	몽은(蒙恩)	수안군 천곡면 대정리	1923-1936	70		황해도
109	문성	구례군 양문면 월전리	1928			전라도
110	문수(文秀)	의주군 월화면 월하동	1923			평안도
111	문신	안악군용순면금산동	1930			황해도

번호	명칭	위치	연도	보통졸업누계	고등졸업누계	도별
112	문흥(文興)	대동군 고평면 문발리	1923-1937	80		평안도
113	미일사숙	중화군 당정면 건산교리	1934			평안도
114	박인	순천군 풍산면 제일리	1925-1937	120	106	평안도
115	반석(磐石)	강서군 반석면 반육리	1923-1937	87	52	평안도
116	방산	나주군 다도면 방산리	1929			전라도
117	배성	자성 중강	1933			평안도
118	배성(培誠)	함남 원산부	1923			함경도
119	배신(培信)	의주군 고진면 서제동	1923-1927			평안도
120	배신(培新)	의주군 수진면 수구동	1923-1936	140	20	평안도
121	배신	초산군 초산면 성서동	1924-1937	110		평안도
122	배영	광주읍 구강정	1931-1937	90		전라도
123	배영주일(培英)	광주군 향사리	1924			전라도
124	벌교	보성군 벌교	1928			전라도
125	법성	영광 법성포	1925			전라도
126	보광(普光)	대동군 용산면 용악리	1923-1937	130		평안도
127	보광(普光)	안악군 대원면 가양리	1923-1935	64	70	황해도
128	보광	용강군 해운면 용번리	1923-1933			평안도
129	보광(保光)	원산 부상동	1923-1926			함경도
130	보광	장연군 원촌리	1934			황해도
131	보령(寶靈)	대동군 고평면 차리	1923-1929			평안도
132	보명	영주군 지곡리	1924			경상도
133	보명(普明)	성주군 백전동	1923			경상도
134	보명(普明)	영덕군 송천동	1923			경상도
135	보명(普明)	용천군 부라면 송산동	1923-1927			평안도
136	보명(步明)	강서군 잉차면 삼리	1923-1937	175	78	평안도
137	보성	무주군 무풍면 증산	1926			전라도
138	보성여	선천읍 천북동	1928-1936	180	573	평안도
139	보성	안동군 매정동	1924			경상도
140	보성	용천군 양하면 시남동	1924-1937	340	363	평안도
141	보성(普成)	함남 고원	1923			함경도
142	보신(普信)	강서군 초리면 송호리	1923-1936	98		평안도
143	보신재	선천군 산면 보신동	1925			평안도
144	보신남	성진군 성진면 욱정	1926-1935	217		함경도
145	보신여	성진부 욱정	1926-1937	274	169	함경도

번호	명칭	위치	연도	보통졸업누계	고등졸업누계	도별
146	보신보통	성진부 욱정	1937	872		함경도
147	보영	재령군 남율면 신환포	1925-1937	195		황해도
148	보원	대동군 용산면 용악리	1929			평안도
149	보흥(普興)	회령읍 일동	1924-1936	210	248	함경도
150	복성(復聖)	의주군 고진면 남제동	1923-1936	155		평안도
151	복음농업실수	마산부외	1936-1937	54	4	경상도
152	봉남	김제군 하리면 대송리	1925			전라도
153	봉산(峰山)	영광군 대전리	1924			전라도
154	부용	익산군 웅포면 대기암리	1927-1929			전라도
155	삼광(三光)	의주군 고관면 관동	1923-1927			평안도
156	삼덕(三德)	강서군 반석면 반이리	1923-1937	191	13	평안도
157	삼락(三樂)	곡산군 읍내면 능동리	1923			황해도
158	삼성	선천군 남월미도	1925			평안도
159	삼성	의주군 고관면 노북동	1929			평안도
160	삼성	의주군 고령삭면 천마동	1929-1933			평안도
161	삼성(三省)	의주군 고진면 낙원동	1923-1931			평안도
162	삼숭	광주군 지한면 소대리	1931-1937			전라도
163	삼진(三眞)	용강군 지운면 진지리	1923-1937	285	60	평안도
164	삼혜(三惠)	대동군 대동강면 조암리	1923-1937	150	40	평안도
165	삼호	홍원읍 삼호동	1929-1930			평안도
166	상진(尙眞)	신천군 하읍리	1923-1934	50		황해도
167	서흥(瑞興)	광산구 극락면 내방리	1924-1937	78		전라도
168	선수(善樹)	대동군 율리면 무진리	1923-1937	100	80	평안도
169	성신	평원군 용암리	1925			평안도
170	성융(成隆)	곡산군 화촌면 도이리	1923-1936	52		황해도
171	성진	장연군 후남면 중평리	1928			황해도
172	성흥	부여군 임천면 구교리	1926-1930			충청도
173	소산	고민군 소산	1925			전라도
174	수명(遂明)	강계군 어뢰면 풍청리	1923-1925			평안도
175	수피아(須彼亞)여	광주군 광주면 양림리	1924-1937		101	전라도
176	순도(順道)여자부	대구부 신정	1923-1924			경상도
177	순명(順命)	대동군 재경리면 빙장리	1923-1937	106		평안도
178	숭덕(崇德)	강동군 원탄면 송오리	1923-1936	80		평안도
179	숭덕(崇德)	평양부 관후리	1923-1936	1273		평안도

번호	명칭	위치	연도	보통졸업누계	고등졸업누계	도별
180	숭명	광주부 명치정	1930-1937	198		전라도
181	숭명	광주군 광주면 양림리	1929			전라도
182	숭신	선천군 수청면 가물남동	1924-1936	375	1776	평안도
183	숭신여자부	안동군 예안	1924			경상도
184	숭신	정주군 남서면 하단동	1924-1937	78		평안도
185	숭실	평양부 신양리	1928-1936		1141	평안도
186	숭실전문	평양부 신양리	1928-1936		전문374	평안도
187	숭의여	서천군 화양면 구동리	1929			평안도
188	숭의	재령군 북율면 내종리	1928-1936	333		황해도
189	숭의여	평양부 상수리	1928			평안도
190	숭의	평원군 순안면 남창리	1925-1937	150	149	평안도
191	숭인상업	평양부 경상리	1932-1936		278	평안도
192	숭일(崇一)	광주군 양림리	1924-1937	597	44	전라도
193	숭현	은율군 이도면 생팔리	1928			황해도
194	숭현(崇賢)여	평양부 상수구리	1923-1936	959		평안도
195	숭혜여학원	평양부 신양리	1937	101		평안도
196	승동	경성부 인사동137	1929			경기도
197	시원여학교	진주읍 옥봉동	1925-1937	390		경상도
198	시중	선천군 심천면 인두동	1924-1935	68		평안도
199	신광(新光)	김제군 마산리	1923			전라도
200	신막	의주군 고성면 용산동	1928			평안도
201	신망(信望)	대동군 고평면 송산리	1923-1934	10		평안도
202	신명	나주군 봉황면 덕림리	1929			전라도
203	신명여학교	대구부 남산정	1926-1937		206	경상도
204	신명	대동군 태평외리	1924			평안도
205	신명(新明)	벽동군 벽동면 일동	1923-1937	197		평안도
206	신명(新明)	서흥군 입암하동	1923-1934	19		평안도
207	신명	신의주 매지정	1927			평안도
208	신명	안동군 신평동	1924-1925			경상도
209	신명	영덕군 낙평리	1924			경상도
210	신명(新明)	의주군 광성면 마전동	1923-1936	163		평안도
211	신명	의주군 광성면 유초동	1927			평안도
212	신명	의주군 수진면 용운동	1931			평안도
213	신명(新明)	의주군 신의주부	1923			평안도

번호	명칭	위치	연도	보통졸업누계	고등졸업누계	도별
214	신명	의주군 월화면 회하동	1927			평안도
215	신명	자성군 여연면 상동	1928			평안도
216	신명의숙(新明)	장성군 삼서면 소룡리	1924			전라도
217	신성(神成)	대동군 남형제산면 학교리	1923-1937	205		평안도
218	신성	선천군 선천면 천북동	1928-1937		568	평안도
219	신성(信成)	의주군 비현면 체마동	1923-1936	264	40	평안도
220	신성	자성군 여연면 중상동	1925-1929			평안도
221	신성(信聖)	정주군 남전리	1923			평안도
222	신성	황주군 주남면 금산리	1934	5		황해도
223	신성	회령군 내이동	1928			함경도
224	신안	정주군 정주읍 성내동	1924-1936	157		평안도
225	신양	대동군 청룡면 양지리	1930-1935	37		평안도
226	신영(信英)	의주군 고성면 용산동	1923-1927			평안도
227	신영	선천군 신부면 승지동	1925			평안도
228	신영(信英)	의주군 수진면 송천동	1923			평안도
229	신우(信友)	대동군 추을미면 이천리	1923-1936	300	272	평안도
230	신의(信義)	대동군 율리면 장천리	1923-1937	105		평안도
231	신의(新義)	용강군 용월면 송석리	1923-1937	119	16	평안도
232	신정여	대구부 신정 180	1928			경상도
233	신흥(信興)	강동군 원탄면 표대리	1923-1935	70	85	평안도
234	신흥	김천군 파천동	1924			경상도
235	신흥(新興)	대동군 고평면 신흥리	1923-1937	290	228	평안도
236	신흥(新興)	용강군 서화면 죽본리	1923-1937	138	49	평안도
237	신흥남	전주군 이동면 화산리	1927-1933	383	244	전라도
238	신흥	철산군 백량면 수부동	1925-1936	27		평안도
239	신흥남	회령읍 이동	1927-1936	148		함경도
240	실수여	동래읍	1935			경상도
241	심광	금산군 금산면 상옥리	1927-1937	250		전라도
242	심상	봉산군 서종면 좌곡리	1926			황해도
243	안신	안악읍	1924-1927			평안도
244	안신(安新)	함안군 봉성동	1923			경상도
245	양덕(養德)	강서군 반석면 상사리	1923-1937	154	32	평안도
246	양명	은율군 일도면 구양리	1928-1937	290		황해도
247	양몽(養蒙)	황주군 흑교면 용연리	1923-1936	252		황해도

번호	명칭	위치	연도	보통졸업누계	고등졸업누계	도별
248	양성(養聖)	대동군 용연면 유리	1923-1937	98		황해도
249	양성(養成)	황주군 영풍면 영풍리	1923-1937	176		황해도
250	양성(養性)	황주군 황주면 용강리	1923-1928			황해도
251	양성	황주군 황주면 황국리	1929-1937	323		평안도
252	양신(養信)	의주군 고관면 상고동	1923-1929			평안도
253	양신(養信)	의주군 송장면 운천동	1923-1929			평안도
254	양신	평원군 숙천면 당하리	1925-1937	214	193	평안도
255	양실(養實)	의주군 의주면 홍서동	1923-1936	632		평안도
256	양재	황해 송화군 풍해면 성상리	1925-1929			황해도
257	양정(養正)	대동군 서천면 상흥리	1923-1935	30	50	평안도
258	양호	황주군 이교면 용연리	1928			황해도
259	어동사숙	경주군 하동	1924			경상도
260	여자실수	동래읍	1936-1937	11		경상도
261	여자일신의숙	익산군 능포리	1923			전라도
262	여흥	여수군 율촌면 화주리	1928			전라도
263	영명	광양군 진상면 조사리	1928			전라도
264	영명(永明)	무안군 복길리	1924			전라도
265	영명학원	연일군 발산동	1924			전라도
266	영명학원(永明)	영덕군 화개동	1923			전라도
267	영명	옥구군 개정면 구암리	1927-1936			전라도
268	영명	황주군 구성면 석산리	1931			경상도
269	영생	삼수군 관흥면 운성리	1929			함경도
270	영생(永生)	익산군 부곡리	1923			전라도
271	영생(永生)	신상	1923			함경도
272	영생(永生)	함흥 복부정	1924-1936	775		함경도
273	영생여학교(永生)	함흥군 신창리	1924-1937	850		함경도
274	영생여고보	함흥부 낙민동	1931-1937		487	함경도
275	영생고보	함흥부	1926-1937	245	417	함경도
276	영성	대동군 청룡면 내도	1935-1936	45		평안도
277	영성(英成)	대동군 부산면 남궁리	1923			평안도
278	영성	선천군 군 산면 고부동	1925-1937	52	350	평안도
279	영소(永穌)	함남 원산부	1923			함경도
280	영신사숙	경주군 모화리	1924			경상도
281	영신	고흥군 금산면 신평리	1928			전라도

번호	명칭	위치	연도	보통졸업누계	고등졸업누계	도별
282	영신여	군산부 개복동	1924-1930			전라도
283	영신	선천군 수청면 가물남동	1933	350	120	평안도
284	영신	선천군 신부면 농건	1925			평안도
285	영신재	선천군 신부면 백현동	1925			평안도
286	영신여	여수군 서정	1925-1928			전라도
287	영신(永新)	영덕군 매정	1923			경상도
288	영신(永信)	영덕군 화천동	1923-1925			경상도
289	영신학원(永新)	영주군 풍기면	1923-1925			경상도
290	영신	의주군 고관면 호산동	1927			평안도
291	영신	의주군 고성면 태산리	1933	21		평안도
292	영신(永信)	의주군 월화면 상단동	1923			평안도
293	영신(永信)	익산군 오산리	1923			전라도
294	영신(永新)	전주군 삼례면 삼례리	1923-1937	131		전라도
295	영신(永信)	제주도 삼양리	1924			제주도
296	영신	함흥군 함흥면 풍양리	1926-1937	850		함경도
297	영실	강계군 강계면	1925-1937	122	126	평안도
298	영일(靈一)	영광군 신천리	1924			전라도
299	영진(永眞)	김천군 개령	1923			경상도
300	영진(永進)	해남군 맹진리	1924			전라도
301	영창	경주군 강서면 안강리	1924-1936	306		경상도
302	영창	영등포	1933			경기도
303	영창(永昌)	정주군 관주면 관삽	1923-1925			평안도
304	영천	고흥군 금산면 오천리	1928			전라도
305	영흥	광양군 진상면 지원리	1928			전라도
306	영흥	목포 부양동	1928-1937	547		전라도
307	영흥	순천군 해룡면 도미리	1928			전라도
308	영흥(永興)	안동군 와룡면 지내	1923-1927			경상도
309	영흥	영일군 포항항	1924-1935			경상도
310	영흥(永興)	장성군 풍호리	1924			전라도
311	영흥	전주군 봉동면 낙평리	1927-1937	98		전라도
312	영흥(永興)	제주도 성내	1924			제주도
313	용강	보령군 주산면 야룡리	1929-1936	23		충청도
314	용일(龍日)	해남군 용일리	1924			전라도
315	우학	여수군 율촌면 봉전리	1928			전라도

번호	명칭	위치	연도	보통졸업누계	고등졸업누계	도별
316	운농(雲農)	화순군 운농리	1924			전라도
317	원산	함평군 신광면 원산리	1929			전라도
318	월산	순천군 송광면 월산리	1928			전라도
319	월산	영광 월산	1925			전라도
320	유신	안주군 안주읍건인리	1925-1936	432	342	평안도
321	유신	철산군 철산면 용동	1925			평안도
322	육영(育英)	금산군 진산면 지방리	1923-1937	3		전라도
323	육영	광양군 지약면 태인리	1928			전라도
324	율도(栗島)	영흥군	1923			함경도
325	은율	은율군 은율읍 남천리	1925			황해도
326	의명	봉화군 물야면 압동	1924-1925			경상도
327	의성	대동군 유리	1935	83		평안도
328	의성(義聖)	선천군 심천면 월곡리	1923-1935	72		평안도
329	의성	용천군 양하면 입암동	1924-1937	358		평안도
330	의성	철산군 심천 월곡동	1936	57		평안도
331	의신여	마산부 상남동	1928-1937	980		경상도
332	의신(義新)	의주군 고진면 용상동	1923-1937	86	15	평안도
333	의신(義信)	창성군 동창면 대유동	1923			평안도
334	의영	순천군 순천면 관하리	1925-1936	267	114	평안도
335	이일여	광주읍 양림정	1931-1935	45		전라도
336	인성(仁誠)	함남 고원	1923			함경도
337	인실(仁實)	대동군 남곶면 벽지도	1923-1937	185	54	평안도
338	일신	광양군 진상면 지원리	1928			전라도
339	일신여	동래군 동래면 복천동	1926-1937		248	경상도
340	일신여	부산부 좌천동	19365-1937	647		경상도
341	일신(日新)	송화군 평촌	1923			황해도
342	일신	신의주부 매지동	1932-1933			평안도
343	일신	신의주부 미륵동	1935-1936	108		평안도
344	일신	진안군 세동리	1935	5		전라도
345	일신	평원군 용호면 약전리	1925-1937	212	155	평안도
346	장산사숙	경주군 성방리	1924			경상도
347	점진(漸進)	강서군 동진면 고일리	1923-1936	149		평안도
348	정명(貞明)	목포부 양동	1924-1937	455		전라도
349	정신여	경성부 연동	1924-1934		245	경기도

번호	명칭	위치	연도	보통졸업누계	고등졸업누계	도별
350	정신(正新)	대동군 추을미면 미림리	1923-1937	50	30	평안도
351	정신	영양군 주곡	1924			경상도
352	정의(正義)	무안군 구중리	1924			전라도
353	정의사숙	중화군 중화면 장산리	1934			평안도
354	정일	대동군 임원면 상오리	1926			평안도
355	존도(尊道)	강동군 고천면 용천리	1923-1927			평안도
356	종산	신천군 초리면 월산리	1927-1937	162		황해도
357	죽암	함평군 손불면 죽암리	1929			전라도
358	중신	정주군 임해면 염호동	1929-1934	88		평안도
359	중원(重遠)	의주군 비현면 원동	1923-1936	122		평안도
360	중흥	은율군 직산리	1934	12		황해도
361	지장	지장	1925			전라도
362	진도	영천군 우산동	1924-1937	150		경상도
363	진성(進誠)여	원산부 명석동 230	1923-1937	238	22	함경도
364	진신(進新)	의주군 실업동	1923			평안도
365	진흥(進興)	함남 고원	1923			함경도
366	창덕	대동군 용산면 하리	1925-1937	210		평안도
367	창덕	재령군 좌곡리	1934	45		황해도
368	창명	의주군 송장면 창원동	1927-1932			평안도
369	창신	마산부 상남동	1925-1936	538	74	경상도
370	창신	송화군 연방면 마산리	1925-1936	260	35	황해도
371	창신	시흥군 영등포양평리	1925-1936	242		경기도
372	창신(昌新)	의주군 고관면 동상동	1923-1927			평안도
373	창영(彰榮)	대동군 대보면 문현리	1923-1935	59		평안도
374	천잉(千仍)	강서군 적송면 석칠리	1923-1929			평안도
375	천치	보성군 벌교면 천치리	1928			전라도
376	청남	청주읍 본정	1925-1936	153		충청도
377	청룡	영암군 금정면 청룡리	1929			전라도
378	청일(淸一)	대동군 임원면 상오리	1923-1928			평안도
379	취명(就明)	대동군 대보면 대평외리	1923-1937	411	40	평안도
380	치량	영광 치량	1925			전라도
381	태창	장연군 용연면 용연	1925-1937	191		황해도
382	통명(通明)	용강군 오신면 덕해리	1923-1937	185		평안도
383	퇴호	함흥읍 퇴호	1930			함경도

번호	명칭	위치	연도	보통졸업누계	고등졸업누계	도별
384	팔병신(八丙新)	강서군 동율면 대성리	1933			평안도
385	학교	평원군 순안면 남창리	1929			평안도
386	학술강습	안동군 매정동	1925			경상도
387	한성(韓成)	선천군 고읍동	1923			평안도
388	한흥	평원군 공덕면 용흥리	1925-1937	165	145	평안도
389	함흥여	함흥부	1933			함경도
390	합성(合成)	대동군 금제면 원장	1923-1937	118		평안도
391	해서제일	장연군 대구면 송천리	1925-1937	231		황해도
392	협명	봉화군 구천리	1924-1927			경상도
393	협성보통	경성부 수창동	1929-1937	1190		경기도
394	호신	마산군 내서면 회원리	1927-1929			경상도
395	호연	부여군 옥산면 홍연리	1929			충청도
396	홍성	홍원 읍내	1929			평안도
397	화성	양주 월산	1934	15		경기도
398	화영(華英)	영광군 월산리	1924			전라도
399	회신(回新)	대동군 대보면 반천리	1923-1925			평안도
400	회양여숙	봉화군 춘양	1924			경상도
401	휘명(彙明)	용강군 다미면 난마리	1923			평안도
402	흥영	포항읍	1934	124	53	경상도
403	희도보통	대구부 남성정	1926-1937	1320		경상도
404	희원남자부	대구부 수정	1923-1924			경상도

1923년부터 1937년 사이에 총회에 보고된 장로교계 학교 총 404개를 도별로 살펴보면, 경성을 포함하는 경기도 7개로 약 1.7%, 경상도 69개로 약 17%, 제주도 포함 전라도 89개로 약 22%, 충청도 4개로 약 1%, 평안도 167개로 약 41.3%, 함경도 25개로 약 6.2%, 황해도 43개로 약 10.6%를 점하고 있었다. 평안도와 전라도에 이어 경상도, 황해도의 순서이다. 충청도는 주로 감리교 선교구역이었으므로 장로교 학교가 적게 나오는 것은 당연하지만, 경성을 포함한 경기도의 학교가 의외로 적

게 나타난다.

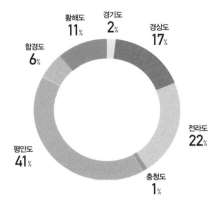

[그림1] 장로교계 학교의 지역별 분포

조선예수교장로회 총회는 독노회 시기인 1907년부터 1942년까지 매년 지역별로 각 통계를 보고하였는데, 여기에 학교와 학생 수에 대한 통계가 있다. 매년 지역별 통계들을 합하여 별도의 표로 작성해보았다. 1931년 이전까지는 중학교와 소학교로 구분하였으나, 1931년부터는 선교부 경영의 기독교학교를 '미순고등과'와 '미순보통과'로 구분하고, 한국교회 경영 소학교만을 따로 통계를 내어 보고하였다. 각 지역 통계 수치에 일부 오류가 존재하지만, 1905년부터 1942년까지 장로교계 중학교와 소학교의 통계는 다음과 같다.

....
59)『조선예수교장로회 총회회의록』(조선예수교장로회총회, 1907-1942) 매년 통계표 참고. 1918년 (321*)은 오류가 심해 괄호로 표기하였다.

〈표5〉 조선예수교장로회 중학교·소학교 통계(1907-1942)[59]

연도	대학교	대학도	미슌학교	중학교		중학도		소학교		소학도	
				남	여	남	여			남	여
1905								239		2730	
1906								238		5124	
1907								405		8615	
1908	2	30		11	6	683	202	542		10480	2649
1909	1	21		24		1332		694		15373	
1910	1	37		22		1442		684		14863	
1911	1	49		23		1474		631		13608	
1912	2	83		25		1778		539		12943	
1913	1	59		19		1361		501		12898	
1914		69		19		1834		499		13681	
1915		48		14		1227		477		14106	
1916		55		21		1013		479		14410	
1917		87		11	5	1368	532	398	106	12545	4329
1918		70		13	(321*)	1310	260	397	115	18450	4445
1919		65		15	6	1339	342	331	116	10715	3953
1920		56		13	7	748	234	392	112	12204	5004
1921		135		13	8	2145	607	504	136	20582	8533
1922		295		18	12	4324	1485	599	188	28720	10642
1923		295		18	13	4324	1485	512	213	27033	11418
1924								361	141	20649	9695
1925		217		17	8	1273	435	437	143	19982	8869
1926		112		16	38	1558	1036	344	248	18021	8221
1927		77		48	23	1491	640	335	197	15253	7704
1928		28(전문)		18	15	850	481	329	170	15362	8018
1929	1	223		9	7	1299	587	315	176	14728	6621
1930			20	7	7	1244	586	249	43	14239	6449

연도	미슌전문	전문학도	미슌고등과	미슌고등과		미슌보통과	미슌보통과		소학교		소학교학생	
				남	여		남	여	남	여	남	여
1931	1	159	24	2056	1129	16	1031	2097	249	44	16107	6360
1932	2	268	23	2426	1485	66	3039	3630	283	24	15334	5539
1933	1	171	19	2181	1350	15	1237	2808	254	15	16242	6026

1934	1	200	14	1913	1459	13	886	2536	225	21	17307	6080
1935	1	202	17	1719	1297	14	1297	2869	248	17	20767	7380
1936	1	139	18	3090	1959	18	1957	3745	190	27	18834	7190
1937	1	120	18	2451	2041	16	1825	3669	223	41	18911	8220
1938			9	1626	1245	4	0	1477	150	26	16920	6260
1939			8	1502	1096	6	0	1904	95	32	16718	6893
1940									124	12	17157	5952
1941									123	48	15665	7559
1942									88	12	12562	5139

장로교 학교 통계를 살펴보면 1907년 대부흥운동 이후부터 1912년 까지 폭발적으로 증가하였다.[60] 1912년부터 1916년까지는 증가세가 일부 주춤하였는데, 이는 1910년 일제 강점 이후 총독부의 교육정책에 따라 발표된 1911년 「사립학교규칙」, 1915년 「개정사립학교규칙」 등의 영향으로 보인다. 한말 각 지역에 사립학교들이 대거 설립되었는데, 성경교육을 정규과목에 사용하지 못하게 함으로 특히 중학교로 되어 있는 선교부 경영 기독교학교들의 수가 줄고, 그 대신 보통과를 위주로 하는 각 지역의 소학교들의 수는 오히려 증가하였다. 1930년대가 되면 선교부 경영 고등과와 보통과 학교들이 현저히 줄어들었고, 교회 부설 소학교의 수도 이전에 비해 50% 이상 줄어들었음을 확인할 수 있다.

감리회연회록에도 1912년부터 1932년까지 학교 통계가 나와 있다. 1912년부터 1930년 북감리회, 1923년부터 1930년까지 남감리회 도표가 따로 되어 있는 것을 하나로 합쳤으며, 남감리회는 '남'이라고 표시하였다. 1931년과 1932년은 남북 감리회 통합 이후의 도표이므로 '통'이라

---

60) 1907년 대부흥운동 이후 기독교학교의 부흥에 대해서는 기독교학교교육연구소 엮음, 『평양대부흥운동과 기독교학교』 참조.

고 표시하였다. 그 이후에는 중부연회, 동부연회 등 연회별로 통계가 되어 있어 이 도표에는 반영하지 않았다.

〈표6〉 남북 감리회 학교 통계(1912–1932)[61]

연도	대학교	대학도	고등보통		학생		보통학교		학생	
			남	여	남	여	남	여	남	여
1912							185		5658	
1913							93	57	2852	1967
1914							109	67	4438	3018
1915							104	66	4646	3135
1916							94	65	4439	8355
1917							69	66	3925	3508
1918							75	58	4070	3214
1919			5	3	525	95	60	54	2522	2416
1920			4	3	828	385	59	47	3308	2673
1921			5	3	1196	517	60	44	4772	3376
1922			4	4	1312	402	80	52	7967	4387
1923			4	4	1876	377	100	52	8548	4684
1923(남)			1	3	569	295	12	9	2397	1786
1924			4	3	1863	396	97	56	8729	4742
1924(남)				2		210	8	8	1072	1090
1925	남1 여2	남212 여170	4	3	1669	447	78	50	7399	4051
1925(남)				2		164	11	9	1583	1348
1926	1/3	234/198	4	5	1551	564	60	47	6832	4078
1927	0/3	0/219	4	4	1532	572	56	43	5895	3907
1928			14		2477		82		9364	
1929	여2	여173	4	4	1460	756	44	34	5559	4112
1929(남)			1	3	290	774	10	10	2441	1587
1930										
1930(남)			1	4	290	981	7	8	1870	1419
1931(통)	여1	188	5	7	2042	1659	38	35	6830	6127
1932(통)	여2	216	5	7	1944	1471	30	33	6657	5336

61) 기독교대한감리회 100주년기념사업위원회, 『조선감리회연회록』 1–15(기독교대한감리회, 1984).

감리교는 「개정사립학교규칙」 이후 선교부 경영 학교들이 고등보통학교로 인가받았고, 보통학교의 수는 장로회 학교들에 비해 매우 적다. 특히 남북 감리회가 분리되어 있었고, 남감리회 수치는 1923년부터 1930년까지만 나와 있으므로 더욱 그 수가 적다. 그러나 각 지역 교회들의 상당수가 학교를 설립했다는 기사들이 많이 보이므로, 그 수를 반영해야 근사치의 통계가 될 수 있을 것이다. 장로회총회록이나 감리회연회록에 보이지 않는 상당수의 학교들까지 반영하여, 각 지역 개교회 설립 학교들에 대해서는 계속해서 후속 작업을 해나갈 예정이다.

교회에서 설립한 학교 중에는 인가를 받아 초등교육을 담당한 보통학교 외에도, 인가받지 않고 간이학교나 야학교 형태의 교육시설이 많이 존재했다. 인가를 받기 위해서는 교사와 학교 건물을 구비하고 있어야 했으므로, 교회 설립 기독교학교들은 항상 재정 부족으로 학교 유지가 어려운 형편이었다. 실제로 많은 수의 학교들이 폐교되었다. 교회에서 설립한 학교의 폐교로 인한 공백을 메워준 것은 간이학교, 학원, 야학, 서당, 강습소 등이었다. 장로회총회록에 학원·서당·강습소·야학 등의 통계가 따로 나오는데, 1920년대 후반 10~50여 개에 불과했던 것이 1930년대에 들어서면서 100여 개 이상으로 증가하게 된다. 교회 부설 학교들이 감소하면서 이들을 대체하여 학원·서당·강습소·야학 등이 증가하였음을 알 수 있다.

III. 한국 기독교학교의 교육 이해

1. 기독교학교의 교육 내용

초기 기독교학교의 교육 내용은 전통 서당과 비슷한 형태였다. 교과목도 한문과 언문 정도였던 것이 1900년대를 거치면서 성경을 기본으로 하고 산수, 지리, 체육, 한국 역사 등이 점차 추가되었다.

기독교학교에서 행한 교육 가운데 가장 중요한 것은 예배와 성경과목이었다. 배재학교에서는 1889년부터 학교 내에서 공식적으로 예배를 드리고 성경도 가르치기 시작하였다. 예배는 처음엔 자발적인 참여였다가 1895년부터 의무적인 참석으로, 그것도 매일 아침 예배 후 수업에 들어가게 하였다. 주일에는 주일 아침예배, 오후 주일학교 예배, 저녁예배와 수요일 저녁예배까지 있었다.[62] 성경과 예배는 「개정사립학교규칙」이 발포될 때까지 기독교학교의 교과목에 반드시 포함되었다. 초기 교과목이 기초학문 위주로 되어 있던 것에 비해, 1908년에는 성경·국어독본·한문·역사·지리·수학·영어·일어·물리·화학·생물·음악·미술·교련체조이 있었다.[63] 다른 기독교학교들도 교과목은 거의 비슷했다고 보여진다. 배재나 경신 등 남학교 학생들은 최소한의 영어교육을 받고 있었으나, 무엇

067

---

62) 배재백년사편찬위원회, 『배재백년사』, 48-49.

63) 『배재백년사』, 53-54, 159-160. 1889년 예비부 1학기-영어·한문·언문, 2학기-영어·철자·한문·언문, 일반교양부 1학년-영어 기초문법·산수 초보·독본3,4권·철자·쓰기및노래부르기·한문·언문, 2학년-영문법·산수·일반과학·독본5권·철자·번역·쓰기및노래부르기·한문·언문, 3학년-영문법·영작문·산수·한문·언문·일반과학·지식계통·어원학·미술·노래부르기로 되어있다. 영어를 비롯해 한문, 한글, 산수 등 기초 학문 위주로 되어 있다.

보다도 복음과 복음적인 삶에 대해 가르치는 데 집중하였다. 미국식 교육이 아니라 한국인 그리스도인을 키운다는 목표를 가지고 있다는 것을 분명히 하였다.

〈표7〉 1896년 경 정신여학교 도티 교장의 여학교 운영 계획[64]

	1학년	2학년	3학년	4학년
학습	성경/한글 읽고 쓰기/교리 수업/예수님의일생, 훈아진언 등 읽기/암산 수업	성경공부-누가복음, 복음요사, 시편, 구약 이야기책 기억에 남는 사건 글쓰기/숫자쓰기, 암산, 덧셈, 뺄셈	성경공부-요한복음, 시편/주일학교 교리수업과 교훈책/『장원량우상론』·『텬로지귀』·『인가귀도』·『성전의 문지기』 읽기/1학년에게 말씀가르치기/작문과 편지쓰기/곱셈, 나눗셈, 분수 암산/조선 지도 그리기	사도행전, 잠언, 창세기, 이사야서/『천로역정』·『구세진전』·주일학교 교리와 교훈책/선교사역 돕기/직업 강의/분수 계산, 이자 원리 복습/작문/생리학, 위생학, 가정방문, 진료소돕기
재봉	박음질, 흠질, 감침질	가봉, 수선/1학년에서 배운 바느질 반복	재단, 자기옷 만들기, 가봉	남성복과 여성복 만들기
가사일	침실, 교실, 식당 일은 2학년과 함께 할 것	1학년과 침실, 교실, 식당 담당/ 3,4학년과 빨래 기본교육	4학년과 요리, 빨래, 염색, 풀먹이기, 다림질	요리, 빨래, 다림질, 염색, 풀먹이기
유희	신마리아-읽기 쓰기, 교리와 가사/도티교장-주1회 학습감독			
	강여사-빨래, 재봉 담당			

1896년 경 정신여학교 도티 교장의 여학교 운영 계획을 보면, 가장 중요한 학습 내용은 성경공부와 기초적인 수학 교육이었고, 그 외에는 깊이 있는 학문보다는 가정의 일상생활에 필요한 재봉, 세탁, 요리 등이었다. 이러한 교육을 받은 정신여학교 졸업생들은 사회 진출보다는 현모양처로서 가정에서의 역할에 충실하다는 평가를 받게 되는데 이른다.[65]

....

64) *The Missionary Review of the World* (1890.12), 942-943; 정신여학교사료연구위원회 편, 『장로회 최초의 여학교 선교편지』(홍성사, 2014), 374-380.

65) "學校歷力-정신여학교(연동)", 『매일신보』 1914.2.21.

초기 기독교계 여학교들의 교육 내용은 거의 비슷하였다고 볼 수 있다.

선교부에서 운영한 대부분의 학교들은 기술교육과 노동실습을 필수 정규과목으로 배치하였다. 기독교학교들은 시대적 필요를 채우는 교육이 중요하다고 보았고, 따라서 빈곤한 학생에 대한 구제책으로 수공부를 두어 수공업 기술을 가르쳤다. 경신학교는 형편이 어려운 학생들이 자신의 학비를 벌 수 있도록 수공부를 설립하였다. 1912년 수공부를 대대적으로 확장해 연동대로에 3층 서양식 실과실 건물을 신축하고, 학과가 끝난 오후에 염색·직조·목공의 세 전문과를 두어 가르쳤다. 설립 초기의 고아원과 같은 방식이 아니라 어려운 학생들에게 근면 정신과 자활할 수 있는 토대를 마련해 준 것이다. 졸업 후에도 자립할 수 있는 기반을 마련해 주는 수공부는 당시 가난한 고학생들에게 꼭 필요한 과정이었으므로 지원자가 점차 많아졌다. 수공부에서 양복, 속옷감, 양말, 그릇, 가죽 등을 만들었는데, 양복은 외국인들에게까지 좋은 평판을 얻어 주문이 답지하였다고 한다.[66] 정신여학교도 서양 편물과 과자를 판매하여, 학교 수업료와 기숙사비 등을 스스로 감당할 수 있도록 하였다. 남장로회선교부 경영의 각 학교들은 실습교육을 학교별로 다르게 하여, 각 학교를 대표하는 실습 과제가 있었다. 전주 신흥학교는 채소 재배, 목포 영흥학교는 목공, 군산 영명학교는 가마니 짜기, 매산남학교는 철공장 등을 주된 실습 과제로 삼고 스스로 학비를 벌었다. 여학교의 경우 정명여학교는 편물, 멜볼딘여학교는 단추 만들기, 순천 매산여학교는 자수, 전주

069

66) "學校歷訪-경신학교(연동)", 『매일신보』, 1914.2.22; "私立儆信學校沿革", 『기독신보』, 1916.4.26; "儆新手工部는 장차 크게 확장된다", 『每日申報』, 1918.7.17.

기전여학교는 뜨개질과 한국풍속 그리기 등의 작품으로 유명했다. 각 학교에서 만들어진 물건은 미국으로 보내 판매한 후 학비와 기숙사비로 사용되었다. 기전여학교 학생들이 만든 물품은 미국 버지니아 주 웨인스보로에 거주하던 밴스 부인Mrs R. G. Vance에게 보내기도 했는데, 밴스 부인은 미국 현지에서 바자회 등을 열어 상당한 기금을 모금하여 이들 학교에 보내기도 했다.[67] 매산학교 엉거J. K. Unger 교장은 1929년 안식년 휴가가 끝난 후 귀국길에 친칠라토끼를 가져와 대규모 토끼사육장을 만들었고, 토끼털과 가죽은 미국으로 수출하고 고기는 학생들의 영양식이 되었다. 또한 유기, 목공, 염소 사육, 버터 및 통조림 제작 등 다양한 실업교육을 통해 학생들의 자립을 도왔다.[68]

선교사들은 학교에 입학한 학생들만이 아니라 그들의 부모까지도 교육의 대상으로 생각했다. 부모가 학교 기숙사에 있는 딸을 매주 보러 오면서 기다리는 동안 선교사들은 복음을 전하기도 했다.[69]

2. 기독교학교의 재정

1923년 기본재산과 학교 설비, 자격 있는 교사진을 갖춘 학교에 시험을 통해 지정학교로 인정해 주는 제도를 도입했을 때, 미션스쿨들이 지정학교로 쉽게 승격되지 못하는 가장 큰 이유는 재정 문제였다. 지정학

---

67) 기전70년사 편찬위원회, 『기전 70년사』, 39, 103; 이재근, "남장로교의 전주 신흥학교·기전여학교 설립과 발전(1901-1937)", 68.

68) L. Biggar, "Christian Education and Industrial Training for Girls" KMF 1935.7, 144; "순천 매산학교", 『기독신보』 1992.6.14.-20; 이덕주, "순천선교부와 지역사회", 385.

69) Margo Lee Lewis의 1910-1911년 보고서; 정신여학교사료연구위원회 편, 『장로회 최초의 여학교 선교 편지』, 472.

교 제도가 발표되자, 북장로회선교부에서는 조선예수교장로회 총회에 청원하기를, 각 중등학교에 한국 교회에서 이사를 선정하고 경제상 보조를 해달라고 했다. 이에 장로회 총회는 이사 파견과 재정 보조에 대한 문제는 해당 노회에서 각 스테이션과 협의하여 이사를 세우고 협력하도록 했다. 노회에서 이사를 파견한 학교들은 계성과 신명, 숭실, 경신과 정신 등이었다.[70] 그러나 실지로 각지역 노회들에서 선교부 경영 학교에 보조한 금액은 매우 적었고, 각 학교 교장들이 선교본부에 보낸 보고서에서도 지역 장로회에서 재정 부담을 지기로 하였지만 거의 기대할 만한 것이 못된다고 불만을 털어놓기도 했다. 북장로회 미션스쿨들은 지정학교 승격을 받기 위해 많은 노력을 기울였다. 1923년 경신학교, 1928년 숭실학교, 1931년 신성학교와 숭의여학교, 1933년 대구 계성학교, 1935년 서울 정신여학교의 순으로 각각 지정학교 인가를 받았다. 선천 보성여학교와 대구 신명여학교는 지정학교로 인가받지 못했다.

1920년대 후반이 되면서 세계 대공황으로 인해 남북 장로회, 남북 감리회 할 것 없이 모든 선교부의 보조금이 감소하여 학교들은 어려움을 겪었다. 북감리회는 1925년부터 소학교 보조를 전면 중지하였고, 중등학교인 서울 배재고보, 평양 광성고보, 공주 영명학교, 영변 숭덕학교 등 네 학교만 보조하는데, 그것도 해마다 보조금이 감소되었다. 영변 숭덕학교와 공주 영명학교는 1927년 3월까지만 보조하고 그 다음부터는 중지하게 되었다. 따라서 한국인 유지들에게 학교 후원을 호소하였다.[71]

70) 『조선예수교장로회총회 제12회회록』(1923.9), 14, 29-31; 『조선예수교장로회총회 제14회회록』(1925.9), 12; 박혜진, "미북장로회선교부 관할 미션스쿨에 대한 한국인의 경영 참여", 『한국 기독교와 역사』 39호, 244.

남감리회도 교육비가 감축되자 남자 보통학교 60여 곳을 폐지하기로 하였다.[72]

북장로회선교부는 1933년에 재정의 어려움으로 인한 학교 폐교 또는 한국인 인계 등의 문제를 논의했다. 우선 1934년 3월 31일 전에는 어떤 학교도 문을 닫지 않는다는 전제하에, 선교부 기금 감소로 각 학교 지원에 대해 즉시 계획을 세우고 선교지부, 교사, 이사회, 한국인들이 예산을 담당하게 해야 한다고 결정했다.[73] 한국인들이 학교 예산을 어느 정도 담당하는 문제는 이미 1910년대 후반부터 계속 논의되고 또 시행되어 왔으며, 언젠가는 학교들을 한국 교회의 완전한 지원을 받게 하겠다는 의지는 1920년대에도 있었다. 그러나 실질적으로 재정 압박으로 인해 선교부가 교육사업에서 물러날 경우를 대비해 학교를 폐교하거나 한국인에게 인계한다는 것은 이 때부터 본격적으로 논의된 것이다.

선교부 경영 학교들에 비해 한국 교회에서 경영하는 학교들은 대부분 재정이 부족하여 학교 운영이 힘들고 학교 상황이 연약하였다. 1911년 10월 「사립학교규칙」 이후 학교 설립을 위해서는 기본재산을 갖추고 있어야 했다. 학교의 기본재산은 기존의 학교들도 학교를 유지하기 위해 필요했으므로 재정 기반이 약해 근근이 유지하고 있는 지역의 학교들은 자본금 확보를 위한 노력을 기울였다. 또한 각 지역의 학교와 사숙을 합병

71) 「조선일보」 1925년 1월 3일자 "北監理教의 經費節減으로 九十七校의 補助를 中止", 「조선일보」 1925.1.3; "永明, 崇德 兩校 經營도 中止-北監理서도 教育費 縮少, 培材補助도 減少, 「조선일보」 1927.1.29.

72) "南監理教育費 縮小 男子校經營 廢止?, 「조선일보」 1927.1.27.

73) "Minutes and Reports of the forth-ninth Annual Meeting of the Chosen Mission of the Presbyterian Church in the U.S.A. 1933(1933.6.29-7.6)," 37-38.

해 유지하는 방안을 강구하기도 하였다.[74] 장로교총회록에 1910년대부터 매년 각 지역 노회에서 학교에 대한 보고를 하고 있는데 재정의 어려움을 계속 호소하고 있다. 1916년 2월 16일자『기독신보』는 당시 교회가 당면한 두 가지 문제를 소학교 유지 문제와 인재 배양하는 문제라고 하였다. 많은 교회가 소학교를 설립하였는데 연약한 교회가 소학교를 유지하기가 매우 어려운 상황이 되어 교회도 학교도 모두 점점 어려워지고 있음을 우려하고 있다.[75]

한국 교회가 경영하는 학교들의 재정 지원을 지역 사회에서 감당하기도 하였다. 한 교회에서만이 아니라 지역의 여러 교회가 연합하여 지원하기도 하였다. 이 때 교회에 출석하는 교인만이 아니라 일반 시민들까지도 기독교학교에 후원하였다. 특정 가문의 학계전토學契田土까지도 학교 재정을 위해 기부하는 일도 있었다. 당시 학교는 기독교인만을 위한 학교가 아니라 지역사회의 인재를 양성하는 기관으로 인식되고 있었기 때문이다. 선교부에서 교회 부속 학교에 학교운영비를 지원하는 경우도 많았으나, 반면 선교부에서 지원해주지 않는 학교들은 유지하기가 점점 어려워지게 되었다.

결국 교사 월급, 교과서 구입 등의 비용이 늘어나 1920년대만 하더라도 근근이 유지하고 있던 학교들이, 1930년대가 되면 선교부에서 경영하는 학교들을 제외하고는 많은 학교들이 폐쇄되었다. 그러나 교회가 설립한 학교들 가운데 정규 학교들은 많이 없어졌지만, 한국 교회는 이에

74)『예수교장로회조선총회 제3회 회록』(1914.9);『예수교장로회조선총회 제4회 회록』(1915.9)
75) "우리 교회의 두가지 급흔 문뎨",『기독신보』1916.2.16.

서 그치지 않고 야학과 서당이라는 형태로 초등 정도의 교육을 계속 유지해나갔다.

IV. 한국 기독교학교 교육의 특징과 의의

평양에서 교육과 전도에 전념한 북장로회 베어드William M. Baird 선교사는 1897년 연례회의에서 "우리의 교육정책Our Education Policy"을 발표하였다.

"모든 학교에서 다음과 같은 두가지 주요 정신은 유지되어야 한다.
　(1) 학교의 주요 정신은 유용한 지식을 다양한 분야에서 교육하고, 따라서 현실 속의 다양한 의무와 책임을 다하는 학생들이 되게 한다.
　(2) 학생들에게 종교적이면서 영적인 영향력을 끼치는 것이 학교의 가장 중요한 일이다.
　(3) 미션스쿨의 주 목적은 현지 교회들과 그 지도자들이 자기 민족 속에서 기독교 사역을 왕성하게 할 수 있도록 발전시키는 데 있다. (중략)

만일 학생들이 학교의 첫 번째 원칙에 따른 충실한 훈련을 받는다면, 그들이 농부나 대장장이나 의사나 교사나 또는 정부각료 등 어떤 직업을 가지게 되더라도, 그들은 모두 복음을 적극적으로 전파하는 사람들이 될 것입니다. 선교사 교사라면 우선 학생들을 복음전도자들로 만들어 내야 합니다. 만약 이런 일에 실패한다면, 그가 교육가로서 성공했을지 몰라도, 그는 선교사 교사로서는 실패한 것입니다."[76]

이처럼 북장로회선교부의 교육정책에는 '복음전파'가 우선이었다. 한국에서 교육사업의 목표는 어떤 직업을 갖더라도 그들을 모두 복음전도자로 만들어내야 한다는 것이었다. 호주장로회 선교사 라이얼은 비기독교 가정의 소년들에게도 적은 비율로 학교 입학이 허락되었지만, "근본 목적은 이 경남 전역에 하나님을 섬길 기독교 지도자들을 길러내는 것"[77]이라는 것을 분명히 하였다. 그의 정책은 네비우스정책을 따르는 북장로회 교육정책과 일치하였다. 남장로회선교부의 교육 목표는 전도를 통해서 기독교인이 된 가정에 속한 아이들을 교육하여 이들을 기독교 지도자로 양성하는 것이었다.

복음전도자를 만드는 것이 선교부 교육사업의 1차 목표였지만, 교육현장에 있던 선교사들은 여기서 그치지 않고 교육을 통해 교회와 사회를 이끌어갈 수 있는 지도자, 한국의 개화에 기여할 인물까지도 길러낼 수 있다는 자부심을 갖고 있었다.

남장로회 해리슨William B. Harrison 선교사는 스테이션에서 학교를 시작한 것, 그리고 기독교학교에 비기독교인 학생들을 포함시킨 선교부의 정책이 현명한 것이라고 하였다.[78] 호주장로회 특히 여선교사들은 소녀들의 교육에 우선권을 두었다. 그렇다고 전도의 중요성을 무시하고 학교교육만 중시한 것은 아니었다. 선교사들의 대다수는 항상 순회전도사역에 종사하였고, 전도와 교육을 이분법적으로 분리시키지 않았다.[79] 배화여

76) 리처드 베어드 지음; 숭실대학교 뿌리찾기위원회 역주, 『윌리엄 베어드』(숭실대학교출판국, 2016), 220.

77) D. M. Lyall, "The Church in Masanpo", The Korea Mission Field (1921.2), 26~27.

78) Station Reports of the Southern Presbyterian Mission(1903), 26; 송현강, 『미국 남장로교의 한국 선교』, 107~129 재인용.

학교는 기독교 학생으로 교육해 복음을 전할 수 있고, 졸업 후 교회 일꾼이나 기독교 가정을 이루어 복음의 일꾼이 되게 하는 것, 여성 지도자를 양성할 것, 한국의 개화에 기여할 것 등을 교육목표로 삼았다. 배화여학교 교장 부이Hallie Buie는 학교의 목표를 '기독교적인 인격의 소유자가 되어 가정과 사회와 교회와 나라에서 꼭 필요한 인재'를 키우는 것이라고 했다.

> "우리는 학생들 중에서 이 가난한 나라에 건강한 교회를 세우는 데서 그들의 역할을 다할 수 있는 철저하고 진실한 기독교 여성들이 많이 나오기를 기도하고 있습니다. … 우리는 학생들이 이 땅에서 미신과 나쁜 영들의 공포, 그리고 많은 이상한 관습들로 시달리고 있는 가정 대신에 기쁨이 넘치는 기독교 가정을 세우는 미래의 일꾼이라고 생각하고 있습니다."[80]

> "교육의 가치는 읽기, 쓰기, 산수, 바느질, 유아교육에 있는 것이 아니라, 여러 해에 걸쳐 매일 그리고 매 시간 교류함으로써 기독교인의 모델에 따라 인격을 형성하는 것입니다.
>
> 우리 여학교는 이미 잘 익은 열매를 거두었습니다. 한 조선 기독 여성은 다른 여성들이 하는 단조로운 가사일은 그대로 하고 있지만 보편적인 현지 여성들의 삶을 구성하고 있는 소문, 추문 그리고 미신들을 초월했습니다. 이교도 신앙을 따르는 여성들과 그녀가 얼마나 다른지 양쪽 모

79) 정병준, 『호주장로회 선교사들의 신학사상과 한국선교, 1889-1942』(한국 기독교역사연구소, 2007), 220-266.

80) H. Buie, "Carolina Institute, Seoul", WMCS(1937), 198; 성백걸, 『배화백년사, 1898-1998』, 196 재인용.

두를 알고 있는 우리만이 그 차이를 인식하고 있습니다. 그들의 수가 증가하지 않으면 교회의 성장이 늦어질 것임에 틀림없습니다. 그렇기 때문에 이 학교의 필요성을 느끼는 것입니다."81)

외국 선교부 가운데 비교적 소수에 속하는 성공회의 터너의 연설이다.

"... 대저 우리가 자녀교육에 대단히 힘쓰지 아니하였으되 방금 한인들이 여학교 설립하기를 날로 요구하는지라.... 지금 서울 고아원 소관으로 여학교가 있고 또한 금월 회간에 수원에서 여학교를 새로이 개교할 터이니 그 재정은 영국에서 한 부인이 모두 담당한 것이라...

지금 한국사정을 살피건대 교육이 가장 급하고 또한 여자도 남자와 같이 교육을 주지 아니하면 전국에 문명이 온전치 못할지라. 대저 남녀가 한 가정에서 무슨 일을 주의하든지 피차 서로 안락하려하든지 또한 국가에 대하여 무슨 사업을 경영하는 때에 남녀가 서로 상의하며 피차 부조할 것이니 이는 결단코 남녀교육사업이 없으면 되지 못할지라. 그런즉 이 일이 국민에게 유익할 것 같으면 어찌 교인된 자에게 더욱 필요하지 아니하리오...

그러므로 우리가 교육을 시작할진대 우리는 마땅히 상당한 법도와 교육을 주어 저희로 하여금 보통교육을 받아 나중에 남녀가 서로 가정사에 필요한 때를 따라 피차 부조하며 자녀를 천주의 도리대로 양육할지니라."82)

81) 정신여학교 교육선교사들의 1894년 8월 28일자 편지, 정신여학교사료연구위원회 편, 『장로회 최초의 여학교 선교편지』, 304.

당시 성공회는 여성교육에 역점을 두면서, 교육목적도 남녀평등에 근거해 국가와 사회, 가정에서 원만한 삶을 살아갈 수 있는 보통교육에 두었다. 성공회 학교는 공립학교의 교육혜택이 미치지 못하는 지역에 한정되어 있고, 학교교육과 함께 학생들을 위한 기숙사를 통한 공동체 생활과 종교교육을 중시하였다. 그러나 성공회는 강화 온수리·수원·진천 학교들 외에는 재정적으로 충분하지 못했고, 결국 성공회가 설립한 학교들은 대부분 무인가학교로 끝나고 말았으며 지속될 수도 없었다. 선교비 감축으로 학교들은 전부 공립보통학교로 편입되었다. 타 교파처럼 계속 교육사업을 이어오지 못한 점은 이후에도 성공회 선교의 결정적 약점으로 지적되고 있다.[83]

한국 교회와 학교는 훨씬 빠르게 성장했고, 한국 기독교인들 역시 교인의 자녀들을 교회학교에서 가르치고 도와서 그들을 교회의 일꾼이 되도록 길러야 한다고 생각했다. 선교사들과 마찬가지로 각 학교에서 교육을 열심히 하면서 성경과 기도를 특별히 가르쳐야 한다고 강조하였다.[84] 그런데 여기서 한 걸음 더 나아가 교회의 일꾼만이 아니라 한국 사회의 일꾼이 되기를 원하였다. 기독교가 들어온 시기는 한국의 근대화 시기와 맞물린다. 기독교학교에서 교육받은 여성들은 한국 교회의 기초를 세우고 수많은 일을 하였다. 초기 기독교학교에서 교육 받은 한국인들은 이후 정치가, 교육가, 언론인 등이 되어 근대 한국 사회를 선두에서 이끌어

82) "주교통신", 宗古聖公教會月報 13호(1907.7), 11-12; 이재정, 『대한성공회 백년사, 1890-1990』(대한성공회 출판부, 1990), 83 재인용;220-266.

83) 이재정, 『대한성공회 백년사, 1890-1990』, 83-89.

84) 『예수교장로회조선총회 제1회 회록』(1912.9.1)

가는 지식인들이 되었다. 복음전도자 양성과 교회와 사회의 인재 양성이라는 기독교학교의 목적은 개화기에서 일제강점기 내내 크게 상충되지 않았다. 그러나 일제 말 신사참배 문제로 인해 각 선교부들이 교육사업을 비롯한 모든 선교활동을 중지하고 귀국하게 되면서, 선교부·선교사와 한국 기독교인들 사이에 기독교학교의 존폐를 둘러싼 갈등이 심화되었다.[85] 더 이상 선교활동을 할 수 없는 상황에서, 각 선교부들은 복음전도자를 양성할 수 없게 되자 기독교학교를 폐교하고자 했고, 한국 기독교인들은 선교부가 운영하지 않더라도 학교를 한국인에게 인계하여 학교교육이 계속되기를 바랬다. 교육의 목표를 교회와 사회의 인재 양성에 두고 있던 많은 한국 기독교인들과 지역민들은 학교의 문이 닫히지 않도록 끊임없이 노력하고 연대하였다.

V. 나가는 말

선교사들이 각 지역 스테이션에 세운 초기 학교들 가운데 특히 여학교의 경우에는 학생을 모집하는 데 어려움을 겪었다. 낯선 외국인에게 아이들을 맡기기가 쉽지 않았을 뿐 아니라 여자아이를 외국인의 집에 보내는 것은 더욱 어려운 일이었다. 따라서 처음에는 가난한 집 아이 혹은 고아, 버려진 아이들이 선교사의 거처에서 같이 생활하며 그들로부터 교육을 받게 되었다. 선교부에서 운영한 학교들은 대개 보통과로 시작하여 고등과를 병설하게 되었으며, 지정학교 인가를 받기 위해 교사校舍와 자격

---

85) 일제말 기독교학교의 존폐를 둘러싼 갈등은 박혜진, 『일제하 한국 기독교와 미션스쿨』 참조.

있는 교사教師를 확보해야 하는 과정 속에서, 선교부가 고등과를, 한국 교회가 보통과를 경영하는 것으로 변화되었다. 선교부 경영 학교들은 대개 해외의 후원자들이 보내온 기금으로 학교 건물을 건축했다. 이때 후원자의 이름, 지역명 등 후원자와 관계된 학교 명칭을 붙이는 경우가 많았다. 후원자의 이름을 건물에 붙이기도 하였다. 그러나 개화기부터 일제강점기까지 활발히 교육활동을 해온 각 선교부 학교들은 1936년 이후 신사참배 문제가 불거졌을 때, 남북 감리교와 캐나다장로회 선교부에서 경영하는 학교들을 제외하고, 북장로회와 남장로회, 호주장로회 선교부에서 운영한 기독교학교들은 대부분 폐교되었다.

한국 교회에서 설립한 학교들은 대개 보통과 교육으로 시작하였으나, 학교가 발전하여 학생이 크게 증가하자 보통과에 이어 고등과를 개설한 학교들도 많았다. 이렇게 발전했던 학교들은 그 지역 사회에서 학교 유지를 위한 재정 지원을 감당하였다. 한 교회에서만이 아니라 지역의 여러 교회가 연합하여 학교를 지원하기도 하였으며, 교회뿐만 아니라 지역의 유지, 교인이 아닌 일반 시민들까지도 교회에서 운영하는 기독교학교에 후원하였다. 당시 학교는 기독교인만을 위한 학교가 아니라 지역사회의 인재를 양성하는 기관으로 인식되고 있어, 지역민들의 관심이 지대했음을 알 수 있다.

한국 교회가 설립한 학교들은 설립 당시부터 학교 유지가 매우 어려웠으므로 1920년대에 겨우 유지해나가던 많은 학교들이 1930년대가 되면서 폐쇄되었다. 그러나 교회가 설립한 학교들 가운데 정규 학교들은 많이 없어졌지만, 한국 교회는 각 지역 교회에서 야학과 서당을 세워 초등

정도의 교육을 계속 유지해 나갔다. 특히 여름철에는 거의 모든 교회들이 하기아동성경학교를 세워 교육하였다. 이후 정규 학교보다는 점차 교회 주일학교의 확대와 발전에 힘을 쏟게 된다.

교회 부설 소학교를 졸업한 학생이 선교부 경영 기독교학교에 입학하는 경우가 많았다. 그리고 선교부 경영 기독교학교를 졸업한 이들이 다시 교회 부설 소학교 교사로 오는 경우가 많았다. 따라서 교회 부설 학교 설립은 한국 교회뿐만 아니라 한국 사회의 인재를 양성하는 데 매우 중요한 역할을 하였다. 이것이 한국 교회와 교인들, 그리고 그 지역의 신자가 아닌 일반인들 모두가 교회 부설 학교를 유지하기 위해 앞다투어 지원한 이유이기도 하였다.

1903년 평양 남산현교회 여학교에 대한 기록이다.

"평양 남산현회당에 속한 여학교는 학도가 40명이요 선생은 김씨 또라씨라. 부인은 학식이 유족하시고 덕행이 거룩하시니 진실로 예수님성품과 덕행을 본받은 부인이라. 이 학교 여학도들이 학문과 덕행을 겸하여 배우는 중에 특별한 공부는 성경이오 그 외에 여러 과정은 아이들의 등분을 따라 가르치더라.

어떤 유명한 학사의 말과 같이 온 세상 일세대 <u>아이들을 그리스도 어머니에게 맡겨 교육하면 온 세상을 일세대 동안 새롭게 변할지라.</u> 이와같이 우리 대한 모든 부모들은 모든 자식들을 유덕한 그리스도인 모친께 맡기기를 원하노라."[86]

....

86) "학교왕성", 『신학월보』 3권 5호(1903.5).

이 글을 통해 당시 한국인들이 기독교학교에 대해 어떤 기대를 가졌는지를 파악할 수 있다. 한국인들은 자녀들을 '그리스도 어머니'에게 맡겨 가르침으로써 세상을 변화시킬 인재가 되기를 원했다.

기독교학교 연구는 지금까지 선교부 경영 학교와 한국 교회 경영 학교라는 두 가지 방향에서 진행되어 왔다. 한국기독교역사연구소에서 오랜 시간 동안 한국에서 선교한 미북장로회 선교부 문서를 비롯한 해외 선교부의 기초자료들을 꾸준히 축적해놓은 덕분에 선교사와 선교부 경영 학교 연구에 많은 도움을 받을 수 있으며, 최근의 기독교학교 연구는 선교부 경영 학교 연구에 좀더 집중되어 있다고도 볼 수 있다. 그러나 아직 선교부 자료들을 충분히 이용하지 못한 이유도 있고 학교사가 없고 자료가 남아있지 않은 학교들의 역사도 계속해서 충실히 보완해나가야 한다.

한편 한국 교회가 설립 운영한 학교들은 제대로 된 명단도 나와 있지 않다. 1923-1937년 장로회 총회록에서 확인할 수 있는 학교들을 정리하였으나, 이 명단에 나와 있지 않은 각 지역의 교회들이 초기부터 설립한 수많은 학교들의 명단을 계속 확인해나가야 한다. 감리회·성공회·성결교·구세군 등 타교파에서도 각 지역에 많은 수의 학교들을 설립하여 운영하였다. 지역 교회에서 설립 운영한 학교들에 대한 정확한 명단이 나와야 한국 기독교학교교육의 역사를 제대로 복원할 수 있다고 본다. 이 연구가 앞으로 한국 기독교학교교육의 역사를 복원하는 일에 단초가 되기를 바란다.

제
1
장

#기독교학교운동 #북간도 #명동학교 #은진중학교

제2장

일제강점기 북간도 기독교학교운동의 특징과 교육적 시사[1]

강영택 교수

I. 들어가는 말

우리가 역사에 관심을 갖는 이유는 현재의 우리를 배태한 과거에 대한
지적 호기심도 있지만 동시에 현재의 혼란스러운 상황을 보다 잘 이해할
수 있는 혜안을 얻기 위함일 것이다. 과거의 역사는 현재를 비추는 거울
과도 같다. 그러나 역사가 단지 과거에 머물지 않고 현재에 의미를 부여
하기 위해서는 현재에 대한 치열한 문제의식이 있을 때 가능하다. 그럴
때 역사란 과거와 현재의 끊임없는 대화라는 명제는 정당성을 갖게 된
다. 우리나라에서 기독교학교란 주제는 역사적 고찰 가운데 현재와 과거
의 대화가 절실히 요청되는 분야이다. 이 말은 현재의 기독교학교들이 정

---

[1] 본 장은 『미래교육학연구』 제34권 1호(2021.4), 1–25에 게재되었습니다.

체성의 혼란을 비롯한 다양한 어려움 가운데 처해있음을 의미한다_{박상진,} _{2006; 2010; 오춘희, 2003.} 사학의 건학이념에 따른 신앙교육의 자율성이 사회가 요구하는 교육의 공공성과 조화를 이루지 못하고 갈등과 긴장을 유발하는 경우가 종종 있다. 또한 다수의 기독교학교들이 우리나라의 여타 학교들과 마찬가지로 단편적 입시교육에 매몰되어 미래사회를 이끌어갈 헌신적인 인재를 양성하는 기독교 사학의 차별성을 드러내지 못하는 경우도 많다. 이처럼 오늘날 기독교학교는 신앙교육의 기관으로서나 사회의 발전에 공헌하는 인재 양성기관으로서나 그 정체성을 분명히 갖지 못하고 있는 실정이다.

이런 상황을 타개하기 위하여 현재 우리나라 기독교학교들의 뿌리라 할 수 있는 구한말과 일제강점기의 기독교학교들을 살펴보는 일은 의미 있는 작업이 될 것이다. 오늘날 많은 기독교학교들의 직접적인 역사의 뿌리는 당시 한반도 땅에 존립했던 기독교학교들에 있다. 그러나 본 연구는 일제강점기 한반도가 아닌 북간도 지역의 기독교학교들에 주목하고자 한다. 이유는 한반도의 기독교학교들에 대한 연구는 이미 많이 진행되었다는 사실 외에도_{강영택, 2013b; 기독교학교교육연구소, 2007; 2020; 백승종, 2013; 한규} _{원, 1997} 북간도의 기독교학교들은 대부분 외국 선교사들이 아닌 다양한 배경의 한인들에 의해 설립 운영되었다는 점 때문이다. 이 점은 북간도의 기독교학교들을 고찰하는 일이 우리나라 기독교선교의 초기 그리스도인들의 신앙과 교육에 대한 관점을 알 수 있게 해준다는 사실을 의미한다. 당시 북간도의 기독교학교를 운영하거나 학교에서 가르쳤던 이들에게는 신앙교육과 민족교육이 갈등 없이 조화롭게 수용되었고, 이들은 이를 헌신적으로 실천하였다. 그래서 기독교학교는 주민들로부터 기독교인 여부와 관계없이 지지와 성원을 받을 수 있었다. 그러므로 그동안 기독교학교 역사의 논의에서 크게 주목받지 못했던 북간도 기독교학교 지도자들의 교육관과 교육활동들을 고찰하는 일은 신앙교육과 교육의 공공성의 갈등과 같은 문제들로 힘들어하는 오늘날 기독교학교들에 유익한 시사점을 제시하리라 기대된다. 즉, 북간도의 기독교학교 지도자들이 중심이 되었던 기독교학교운동의 특징들을 살펴보고 이들로부터 오늘날 어려움에 처해있는 기독교학교를 위한 시사점을 도출하고자 한다.

이러한 연구목적을 위해 본 연구에서는 다음과 같은 네 개의 연구 질문들을 갖는다.

첫째, 북간도 기독교학교들이 추구했던 교육목표와 실제 이루어진 교육활동과 운영실태는 어떠했는가?

둘째, 기독교학교들이 사회의 지지를 얻어 수적으로 증가하고 사회적으로 영향력을 행사할 수 있었던 이유는 무엇인가?

셋째, 북간도의 기독교학교들을 설립하고 운영한 이들은 '교육과 신앙의 관계' 혹은 '민족/근대교육과 신앙교육'의 관계를 어떻게 이해하고 실천했는가?

넷째, 앞의 질문들과 관련하여 알 수 있는 일제강점기 북간도의 기독교학교운동의 특징들은 무엇이며, 이로부터 오늘날 학교를 위해 얻을 수 있는 교육적 의의와 시사점은 무엇인가?

이상의 질문들에 답을 하기 위해서는 먼저 당시 북간도에서의 한인학교의 실태와 기독교학교의 설립과정에 대한 이해가 선행되어야 한다. 그리고 기독교학교들이 지향했던 교육목표와 실제 시행했던 교육활동 등을 자세히 살펴볼 필요가 있다. 교육의 특징을 보다 분명하게 보기 위해 대표적인 두 학교를 별도로 살펴볼 것이다. 이 연구를 위해 다양한 자료들을 고찰하였다. 먼저 북간도의 기독교학교에 직간접적으로 관계를 맺고 있었던 사람들의 증언과 회고록 그리고 보고서 등이 중요하게 검토되었다. 또한 당시 기독교학교에 대한 신문기사도 일부 이용되었다. 그리고 북간도 기독교학교에 대한 연구물들은 한국학자들에 의한 것과 연변학자들에 의한 것이 함께 사용되었다. 또한 북간도에 대한 관심이 증대하면서 영상자료들이 다수 제작되었는데 이 역시 유용하게 활용되었다.

II. 북간도의 한인학교 설립 실태

19세기 중엽부터 20세기 초반까지 함경도 지역에 사는 농민들을 중심으로 적지 않은 우리 민족이 두만강을 건너 중국의 북간도 지역으로 이주를 했다. 이들의 이주 동기는 시기에 따라 조금씩 달랐지만 그 동기는 다음 세 가지로 대별된다서광일, 1986. 첫째, 생존을 위한 이주이다. 가뭄과 태풍 같은 자연재해와 탐관오리들의 학정 등으로 말미암아 살기가 어려워진 농민들이 1800년대 중엽부터 새롭게 농사지을 땅을 찾아 북간도로 이주하였다. 둘째, 정치적 망명의 성격을 띠거나 보다 평등한 이상적 사회를 꿈꾸던 이들의 이주이다. 풍전등화 같은 조국의 위태로운 현실을 직시한 일부의 지식인들은 일제의 탄압을 피해 조국의 독립을 위한 활동을 할 수 있는 곳으로 이주를 했다. 또한 어떤 이들은 당시의 문란한 신분사회에 대한 비판의식으로 보다 정의롭고 평등한 이상사회를 이루고자 하였다. 셋째, 신앙생활의 자유를 위한 이주이다. 1910년대 북간도로 이주한 사람들 중에는 자기 고장에서 기독교신앙을 갖고 생활하는 것이 힘들어 자유롭게 신앙생활을 할 수 있는 곳을 찾아 북간도로 온 이들도 있었다. 이들은 둘째 그룹의 사람들과 유사하게 교육구국의 정신이 투철하여 이주한 곳에서 교회와 학교를 가장 먼저 설립하고 마을을 개간하였다.

이상과 같이 세 가지 동기를 갖고 많은 사람들이 간도로 갔다. 간도 이주 한인의 수는 꾸준하게 증가하였다. 농민들의 생계형 이주가 주를 이루었지만 한일합방이 있었던 1910년과 3·1운동이 일어났던 1919년에 이주자수가 증가하였다. 간도의 한인 인구는 1910년에 109,500명이었는데 10여 년이 지난 1921년에는 307,800명으로 세 배로 증가하였다.

19세기 말 일본의 침략야욕이 구체적인 모습으로 드러나자 많은 지식인들은 이 위기를 극복하는 방안으로 교육을 생각했다. 즉, 교육을 통해 국민들의 의식계몽과 실력향상을 가져오고 인재를 양성하여 미래를 준비하는 것이 급선무라 보았다. 이러한 교육구국教育救國운동은 한반도 전역으로 퍼져나갔고, 그 영향은 국경을 넘어 만주 땅에까지 미쳤다. 교육이 강조되면서 학교의 설립은 간도에서도 활발하게 일어났다. 당시 간도에서 한인들이 다니던 학교의 실태를 전체적으로 조망하기 위해서는 학교들을 두 가지 기준에 따라 유형화할 필요가 있다. 첫째 기준은 '학교의 설립과 운영의 재원 확보 방안연변민족교육연구소, 1987'이고, 둘째 기준은 '학교의 교육사상을 이루는 요인한강희, 2019'이다. 이 두 가지 분류기준은 본 연구에서 본격적으로 고찰하고자 하는 기독교학교운동의 특성을 논의하는데도 중요한 요소가 된다.

먼저, 첫째 기준에 의할 때 네 가지 유형의 학교들이 나올 수 있다. 첫째 유형의 학교는 한반도에서 이주한 평범한 농민들에 의하여 설립되고 그들의 재정지원으로 운영된 학교이다. 이 학교들은 대개 학부형들이 농사를 지은 소산물로 학교운영비를 충당하였다. 덕흥의숙, 청호학교, 대성중학교 등이 이 범주에 속한다. 둘째 유형의 학교는 민족의 앞날을 염려한 선각자 개인이 자신의 재산을 내놓아 학교를 설립하고 운영한 학교이다. 이상설의 서전서숙과 이동녕 등의 태흥학교가 대표적인 사례이다. 셋째 유형의 학교는 학교가 초기부터 소유하고 있던 재산으로 발생하는 수입에 의해 운영된 학교이다. 학교가 소유하고 있는 논밭을 경작하여 얻는 수익이나 학교에 속하는 기본 자금으로부터 얻는 이자 등으로 학교 운영비를 충당한 학교들이다. 전자의 예로는 명동학교, 광동학교, 광진학교, 용진학교 등이 있고, 후자의 예는 해성학교, 진동학교, 남양학교, 영성학교 등이 있다. 넷째 유형의 학교는 교회와 같은 종교단체가 학교의 운영비를 지원한 학교이다. 명동학교, 장동학교, 창동학교, 명신여학교 등은 기독교 기관에서 지원했고, 광동학교, 홍동학교, 신흥학교 등은 천주교기관에서 후원을 했다. 이 분류에 따를 때 가장 많은 학교들이 첫번째 유형처럼 학부모가 수확물로 학비를 내어 근근이 학교를 운영하는 경우이다. 이런 경우 학교 운영의 지속성을 담보하기가 어렵다. 셋째와 넷째 유형의 학교들이 비교적 안정적인 운영을 할 가능성이 있다. 실제 이 범주에 속한 학교들이 북간도에서 규모도 크고 지도적 역할을 했음을 알 수 있다. 그런데 명동학교를 비롯하여 이 범주에 속하는 여러 학교들이 학교 운영의 안정성을 갖게 된 것은 학교와 마을의 긴밀한 협력 때문이었다. 학교운영비로 사용하는 학교 자산의 형성에는 마을주민들의 공헌이 컸다. 북간도의 많은 마을에서는 학교와 교회가 마을의 중심 기관이었다.

그러면 이제 학교의 유형을 나누는 두 번째 기준인 '학교의 교육사상의 구성 요소에 따른 유형화를 살펴보자. 일제강점기 북간도의 한인 학교들은 대부분 민족정신을 강조하는 교육을 실시하였다. 그러나 그들의 민족주의적 교육사상을 형성하는 요인이나 융합의 과정은 서로 상이하다고 할 수 있다. 김해영2011에 따르면 북간도의 학교들이 민족적 교육사상을 형성하는데 네 가지 요인들 중 일부가 상호작용하였다고 한다. 이는 전통사상, 종교사상, 애국계몽사상, 민중의식 등이다. 전통사상은 개혁적 실학사상과 위정척사衛正斥邪의 성리학적 전통을 의미하며 이는 관북 지역 유림들의 북간도 이주로 그 사상이 전승되어 학교에 영향을 주었다고 할 수 있다. 종교사상은 대종교와 천도교 같은 민족주의적 성격이 강한 자생종교와 개신교와 가톨릭 같이 반일적인 태도를 취한 유입종교의 사상을 의미한다. 대종교와 천도교는 강한 민족주의적 성격으로 일제의 탄압을 받게 되어 이를 피해 북간도에 오게 되었다. 개신교와 가톨릭은 서양 선교사들로부터 유입되기도 했지만 더욱 많은 경우는 국내의 애국적 신앙인들에 의해 북간도에 전파되었다. 그래서 기독교사상은 민족적 정신과 견고하게 연결되어 있었다. 애국계몽사상은 북간도를 독립운동의 전진기지로 삼아 애국운동의 일환으로 교육구국운동을 전개하는데 토대가 된 사상이다. 이는 신민회와 서북학회 소속의 애국지사들에 의해 북간도에 전하여졌다. 민중의식은 북간도로 이주한 농민들이 겪은 아픔과 고통의 경험을 통해 갖게 된 자의식을 말한다. 농민들은 고향 땅에서 신분차별의 모순을 경험했고, 이주지역에서 중국 관리들의 횡포를 겪으면서 민중의식을 형성하였고 이를 바탕으로 학교설립을 열망하였다.

이 네 가지 사상들이 북간도 학교에도 영향을 주었다. 한강희2019는 이 사상들의 조합으로 북간도 학교들의 교육사상이 형성되었다고 보고, 그 조합에 따라 학교들을 다섯 범주로 분류하였다. 첫째는 독립지사들의 애국계몽사상을 교육의 토대로 삼은 학교이다. 둘째는 실학이라는 전통적 사상을 가진 유학자들이 기독교사상을 수용하여 애국계몽사상을 실천하고자 하는 학교이다. 셋째는 민중의식을 가진 농민들이 기독교사상을 전하고자 하는 선교사들을 만나 건립한 학교이다. 넷째는 민중의식을 가진 농민들이 애국계몽사상으로 무장된 독립지사들과 함께 설립한 학교이다. 다섯째, 서민들의 민중의식의 발로로 형성된 학교이다. 이러한 분류의 내용은 〈표1〉에 요약되어 있다.

〈표1〉 북간도 학교의 교육사상의 유형

교육사상의 유형	대표적 학교
애국계몽 사상	서전서숙
전통사상(개혁적 실학사상) + 기독교사상 + 애국계몽사상	명동학교
민중의식 + 기독교사상	동광학교, 동신학교
애국계몽사상 + 민중의식	광성학교, 창동학교, 정동학교
민중의식	양정학당

(출처: 한강희, 2019: 45에서 변용)

이 유형들 가운데 연구 주제와 관련해서 주목해야 하는 학교는 두 번째와 세 번째 유형의 학교들이다. 두 번째 범주의 대표적 사례인 명동학교가 북간도 학교들의 모범이 되고 지도적 역할을 수행한 것은 학교의 교육활동이 전통적 사상과 단절되지 않으면서 근대정신과 민족의식을 모두 포괄하고 있기 때문이다. 명동학교 설립자들은 오랫동안 개혁적인 실학사상으로 무장되어 있었고, 북간도 이주 후에는 애국지사들을 접하면서 민족을 위한 애국계몽운동과 근대적 사상을 동반한 기독교사상을 수용하고 융합하여 이를 학교의 교육사상으로 체계화 시켰다. 이처럼 세 가지 사상이 융합된 학교의 교육사상은 다양한 영역과 계층의 사람들로부터 지지를 얻을 수 있어 모범적인 학교운영을 가능하게 했다. 세 번째 범주에 속한 학교들의 교육사상은 민중의식과 기독교사상이 융합된 것이다. 이는 학교교육의 필요성을 깨달았지만 실제의 준비가 부족한 민중들과 학교교육을 통한 선교를 희망하는 선교사들의 뜻이 일치하여 학교가 설립되었다. 이 범주의 학교들은 이른 시기에 근대학교로서의 역할을 수행하였다. 이 범주에 속한 대표적인 학교는 훈춘 옥천동에 위치한 동광학교이다. 동광학교는 1904년 4월 목회자 없이 교인들에 의해 설립·운영되던 동광교회에 의해 세워진 북간도 최초의 근대학교이다.[2] 민중의식과 기독교신앙이 결합되어 민족정신을 고취하며 조선어, 산수, 성경 등을 주요과목으로 가르쳤다. 한때 인근 지역에서 학생들이 대거 몰려와서 학생수가 150명에 이르기도 하였다세계한민족문화대전, 2020.

　이처럼 북간도에는 다양한 유형의 학교들이 설립 운영되었다. 그러나 다양한 한인학교들이 존재했지만 중요한 공통점을 갖고 있었다. 먼저 교육목적과 내용에서 항일정신과 민족의식을 고취하는 교육을 중시했다.

2) 서광일(2008)을 비롯한 여러 학자들은 1906년 이상설에 의해 설립된 서전서숙을 북간도 최초의 근대학교라 한다. 그러나 '세계한민족문화대사전'이나 이이소(2020), 김해영(2011) 등은 연변의 자료를 근거로 동광학교를 최초 근대학교라 하였다. 필자는 동광학교의 개교 연대와 교과내용을 근거로 후자의 견해를 따른다.

그리고 학교 운영에서는 학교와 마을을 분리하여 생각하지 않아 학교는 마을로부터 많은 도움을 받았고 학교는 마을을 위해 봉사하였다. 이런 학교의 설립은 일제의 간섭과 탄압 속에서도 계속 증가하여 연변지역에서 민족사립학교 수는 1916년에 156개교였고, 1926년에는 191개교로 증가했고, 1928년에는 211개 교로 늘었다_{연변민족교육연구소, 1987: 25}.

III. 북간도의 기독교학교 실태

1. 기독교학교의 설립과정

기독교학교의 설립은 교회의 설립과 밀접한 관계를 가지고 있다. 그러므로 기독교학교의 설립과정을 알기 위해서는 교회의 형성과정을 함께 살펴보아야 한다. 간도지역에 기독교가 전파되고 교회가 설립된 과정의 중요한 네 가지 흐름은 다음과 같다.

첫째, 1890년대 말 이상촌 건설을 꿈꾸며 관북지방에서 간도로 이주한 유학자들의 집단 개종이 있었다. 그들은 이상촌 건설의 핵심 활동인 교육에 정성을 쏟던 중 후학들에게 수준 높은 근대교육을 시키고자 하는 일념으로 1909년 기독교를 그들의 신앙으로 받아들이고 즉시 명동교회를 설립하였다.

둘째, 한반도에 살던 기독교인들의 북간도 이주이다. 구한말이나 일제강점기에 한반도에서 기독교신앙을 갖고 사는 일은 전통적인 사회규범과

충돌하는 힘든 일이었다. 그래서 일찍 기독교를 접하고 기독교인이 된 이들은 신앙의 자유를 누릴 수 있는 곳을 동경하였고 그래서 찾은 곳이 북간도였다. 대표적으로 1913년 함북의 성진에서 이종식, 이권수, 이경수 등은 20여 식구를 인솔하여 북간도 화룡현에 가서 구세동救世洞이란 이름의 마을을 개간하였다. 그 마을에는 교회당과 학교가 가옥과 함께 지어졌다. 북간도에는 이같이 신앙의 자유와 민족의 자주독립을 위해 세워진 마을들이 50여 개가 되었다고 한다서굉일, 2008.

셋째, 캐나다 장로교회 선교회의 선교활동이다. 1898년 이후 함경도 지역의 선교사역을 책임 맡게 된 캐나다 장로회교회 선교회는 함경도의 선교에 집중하였다. 이때 캐나다 선교사 그리어슨은 함경도와 인접해 있는 북간도 지역에 관심을 갖고 1902년 그곳을 방문하여 전도활동을 하였다. 1906년에는 구춘선과 이보건을 북간도에 파송하여 간도 최초의 교회를 설립하게 했다.

넷째, 기독교 민족주의자들의 훈춘현에서의 적극적인 전도활동이다. 1910년부터 그들은 훈춘지방을 방문하여 주민들에게 민족독립운동의 일환으로 기독교신앙에 입문하도록 권고하였다. 1910년에는 김율제金栗濟가 이곳에서 전도활동을 하였고, 1911년, 1912년에는 이동휘가 서북학회 회원들과 함께 민족운동으로서 신앙운동을 강조하면서 전도활동을 하였다. 당시 민족주의자 이동휘의 영향력은 매우 커서 그의 연설과 설교를 듣고 세워진 교회가 수십 개가 된다고 한다.

위에서 본 것처럼 대부분 교회들은 민족주의적 성격을 띠고 교육을 매우 중시하였다. 그래서 교회들마다 교회병설 학교들을 설립하고 운영 하였다. '1923년 예수교 장로회 간도노회의 교회재정 지출표'에 따르면 학교운영비로 지출한 금액이 1,505,589로 전체의 37.4%를 차지하였다서평일. 2008. 이 비용은 교회 비용 지출에서 대개 가장 큰 부분을 차지하는 사역자 인건비 504,330₁₂.₅%나 예배당 건축 및 수리비 983,750₂₄.₄% 보다 훨씬 높은 금액이다. 이는 당시 교회들이 영세한 재정 상태임에도 불구하고 학교를 운영하는데 많은 노력을 기울이고 있었음을 보여준다.

2. 기독교학교에 대한 북간도 한인들의 인식

당시 북간도에서는 한인들이 대개 기독교를 호의적으로 보고 교회를 찾거나 자녀를 기독교학교에 보내기를 희망했다. 이는 동시대 우리나라 본토에서 기독교를 인식하고 대했던 태도와는 차이를 보여준다. 그러면 왜 그 지역에서는 사람들이 낯선 종교였던 기독교와 교회나 기독교학교라는 단체를 긍정적이고 수용적으로 대했는가? 그 이유를 서굉일1986: 38-39은 다섯 가지로 제시하였다.

첫째, 기독교인이 되는 것이 중국 관리들로 부터 괴롭힘 당하는 피해를 피하는 방안이 되었다. 중국관리들은 기독교 선교사 뒤에 서방세계가 있음을 인식하고 있었기에 기독교인들을 함부로 하지 못했다.

둘째, 자녀교육을 위해 교회를 찾는 이들도 있었다. 기독교학교들 가운데 좋은 학교들이 많아서 수준 높은 교육을 시키고자 한 사람들은 자녀를 기독교학교에 보냈다.

셋째, 정신적 안정감을 얻기 위해 기독교인이 되었다. 고향을 떠나 이

주민으로서 타지에서 오랫동안 살면서 겪는 불안과 고통을 신앙으로 달래고자 했다.

넷째, 교회는 북간도에 살던 한인들의 자위단체로서의 역할도 수행하였다. 중국과 일제의 간섭으로부터 벗어나 자주, 자립, 자조적인 삶을 살기 위해서는 조직적인 단체를 필요로 하였다.

다섯째, 교회는 한인들의 경제적 자립을 이루는 수단으로 이해되기도 하였다.

서굉일의 분석에 따르면 간도지역에서 기독교와 교회가 사람들에게 긍정적으로 비춰진 것은 기독교인이 되는 것이 중국 관리의 부당한 요구로부터의 보호, 자녀 교육, 경제자립 등 생활의 측면에서 유리하게 작용하기 때문이라고 한다. 분명 이러한 실용적인 요인들이 중요하게 작용한 것은 사실일 것이다. 그러나 이런 실용적 요인 외에 좀 더 본질적인 점들이 당시 기독교의 이미지를 형성하는데 작용했다고 할 수 있다.

먼저, 그곳 기독교인들은 민족주의적 성향이 강하였다. 즉, 기독교인이 된다는 것은 자기 개인의 출세를 위한 삶에서 민족을 위해 헌신하는 삶으로 전환하는 것으로 생각하는 경향이 강했다. 기독교인에 대한 이런 이미지는 한인들 사이에서 기독교에 대한 호의적인 태도를 갖게 하였다. 실제 항일만세운동을 비롯하여 다양한 독립애국운동에 기독교인들은 주도적인 위치에서 적극적인 참여를 해왔다. 기독교인들을 항일애국자로 보는 시각은 오히려 일본 경찰에서 만든 북간도의 기독교인에 대한 보고서에 잘 나타난다.

북간도에서 장로교가 인기 있는 것은 장로교의 진수가 자유 평등주의이며 합중국이 영국 식민지로부터 독립하여 부강한 나라가 된 것은 신앙으로 단결하였기 때문이라는 신념이 북간도 기독교인들의 뇌리에 깊이 새겨져 있어 이들은 기독교신앙의 최종 목적이 제2의 미국이 되어서 한국이 일본으로부터 독립하는 일로 삼고 있다(서굉일, 1986: 49).

다음으로 초창기 북간도에서 세워진 교회와 기독교학교는 마을(주민)과 밀접한 관계 가운데 존재했기에 주민들 사이에 이들에 대한 이질감과 배타적 태도를 많이 갖지는 않았다. 오히려 교회와 기독교학교에서 발견되는 열정과 의욕이 마을을 생기 있게 만드는 요인이 되었다. 교회와 학교는 마을에 열려있고 마을주민들은 다양한 용무로 교회를 자유롭게 출입했다. 그래서 마을과 학교와 교회는 유기적 관계를 이루고 있어 신앙을 갖고 있지 않은 마을 주민들이라도 언제든 필요하면 교회에 갈 수 있었다. 이처럼 교회와 학교가 마을과 분리되지 않고 호혜적 관계 가운데 있어서 지역 주민들은 기독교를 친밀하게 느꼈다. 기독교학교와 교회가 마을과 어우러져 화목한 생활공동체를 이룬 명동마을은 주민들 다수가 기독교인이 되었다. 신앙과 민족정신이 투철했던 당시 명동마을의 화목한 모습은 북간도에서 태어나고 아동기와 청소년기를 명동마을에서 보낸 윤동주의 회고 속에 잘 나타난다.

1910년대 북간도 명동 - 그곳은 새로 이룬 흙냄새가 무럭무럭 나던 곳이요, 조국을 잃고 노기怒氣에 찬 지사들이 모이든 곳이요, 학교와 교회가 새로 이루어지고, 어른과 아이들에게 한결같이 열熱과 의욕이 넘친 기상을 용솟음치게 하던 곳이었습니다문익환. 1968.

또한 명동마을 주민들의 신앙과 민족정신이 잘 나타나는 것에 가옥 지붕의 기와막새가 있다기독교학교교육연구소. 2020: 김시덕. 2013. 일제강점기 하에서 명동마을에는 집의 지붕을 올릴 때도 민족을 나타내는 태극문양과 기독교신앙을 나타내는 십자가를 새겨두었다. 이는 기독교학교의 가르침이 마을 주민들의 삶으로 구현되고 있을 보여준다. 즉, 마을 주민들은 민족정신과 신앙을 그들의 마음속에 새겨둔 것이었다.

마지막으로 북간도에는 민족지도자로서 주민들로부터 존경을 받는 사람들 가운데 다수가 기독교인이었다. 이런 현상은 많은 한인들에게 기독교를 민족의 미래를 위해 필요한 근대적인 종교로 인식하게 만들었다. 이주 초기에 간도로 와서 명동촌을 일군 김약연을 비롯한 선비들은 명동마을의 어른들일 뿐 아니라 간도 전역의 지도자들이었다. 유학자이던 그들이 기독교 신앙을 가진 기독교인이 된 사실은 기독교인이 아닌 이들에게 기독교신앙에 대한 호기심을 갖게 하는 요인이 되었을 것이다. 이외에도 한인사회의 지도자로서 중요한 역할을 수행했던 이동휘, 이준, 정재면, 구춘선, 강백규, 박무림, 김영학 등도 모두 독실한 기독교인이었다.

3. 기독교학교의 교육과정과 운영실태

기독교라는 낯선 종교가 북간도의 한인들에게 호의적으로 비춰진 데는 교회와 기독교학교 지도자들의 영향이 컸을 뿐 아니라 기독교학교 학생들의 삶의 모습도 중요하게 작용했을 것이다. 북간도 기독교학교의 학생들은 학교에서 어떤 교육을 받아서 나라와 민족을 위해 자신의 삶을 헌신할 수 있었는가? 학교에서 학생들이 배우는 내용은 교육과정으로 집약된다. 그러므로 학생들의 삶에 영향을 주는 학교의 교육과정을 살펴보는 일은 중요하다.

북간도 기독교학교들의 교육과정은 대개 두 가지 교육목표에 따라 편성되었다. 하나의 교육목표는 근대지향성이고 다른 하나는 민족지향성이다. 근대지향성이란 신문화와 신학문을 수용하고 발달시켜 자주적인 근대국가 건설에 기여하고자 하는 것이다. 근대지향적 목표달성을 위하여 근대적 정신과 생활태도를 배우고 나아가 근대사회에서 필요한 지식과 기술을 습득해야 한다. 민족지향성이란 교육을 통해 민족의 자주독립과 보존에 이바지할 수 있는 인재를 양성하고자 하는 것이다. 민족지향적 교육목표를 달성하기 위하여 민족주의 교육이념을 토대로 항일 독립운동을 수행하는데 필요한 애국심을 배양하고 실제적인 지식과 기술을 배우게 한다. 학교에서 하는 신앙교육은 민족에 대한 사랑과 헌신을 가르치기 때문에 민족의 독립과 발전을 위해 필요한 교육이라 여겨졌다.

기독교학교의 교육과정을 좀 더 자세히 살펴보기 위해 일제강점기에 일제에 의해 작성된 보고서를 참조하였다. 〈표2〉는 1916년 일제에 의해 작성된 '북간도의 한인학교와 서당에 대한 실태 조사'를 서굉일2008이 요약하여 간단한 표로 만든 것이다.

〈표2〉 각 방면의 교과목표를 위한 교과목의 편제표

목표	교육내용	교 육 과 목
근대지향	인간덕성교육	중등수신
	실업교육	통역, 습자, 농업, 주산, 부기, 수공, 도화
	민주시민교육	토론, 연설, 지리, 외교, 동서 각국사
	법률경제교육	경제학, 법제, 내외지지
	과학교육	이화, 생리, 위생, 식물, 농림, 수학, 광물학, 기하, 삼각, 물리, 화양, 박물신체생리
	사범교육	교육학(사범교육학)
	외국어교육	영어, 중국어
민족지향	한학교육	동몽선습, 통람, 사략, 대학, 소학, 맹자
	국어교육	작문, 독본, 국문법, 초등소학, 언한문
	애국심교육	창가, 악대, 민족사, 체조, 교련, 답사
	신앙교육	성경, 예배(신약, 구약) 찬송, 천로역정
	역사교육	신한독립사, 최신동국사, 오매불망 등

(출처: 서광일, 2008: 112)

〈표2〉에 따르면, 근대지향성의 교육목표 아래 교육내용은 인간덕성교육, 실업교육, 민주시민교육, 법률경제교육, 과학교육, 사범교육, 외국어교육, 한학교육 등 여덟 개였고, 이 교육내용에 따라 다양한 교과과목들이 개설되었다. 여기서는 인간덕성교육이나 민주시민교육이 중요한 것처럼 실업교육도 중요시했다. 실업교육은 실생활에 필요한 지식과 기술이나 기능을 가르쳤다. 농업이나 수공업 같은 전통적 분야 뿐 아니라 주산, 부기, 통역 같은 새롭게 요구되는 분야에서 활용할 수 있는 기술을 가르치기도 하였다. 화룡현에 있는 창동학교는 협동농장을 만들어 학생들에게 실습과 수익활동을 하게 했다. 수익금을 학비로 사용하기도 하고, 캐나다에서 농업박사를 초빙하여 새로운 기술을 배우기도 하였다서광일, 1986. 노동과 직업의 신성함을 강조하는 기독교적 전통에 따라 기독교학교들은 실업교육을 강조하였다.

민족지향성의 교육목표 아래 교육내용은 국어교육, 역사교육, 애국심교육, 신앙교육 등이 있었다. 민족을 사랑하기 위해서는 그 민족의 정신이 담긴 언어와 역사를 알아야 한다는 면에서 국어와 역사교육은 필수적이었다. 그리고 당시 유행하던 창가교육을 통해 애국심을 고취하고 체조와 교련은 독립운동을 하기 위한 체력단련으로서 행해졌다. 주목할 점이 신앙교육인데 대개 신앙교육은 예배와 찬송시간 그리고 성경공부를 통해 이루어졌다. 그러나 보다 엄밀하게 말하면 학교의 교육활동 전체가 신앙교육과 관계있었다_{문영금·문영미, 2006; 문익환, 1973; 서굉일, 1984}. 기독교학교 교사들이 보여준 투철한 민족정신을 가진 신앙인의 모습은 학생들에게 실천적 신앙을 배우게 했다. 배우는 교과가 무엇이든 관계없이 교사들이 몸으로 보여준 것은 뜨거운 민족애와 신앙이었다. 그들이 가르친 신앙은 개인의 영적 구원과 더불어 이웃과 사회에 대한 책임을 갖는 것이었다. 이웃과 사회에 대한 책임이란 안으로는 한인들의 불합리한 전근대적 요소를 개혁하는 일이었고, 밖으로는 제국주의 일본의 침략에 대항하여 민족과 국가를 보존하고 발전시켜야 하는 일이다. 우리 민족이 지닌 전근대적 요소를 신앙의 힘으로 개혁하는 일이 우리민족을 살리는 길이라 할 수 있다. 이렇게 보면 신앙교육에는 근대지향성과 민족지향성 모두를 내포하고 있음을 알 수 있다. 즉, 북간도 기독교학교에서는 기독교 신앙이 사회생활 속에서 참된 생명력을 갖기 위해서는 시대정신과 민심에 공감하여야 하며 그 시대의 형세와 상황에 밀접하게 관련되어야 한다고 가르쳤다.

당시 북간도(기독교)학교들의 교육목표였던 근대지향성과 민족지향성은 명확하게 분리되기 어렵다. 민족지향성이라 할 때 민족의 독립만을 의미하지는 않았고, 자주국민국가의 건설까지 생각했다. 그 말은 우리나라가 독립 후 왕정국가로 복귀하는 것이 아니라 민주적 주권재민의 근대국가를 건설하는 것까지 의미했다. 이렇게 본다면 우리민족의 독립을 위해서나 근대 민주국가 건설을 위해서는 근대적 사상과 태도를 배워야 하고, 근대사회에 요구되는 지식과 기술을 교육 받아야 한다. 근대지향성 역시 단순히 신학문과 신문화에 대한 관심이 아니고 우리 민족의 자주독립과 발전을 위해 필요한 범위 안에서의 관심이었다. 이렇게 볼 때 근대지향성과 민족지향성은 상호 침투적이라 분리하기가 어렵다. 굳이 이 둘의 관계를 설명하자면, 근대지향성은 민족지향성이라는 상위 목표를 달성하는데 필요한 과정 혹은 수단이라 할 수 있다.

북간도의 기독교학교들이 교육하고자 했던 바가 당시 북간도의 민족주의적 성격의 일반 사립학교들과 비교하여 성경과목 외에는 큰 차이를 보이지 않았다. 다만 학교의 종교행사들이 학생들의 신앙에 영향을 주었고, 무엇보다 교직원들의 신앙적 삶의 모습이 그들에게 중요하게 영향을 끼쳤다. 이러한 신앙적 영향력은 학교의 운영방식을 통해서도 나타났다. 당시 기독교학교의 운영 실태를 이해하기 위해 용정의 기독교학교인 명신여학교의 운영원칙을 살펴보면 다음과 같다허청선·강영덕, 2002: 341-342.

> 첫째, 신자나 불신자를 가려 차별하지 않고 일률적으로 학생을 받아들인다.
> 둘째, 선생은 대부분이 기독교신자여야 한다.

제2장

셋째, 학교의 운영경비는 학생들이 납부하는 수업료와 해외선교부에서 보내주는 선교사업비로 충당한다.

위의 내용을 통해 본다면 당시 기독교학교들은 교사들에게는 신앙을 가질 것을 권하여 신앙에 토대한 민족애국정신의 모범을 보일 것을 요구했다. 그러나 학생들에 대해서는 누구나 학교에 들어올 수 있도록 개방적인 태도를 취했다. 학교의 재정문제는 대부분의 사립학교들이 어려움을 겪는 부분인데, 학생 가정의 재정 부담을 줄여주기 위해 기독교학교는 여러 가지 노력을 기울였다. 외국선교부와 관계있는 학교는 선교부의 도움을 받고, 지역교회와 관계가 있으면 교회로부터 후원을 받고, 이도 아니면 학교가 있는 지역의 마을주민들이 이모저모로 학교운영을 지원하기도 했다.

이상에서 북간도 기독교학교들의 교육과정과 학교운영을 고찰함으로 학생들에게 어떤 교육을 강조하였는지를 살펴보았다. 근대지향적 교육목표와 민족지향적 교육목표 아래 많은 교과목들을 가르쳤지만 결국 그 과목들을 통해 교육하고자 한 것은 민족의 독립과 발전을 위한 것이었다. 학교에서 중요하게 생각한 신앙교육까지도 민족운동의 일환으로 생각할 정도였다. 그만큼 당시의 상황에서는 민족의 문제가 급선무였음을 알 수 있다. 이처럼 중요하게 여겼던 민족교육을 가능한 많은 아동과 청소년들에게 가르치기 위해 기독교학교들은 최대한의 노력을 기울였다. 그들은 신앙이란 시대정신과 민의에 공감하는 것이어야 하며 삶의 본을 통해 전파된다고 생각했다. 이제 북간도의 기독교학교들의 연합활동에 대해 간략하게 살펴보도록 하겠다.

4. 기독교학교의 연합활동

간민교육회는 간도에 이주한 한인들의 민족의식 고취와 한인자치를 위해 1909년 설립된, 중국 지방 정부의 승인을 받은 단체이다. 대표를 맡은 이동춘이나 간민교육회의 설립과 운영에 중요한 역할을 수행한 김약연, 김하규, 문치정, 남세극, 정재면, 구춘선, 박정서 등이 대부분 기독교학교 설립자나 교사들이거나 교회의 지도자들이었다. 간민교육회는 그 이전에 존재했던 비밀결사단체 성격의 간민자치회가 일제의 간섭으로 해산된 후 교육활동을 주 업무로 삼고 출범하였다. 북간도에 거주하는 주민들 교육을 조직의 목표로 한정했지만 실제는 교육활동을 넘어 산업의 진흥과 농민생활의 향상을 위해서도 큰 노력을 기울였다. 교육활동으로는 여러 학교나 단체가 연합하면 보다 효과적으로 할 수 있는 일들을 간민교육회가 수행하였다. 그러한 일들은 (기독교)학교의 설립, 학교의 효과적인 운영 방안 마련, (기독교)학교에 부합하는 교육과정 개발, 내용이 충실한 교재 편찬, 민족정신과 신앙이 투철한 교사양성, 그리고 학교에 나오지 못하는 사람들을 위한 교육(야학) 등이 있었다.

1912년 간민교육회는 간도의 학교들에서 근대교육을 위해 사용할 교재 편찬을 위해 광성학교의 계봉우, 명동학교의 정재면, 창동학교의 남공선 등 세 명을 교과서 편집위원으로 임명하였다. 그들은 조사와 연구 후에 『대한역사大韓歷史』, 『유년필독幼年必讀』, 『대동역사략大東歷史略』, 『월남망

국사越南亡國史』,『오매불망吾饗不忘』,『최신동국사最新東國史』,『사민필지士民必知』,
『대한문전大韓文典』,『이십세기조선론二十世紀朝鮮論』등 아홉 권의 책을 초중
학교의 교과서로 지정 혹은 편찬하였다한강희, 2019. 북간도의 학교들은 이
책들로 인해 본격적인 근대교육을 시킬 수 있었다. 간민교육회는 교재 편
찬을 통해 민족운동을 했을 뿐 아니라 마을정비 사업도 하였다. 명동학
교 학생들을 중심으로 학생들을 동원하여 도로를 닦고 우물을 파서 마
을을 정비하고 야학을 열어 문맹퇴치운동을 벌이기도 하였다. 또한 생산
협동조합이나 판매협동조합 등을 세워 농촌경제를 발전시키는 방안을
모색하기도 하였다.

간도의 한인학교 지도자들이 중심이 되어 설립한 단체들이 수행한 일
들은 당시 기독교학교들이 추구했던 바와 다르지 않았음을 언급했다. 그
리고 기독교학교들과 간민회 같은 단체가 연합하여 준비한 활동이 1910
년대에 있었는데 그것은 '북간도조선인학교 연합체육대회'였다. 북간도지
역 한인학교연합체육대회는 1910년부터 1918년까지 6회 개최되었는데
규모가 상당히 컸다고 한다. 참여 학교 수가 30여 개교, 참여 학생 수는
1,000여 명, 응원이나 구경온 사람들은 3,000~15,000여 명에 달했다
고 한다. 이런 대규모 연합체육대회를 주도한 사람들은 이동춘, 김영학,
강백규 등인데 대부분 간민교육회나 간민회에 참여했던 기독교인들이었
다. 연합운동회에 참여한 학교들도 명동학교, 창동학교, 청호학교, 광성
학교 등과 같은 기독교학교들이 많았다. 이틀 동안 이어진 대규모의 체
육대회는 이 지역 전체를 떠들썩한 분위기로 만들었다. 이들 지도자들
이 많은 시간과 재정을 들여 이 성대한 행사를 주최한 이유는 무엇이었

나? 그것은 간도 한인들의 자치역량을 함양하고, 이를 일본과 중국 등 외부세계에 선포하고자 하는 의도가 있었다고 할 수 있다_{정예지, 2011}. 체육대회는 이와 함께 참여자 모두에게 나라 잃은 슬픔을 잊고 함께 즐거워하는 축제의 장의 역할을 했다. 그러면서 이틀 동안의 행사를 통해 서로간에 인적교류가 일어나고, 응원과 격려로 한인들의 연대의 모습을 강화하여 외부에 과시할 수 있는 기회로 삼기도 했다_{정예지, 2011}.

이상에서 제시한 것처럼 북간도의 기독교학교들은 그들이 추구하는 목표를 이루기 위해서 다른 학교들이나 단체들과 협력을 하였다. 나아가 학교의 지도자들은 한인들의 자치단체를 만들어 학교의 교육활동이나 주민들의 의식계몽을 위해 적극적으로 돕는 활동을 하기도 했다. 학교에서 사용할 교재의 선정과 편찬 사업이나 연합체육대회 개최 등은 기독교학교가 주도한 대표적인 연합활동인 셈이다. 이제 북간도의 기독교학교운동을 이끌었던 대표적인 두 학교인 명동학교와 은진중학교를 고찰하고자 한다. 명동학교는 한인에 의해 설립 운영된 대표적 기독교학교이고, 은진중학교는 캐나다 선교부에 의해 설립되고 한인들과 함께 운영된 대표적 기독교학교이다.

5. 명동학교

1) 설립과정과 운영실태

1899년 김약연을 비롯한 네 명의 유학자 집안 총 146명이 고향인 함경북도 회령과 종성을 떠나 북간도 화룡현 불굴라재로 집단 이주를 하였다. 1894년 북간도 지역에 미리 와 있던 윤하현윤동주 조부 가족이 합류하여 다섯 가문의 사람들이 새로운 땅을 개척하여 마을을 이루었다. 그곳에서 그들은 이상촌을 건설할 목적으로 황무지를 매입하여 개간하면서 가장 좋은 땅을 학교운영을 위해 떼어놓았다. 그들은 1901년 자신들이 거처하는 세 지역에 서재들규암재, 오룡재, 소암재을 설치하여 후학을 가르쳤다. 이 서재들이 1908년 통합되면서 근대교육기관인 명동서숙으로 발전하였고, 1909년에는 명동학교로 개명하였다. 명동학교는 명동마을의 소산물이면서 동시에 마을의 중심기관이었다.

북간도로 이주한 그들은 공리공론에 빠지지 않고 현실 세계를 중시하여 작은 실천들을 가볍게 여기지 않았다. 서재에서 한학을 가르치던 그들이 근대교육의 필요성을 깨닫고 즉시 근대교육기관인 명동학교를 설립하고 운영하였다. 명동학교와 관련하여 그들의 개방적인 사고와 태도가 잘 나타난 것은 명동학교를 기독교학교로 전환하고, 여학교를 설립한 일이다. 그들은 교사로 청빙한 정재면이 기독교신앙 교육을 조건으로 제시하자 오랜 숙의 끝에 그들에게 낯선 기독교신앙을 수용하기로 결정한 것이다. 이러한 결정은 우수한 교육에 대한 그들의 높은 열망을 나타내기도 하지만 매우 개방적이고 진보적인 그들의 사고와 삶의 태도 때문에 가능한 것이기도 하였다김해영, 2014.

1910년 중등교육을 위한 명동중학교가 개교하면서 국사학자 황의돈, 한글학자 장지영, 법학자 김철 등 실력과 명성이 있는 사람들을 교사로 보충할 수 있었다. 1911년에는 이동휘의 권면을 받아들여 당시 교육적으로 소외받고 있던 여학생을 위한 명동여학교를 개교하였다. 명동학교는 항일민족 정신을 토대로 훌륭한 교사들을 초빙하여 교편을 잡게 하자 학교의 명성이 금방 알려져 만주일대는 물론 시베리아에서까지 수백 명의 학생이 몰려오게 되었고, 두만강을 건너서도 취학하는 학생들이 늘었다고 한다_{서대숙, 2008}. 그러나 일제의 간섭과 탄압이 심해져서 1920년에는 일본의 군인들에 의해 학교건물이 전소 당하는 어려움을 겪었다. 이에 굴하지 않고 명동마을 사람들은 학교교직원과 학생들과 함께 1922년과 1923년 두해 동안 자금을 모아 1923년 새 교사를 건축하여 교육에 힘썼으나 1924년 일제의 탄압과 극심한 흉년으로 어려움을 겪으면서 동시에 공산주의 사상을 가진 학생들과의 갈등으로 결국 명동학교 중학부는 문을 닫게 되었다. 명동학교는 1908년 명동서숙으로부터 1924년 문을 닫을 때까지 16년 동안 1200명의 졸업생을 배출하였다. 당시 동아일보는 북간도의 명동학교에 대한 기사를 실으면서 항일운동 본거지로서의 성격과 학교재건의 놀라움을 나타내었다.

> 명동학교라 하면 배일사상의 책원지로 독립운동자의 양성소로 간도의 독립당간에 큰 권위로 인정되었었다. 따라서 일본관헌에 대하여는 눈우에 티와 같이 늘 미워하는 표적이 되어오다가 작년 봄에 이르러 마침내 일본군사의 손에 참혹히 불에 타고 말았지만, [교장]김정규가 각 방면으로 주선하여 다시 그 학교를 부흥_{復興}하게 된 것을 크게 환영......
> (동아일보 1921.11.29.)

명동학교는 설립과 운영에서 다른 (기독교)학교들과 조금의 차별성이 있다. 설립주체가 교회나 선교사가 아닌 조선의 유학자들이며 그들을 따르는 마을 주민들이었다. 김약연을 비롯한 이주를 선도한 선비들이 학교 설립을 주도하였지만 마을 주민들도 학교 설립이나 운영에 깊은 관심을 갖고 그 비용을 기꺼이 분담하였다. 또한 학교의 일은 곧 마을의 일이라 생각하고 그 일에 적극적으로 참여하고 돕기도 했다. 학교 운동회나 졸업식은 마을의 축제가 되어 주민들이 함께 참여하였다. 1909년 마을에 교회가 설립된 이후는 학교와 교회가 긴밀하게 연결되어 마을의 다른 기관이나 주민들과도 유기적인 관계를 이루고 있었다.

2) 교육목표와 교육활동

북간도 학교들의 교육사상을 유형화 할 때 명동학교는 전통사상과 기독교사상에 더하여 애국계몽사상이 융합되어 있는 학교라 하였다. 명동학교의 이러한 점은 북간도의 다른 학교들과 비교하여 공통점과 차별성을 갖는다. 명동학교가 애국계몽사상의 터 위에 있다는 점은 다른 학교들과 공통점이라 할 수 있고, 기독교사상을 학교교육에 받아들였다는 점은 기독교학교들의 특징이다. 그러나 근대교육을 지향하는 학교가 전통적인 유교사상의 기반 위에 있다는 점은 명동학교의 사상적 차별성이라 할 수 있다.

명동학교의 교육목표는 '민족정신을 고취하여 항일 독립 정신을 실천하는 청년을 양성'하는 것이라 할 수 있다. 학교의 교육목표나 지향하는 가치를 알아보는 한 방법은 학교의 중요 의식에 자주 사용되는 학교의 교가를 살펴보는 일이다. 명동학교의 교가 가사는 다음과 같다民경찬.

흰 뫼가 우뚝코 은택이 호대한 한배검이 깃치신 이 터에
그 씨와 크신 뜻 넓히고 기르는 나의 명동 (교가 1절)
웅장한 조상 피 이곳에 흐르니 아무른 일 겁낼 것 없구나
정신은 자유요 의기가 용감한 나의 명동 (교가 2절)

　명동학교 교가의 곡은 창작된 것이 아니라 찬송가 〈피난처 있으니〉
의 곡을 그대로 사용하였다. 그 곡은 원래 미국의 국가 겸 찬송가인
〈AMERICA〉에 사용된 것으로 당시 국내와 북간도에 널리 알려진 찬송
가곡으로도 불리어졌다. 이렇게 불리진 곡들은 〈애국가〉, 〈KOREA〉,
〈국가〉, 〈조선혼〉 등으로 모두 애국, 애족, 애민의 정신을 고취시키는 노
래들이었다민경찬, 2013: 50-52. 그래서 이 곡조의 노래를 부르면 민족정신
이 고취되는 것이 자연스러웠다. 더구나 교가의 가사는 그러한 성향을
강화시켜주었다. 가사에서 흰뫼는 백두산을, 한배검은 단군왕검을 뜻한
다. 그 씨인 단군자손들이 터전으로 삼은 이곳에서 그 얼과 혼을 보존하
자는 열망을 담고 있다. 이 역시 같은 곡의 다른 노래들처럼 애족의 정신
과 애교심을 고양하고자 하는 의도를 담고 있다.

　명동학교에서 민족정신과 근대의식을 고취하기 위해 가르친 교과목들
은 매우 다양했다. 먼저 학교의 초등과정에서는 국어조선어, 성경, 수신,
한문, 산술, 주산, 이과, 작문, 습자, 창가, 체조, 지리, 역사 등 13개 과
목을 개설하였다. 그리고 중학부에서는 국어조선어, 역사, 지지地誌, 법학,
지문, 박문, 생리, 수신, 수공, 독립사, 위생, 식물, 사범교육, 농림학, 광

물학, 외교통역, 대한문전, 중국어, 신약전서, 작문, 습자, 산술, 대수, 기하, 창가, 체조_{군사훈련} 등 26개 과목을 개설하였다_{김형목, 2013}. 이러한 명동학교의 교육과정은 당시 일제 식민정책에서의 교육과정과 비교하면 민족지향적 성향이 더 분명해진다. 제1차 조선교육령기 교육과정에서 초등 1, 2학년의 경우 수업시간이 총 26시간인데 일본어_{국어}수업이 10시간으로 절대 다수를 차지했다. 반면 한글은 한문과 함께 묶이어 외국어처럼 취급되었다. 또한 명동학교에서는 민족의식을 고취하는데 중요한 과목인 역사와 지리 과목을 일제는 교육과정에서 배제하도록 하였다.

또한 학교에서는 매주 토요일 오후에 체육과 문예활동을 기획하여 강연회나 토론회를 실시하였다. 강연회에는 유명한 독립운동가들이 민족정신과 항일운동에 대해 연설을 하기도 하고 토론회에서는 민주시민정신을 함양하는 시간을 가졌다. 예를 들어, 한 토론회에서는 '영웅이 시대를 창조하는가, 시대가 영웅을 창조하는가?' 같은 수준 있는 문제에 대해 열띤 토론이 진행되었다_{허정선, 강영덕, 2002: 28}. 화룡현 전체의 행사였던 졸업식 역시 민족의식을 함양하는 장으로 활용되었다. 뿐만 아니라 명동학교는 생업으로 정규교육과정에 들어오지 못하거나 나이 든 농민들을 대상으로 글을 가르치는 야학을 5군데 운영하였다. 문맹퇴치운동에 앞장섰을 뿐 아니라 부녀자들을 대상으로 양봉, 양잠 등 농가 부업 장려에도 적극적이었다. 교과 속에 사범교육학을 개설하여 교사를 양성하거나 강습회를 열어 교사들을 재교육하는 데에도 힘썼다_{김형목, 2013: 한철호, 2009}.

명동학교에서 사용한 교과서들을 분석한 한강희₂₀₁₉는 명동학교가 정규교육과정을 통하여 가르치고자 했던 세 가지 핵심주제를 찾아 다음과 같이 제시했다. 첫째는 제국주의가 번성하던 시대 가운데 민족의 자주독립의 필요성을 강조하는 것이었다. 둘째는 조선의 전근대적인 질서와 체제를 개혁하는 주체의식의 필요성을 언급하고, 국민 모두가 평등한 권리를 갖는 국민주권사상을 강조했다. 셋째는 민족주의 역사 공부를 통한 한민족공동체 의식을 함양하고자 했다.

1909년 정재면의 요청으로 기독교신앙을 학교의 주지主旨로 받아들인 명동학교는 학교채플을 다 같이 드리고 교과시간에 구약성서와 신약성서 교육을 중요하게 가르쳤다. 정재면은 성서를 읽는 민족은 환란을 극복하는 힘을 갖는다고 가르쳤다. 성서에는 신앙생활에 필수적인 요소들뿐 아니라 자유, 평등, 정의, 희생과 봉사정신 등과 같은 근대정신의 핵심을 배울 수 있다고 했다. 명동학교의 신앙교육은 예배, 성경교과, 찬양시간 등과 같은 종교활동에만 국한되지 않았다. 기독교신앙은 개인의 구원과 함께 이웃과 민족에 대한 책임을 포함한다고 가르쳤다. 신앙이 생명력을 가지려면 시대정신과 민심에 민감하게 반응해야 한다고 믿어 당시 모든 한민족의 염원인 민족의 독립과 발전을 교육의 목적으로 삼았다. 그러므로 명동학교에서의 신앙교육은 종교교육을 넘어 민족의식을 함양하는 모든 교육활동을 포함한다고 할 수 있다. 신앙과 애국정신으로 투철하게 무장된 교사 자신들이 신앙교육을 하는 주체이자 중요한 도구였다. 문익환 목사의 동생 문동환 목사는 본인이 어릴 때 목사가 되겠다고 결심한 계기는 학교교장이던 김약연 목사의 모습이 너무 존경스러웠기 때문이라고 했다CBS. 명동학교에 대한 문익환1973의 회고는 당시 학교의 분위기를 잘 보여준다.

우리는 교실과 강당과 운동장에서 태극기가 펄럭이며 '동해물과 백두산이 ....'를 소리 높여 불렀다.(중략) 우리들의 민족애가 옮는 곳은 명동이었다. 국경일, 국치일마다 태극기를 걸어놓고 고요히 민족애를 설파하시던 김약연 교장. 작문시간에는 어떤 제목이 나오든 조선독립으로 글을 맺지 않으면 점수를 주지 않으시던 이기창 선생의 모습에서 우리는 민족의식과 애국심을 배웠다.문익환, 1973.

졸업생 문제린의 증언에 따르면 독립운동을 하다 순국한 졸업생이 11명이 넘는다고 한다문영금, 문영미, 2006. 1919년 북간도 용정에서 3·13 만세운동이 대규모로 일어난 후 일제가 작성한 다음과 같은 보고서에서도 당시 명동학교의 위상을 알 수 있다.

시위운동의 급선봉으로 가장 불령한 사상을 갖고 운동에 참가하고 열심히 행동한 자는 명동야소학교와 정동학교, 연길도립중학교 학생·직원들..... (명동학교는) 불령단의 소굴로서 항상 음모의 근원이며 1919년 3월의 소요는 명동학교 직원과 학생이.....한철호, 2009: 267

명동학교는 1919년 3·13 연변 만세운동에 적극 참여한 이후 항일무장단체의 항쟁의 중심지 역할을 하였다. 이러한 정황을 파악한 일제는 명동학교를 항일운동의 중심센터로 인정하고 눈엣가시처럼 여겼다. 결국 1920년 학교와 마을을 수색하여 교원과 주민 10여 명을 현장에서 사살하고 90여 명은 체포하였다. 그때 학교와 교회는 방화로 전소되었다. 1936년 4월 27일 소학부만 남은 명동학교는 학교의 28주년 개교기념식을 맞이하여 5,000명이나 되는 사람들을 모시고 체육대회를 개최하였다. 이 일을 기사화한 동아일보는 명동학교를 다음과 같이 묘사하였다.

> 간도에서 우리들의 교육기관으로는 가장 오랜 역사를 가지고 과거에 있어서는 더욱이 처음으로 중학교까지 경영하고 있던 우리들의 땀과 노력의 결정체인 빛난 존재......동아일보 1936.05.02.

6. 은진恩眞중학교

1) 설립과정과 운영실태

은진중학교는 1920년 2월 4일 27명의 학생을 데리고 북간도 용정에서 개교하였다. 학교의 설립주체인 캐나다 장로교회이후 연합교회에서 파송한 부두일Foote선교사가 초대교장을 맡고, 이태준이 학감을 맡았다. 학교의 이름은 부두일 교장이 성경 요한복음 1장 14절의 "우리가 그 영광을 보니 아버지의 독생자의 영광이요 은혜와 진리가 충만하더라"로부터 단어를 가져와서 지었다. 학생들을 가르쳐 그리스도를 영화롭게 하고 하나님의 은혜 아래서 진리로 길러야 한다는 의미에서 은진중학교라 지었다고 한다은진중학교동문회 2002: 280-281. 그런데 학교 설립의 배경에는 캐나다 선교부의 의지도 있었지만 북간도 한인들의 강력한 요청도 중요하게 작용했다. 1919년 10월에는 부두일 선교사가 용정에 임시 교사를 마련하고 학생 모집 공고를 내는 등 개교 준비를 하였다. 이즈음 당시 북간도에 있던 남자 중학교들은 모두 일제의 감시와 탄압으로 학교의 문을 닫았거나 닫을 위기에 처해있어서 새로운 학교의 개교는 더욱 기다려지는 바였다.

은진중학교는 개교 당시에는 용정촌 뒤 예수교서원의 상층 성경학원을 임시로 사용하며 운영되고 있었다. 그러다 개교 다음해인 1921년 용정 동산에 들어온 은진중학교는 발전의 터를 잡았다. 은진중학교는 교육과정을 체계화 하고 학생들의 자치활동도 활성화 시켰다_{은진중학교동문회,} ₂₀₀₂. 다양한 종목의 운동부를 만들어 좋은 성적을 내었고, 도서부와 종교부 등을 만들어 학생들의 자치활동이 활성화 되었다. 그러나 1942년에는 간도성립 용정 제3국민고등학교로 변경되어 '은진'이라는 이름을 잃게 되었고, 1945년에는 다시 교명이 은진중학교로 환원되어 은진의 이름으로는 마지막으로 24기 졸업생을 배출하였다. 그리고 1946년 9월에 은진, 광명, 동흥, 대성 등 4개 남자 중학교와 명신, 광명 등 2개 여자 중학교를 병합하여 길림성립 용정중학교로 통합함으로서 은진중학교는 역사 속으로 사라지게 되었다.

은진중학교는 캐나다 선교부에서 건립하고 운영하던 학교여서 북간도의 다른 한인 학교들과는 처지가 조금 달랐다. 선교부의 지원으로 학교의 재정적 어려움이 덜했고, 학교가 있는 곳이 치외법권 지역이라 일제의 간섭과 통제도 적었다. 이러한 이점을 활용하여 은진중학교는 다른 학교들이 폐교한 뒤에도 비교적 늦게까지 존속하였다. 그러나 학교에 극심한 어려움이 없었던 것은 아니다. 학교의 시련은 당시 그 지역의 중요한 사상으로 자리 잡아 가던 공산주의 사상으로부터 왔다. 1926년 용정에 조선공선당 동만주지국이 성립되자 바로 은진중학교에도 당지부가 결성되어 종교교육을 거부하는 시위를 벌였다. 1927년에는 한 학생의 졸업장 수여여부를 놓고 학생들이 수업거부를 하다가 동맹휴업으로 발전하고 마침내 집단 자퇴를 하여 학교를 어렵게 하는 일도 있었다김영섭, 2002: 115.

2) 교육목표와 교육활동

은진중학교는 학교명이 제시하듯 하나님의 은혜 가운데 진리를 알게 하는 것을 목표로 삼은 기독교학교이다. 그래서 은진중학교는 당시 근대 학교들이 목표로 삼은 근대지향성과 민족지향성에 더하여 기독교교육을 포함하여 세 가지 교육목표를 갖고 있었다. 은진중학교의 설립자인 캐나다 선교부는 기독교신앙교육에 토대한 근대교육을 강조했다. 그런데 교감이나 교목과 같은 한인들은 기독교교육과 근대교육의 바탕에 민족교육을 두고 있었다. 대개 학교의 교가는 학교의 설립이념이나 교육목표를 직간접적으로 내포하고 있다. 은진중학교의 하반기 교가 가사는 다음과 같다.

발해나라 남경터에 흑룡강을 등에 지고
태백산을 앞에 놓은 장하다 은진 (1절)
넓은 들판 이 땅 위에 젊은 배달 이내몸들
만세반석 터가 되는 귀하다 은진 (2절)
굳세어라 은진 비치어라 은진 동편하늘 밝아올 때
너희 갈길 보이나니 은진 (후렴)
네 손과 팔을 마주잡고 발걸음을 맞추어라.
만세 만세 우리은진 노래 부르자

두 개의 은진학교 교가 가운데 김재준 작사의 교가이다은진중학교동문회. 2002. 교가의 가사에는 민족주의적 색채가 강하게 나타난다. 발해나라, 남경터, 흑룡강, 태백산, 배달, 동편하늘 등의 단어들은 우리 민족의 과거와 현재 그리고 미래를 암시한다. 민족의식을 일깨우는 교가는 은진중학교의 정신과 분위기 그리고 지향점을 잘 나타낸다.

학교의 교육과정은 다른 사립학교들과 마찬가지로 민족교육을 지향하는 근대교육을 축으로 다양한 과목들이 구성되어 있다. 개설된 교과목은 성경, 한글, 일어, 영어, 중국어, 한문, 음악, 체조, 물리, 화학, 도덕, 지리, 동물, 식물, 지질, 대수, 기하, 조선사, 동양사, 서양사 등이었다은진중학교동문회. 2002: 86. 이 과목들은 한 사회의 지도자로서의 소양을 갖추는데 필요한 지식을 배울 수 있는 것들이다. 1936년에는 만주국의 교육정책에 따라 은진중학교는 공과학교가 되어 토목과 건축의 전문과목들이 다수 개설되었다.

기독교교육 혹 신앙교육은 학교 채플과 성경수업을 통해 이루어졌다. 학교의 캐나다 선교사 교장은 채플을 매우 중요하게 보았다. 그래서 훌륭한 교목과 성경교사를 정하는데 많은 노력을 기울였다. 그 결과 김약연, 정재면, 문채린, 김재준 등 깊은 민족의식과 기독교신학과 신앙을 겸비한 특출한 사람들을 모셔 왔다. 학교 예배는 모든 학생들이 매일 아침 강당에 모여 드렸다. 성경수업은 일주일에 2~3회 있었는데 정재면, 이태준, 최문식 목사가 가르치기도 하고, 캐나다 선교사인 교장이 한인 교감과 교목과 함께 매주 한 시간씩 가르치는 경우도 있었다은진중학교동문회. 2002: 86. 1915년 총독부의 교육개정령 선포로 학교에서 종교교육을 금지하여 한국본토의 학교들은 이미 성경교육을 중단한 지 오래되었다. 그러나 은진중학교는 치외법권 지역임을 활용하여 만주국의 등장으로 학교의 운영권을 앗아간 1938년까지 예배와 성경수업을 진행하였다. 은진중학교의 이러한 열정적인 신앙교육으로부터 영향을 받은 학생들은 용정 내의 중앙교회와 동산교회 등에서 주일학교와 야학의 교사로 봉사하고 청년회 활동을 주도하였다고지수, 2015.

은진중학교에서의 신앙활동은 채플과 성경수업 외에도 학생자치 활동인 종교부를 통하여 활발하게 이루어졌다. 김재준이 학교의 교목으로 부임해서 종교부를 지도할 때 종교부에는 부장을 맡고 있던 강원룡을 비롯하여 안병무, 문동환, 김영규, 전은진, 신영희 등 50여명의 학생들이 적극적으로 활동을 하고 있었다. 종교부에서는 지역사회 복음화운동과 계몽 사업을 펼쳐나갔다. 먼저 용정의 몇 부락들을 선정한 뒤 종교부원들을 배치하여 야학을 개설하였다. 어린이들과 젊은 여성 중심으로 지원자가 많아 야학이 번성하자 주일학교를 열어 예배를 드리게 되었다. 이들 종교부원들 중에는 해방 이후 대한민국에서 기독교사회참여운동의 주역으로 활동하며 민주주의와 통일을 위해 헌신적인 삶을 사는 이들이 많았다은진중학교동문회, 2002: 97-99.

은진중학교의 교육목표나 방향을 살펴볼 때 특이한 점은 여러 면에서 명동중학교와 매우 닮았다는 점이다. 명동중학교가 기독교민족주의 정신으로 1910년대에서 1920년대 중반까지 북간도 지역의 민족애국운동의 중심지 역할을 한 것처럼 은진중학교는 폐교한 명동중학교를 이어 1920년대부터 1930년대까지 민족운동의 핵심적인 역할을 수행하였다.

119 頁

두 학교는 예사롭지 않은 관계를 갖고 있었다. 먼저, 명동학교의 설립자이자 교장을 역임한 김약연이 은진중학교의 초기부터 학교의 고문을 맡았고, 명동학교 폐교 후에는 목사 안수를 받은 뒤 1932년에는 은진중학교의 성경과 한문 교사로 부임했다. 1938년에는 학교의 이사장직을 맡아 일을 하였다. 그는 은진중학교에 있으면서 기독교적, 민족적, 근대적 교육을 학교교육의 방향으로 더욱 분명히 하였다. 그리고 명동학교를 기독교학교로 만든 장본인인 정재면도 은진중학교의 교감으로 일을 하였고 나중에는 학교교목으로 부임하여 왔다. 명동학교를 졸업하고 캐나다 유학을 한 문채린 목사도 은진중학교에서 교목의 일을 하였다. 정재면이나 문채린 역시 김약연처럼 근대학문을 중시하는 기독교민족주의 교육을 추구하는 사람이었다. 이처럼 명동학교의 중심인물 3명이 은진학교에서도 지도자의 자리에 있으면서 학교의 성격을 형성해 갔다. 그리고 1925년 명동중학교가 폐교 되었을 때 재학생 모두가 은진중학교로 편입을 할 만큼 관계가 각별했다. 즉, 두 학교는 교원과 학생들을 공유한 셈이다. 명동학교를 다니다 은진학교로 편입한 문익환은 두 학교의 분위기가 매우 비슷하여 좋았다고 회상했다김형수, 2018.

IV. 북간도의 기독교학교운동의 특징

지금까지 북간도 지역에서 일어났던 기독교학교들의 설립배경, 교육목표, 교육활동 등을 살펴보았다. 이런 내용들을 토대로 북간도 기독교학교운동의 특징들을 제시하면 다음과 같다.

첫째, 북간도의 기독교학교들은 학교의 설립배경과 설립주체의 차이에도 불구하고 대체로 교육의 목표와 방향에서 많은 공통점을 가졌다. 즉, 민족의 독립과 발전을 염원하는 민족지향성, 근대 사회에 필요한 신학문과 기술을 가르치는 근대지향성, 민족의 독립과 발전의 정신적 토대가 되는 신앙교육 등 세 가지 교육목표를 갖고 있다. 물론 이 세 가지 목표들 가운데 학교의 설립주체와 성격에 따라 강조하는 바가 조금씩 달랐다. 예를 들어, 서양 선교사들이 설립한 학교에서는 상대적으로 신앙교육을 중시하였고, 민족운동가 혹은 단체들이 설립한 학교들은 민족교육을 핵심에 두었다. 이런 작은 차이에도 불구하고 대부분 기독교학교에서 신앙교육은 민족교육과 갈등관계에 있지 않고 학교의 정신적 토대를 든든히 하는 역할을 수행하였다.

둘째, 북간도에서 기독교학교운동은 민족애국운동과 유사한 의미로 한인들에게 이해되었다. 대표적인 기독교학교들이 기독교민족주의자들에 의해 설립 운영되었고, 캐나다 선교사들이 설립한 학교들도 이들의 영향을 받아 민족정신을 고취시키는 기관으로 인식되었다. 학교의 이름에도 이런 특성이 나타났다. 명동학교, 길동학교, 창동학교, 정동학교와 같이 학교의 이름에 동東자가 많이 들어가 있다. 이는 당시 동東이 동쪽의 나라인 한반도 혹 조국을 의미했기 때문이다. 이처럼 북간도의 기독교학교들은 전적으로 민족을 위한 교육을 표방하고 실천했다. 기독교학교에서 실시한 민족교육은 당대에 많은 애국지사를 길러내는 결과를 낳았고, 나아가 해방이후 한국에서 민주화운동의 선봉에서 선 이들을 다수 배출시켰다.

셋째, 기독교학교운동은 근대적 정신과 과학적 사고방식을 배우게 하여 봉건적 신분사회를 넘어서게 하였다. 기독교학교를 설립하고 운영한 사람들 중 유학자들도 있었지만 그들은 봉건적 태도를 버리고 농민들과 함께 농사일을 하였다. 이처럼 기독교학교는 이전 경시 여겼던 노동을 중시 여겨 실제의 기술을 배우는 실업과목들을 중요하게 가르쳤다. 또한 근대정신의 실천으로 여성교육을 들 수 있다. 기독교학교운동은 차별받던 여성의 인권 신장을 위해 공헌하였다. 여학생들을 위한 여학교가 북간도에서 처음으로 기독교학교인 명동학교에 1911년 병설되었다. 이후 계속 여학교들이 생겨나서 남녀차별의식을 타파하는데 기여하였다.

넷째, 북간도의 기독교학교들은 연합활동을 통해 그들이 추구했던 목표를 효과적으로 달성하고자 했다. 개별학교들이 하기 어려운 일들을 함께 시도한 것이다. 마을정비사업, 항일만세운동, 교과서 선정 및 편찬 작업, 학교연합체육대회 등이 연합활동의 대표적인 사례들이다. 이중에서 특히 연합체육대회는 매우 중요한 의미를 갖는 행사였다. 기독교학교들이 중심이 되어 30여개나 되는 학교들이 모여 이틀 동안 거행하는 이 행사는 북간도 주민 만여 명이 참여하는 지역의 큰 축제였다. 주민들에게는 나라 잃은 설움을 달래는 위로의 장이면서 학생들에게는 운동을 통해 체력을 단련하는 교육의 장이었다. 이 성대한 행사는 무엇보다 북간도의 한인들에게 누구에게도 종속되지 않고 스스로 일을 해내는 자치역량을 함양하는 민족애국운동의 장이기도 하였다.

다섯째, 북간도의 기독교학교들은 그 지역의 주민들로부터 지지와 성원을 받았다. 학교가 지속되고 발전하기 위해서는 지역사회의 지지와 협력이 필수적이다. 그런 면에서 북간도에 기독교학교가 성장할 수 있었던 주요 요인에는 학교의 설립과 운영에 관여한 민족지도자들과 캐나다 선교사들 그리고 농민들이 적극적으로 상호협력 한 것이 주요하게 작용했다. 그리고 기독교학교들은 대개 학교가 위치한 마을 주민들과 밀접한 관계를 갖고 있었다. 마을 주민들이 학교 설립에 관여하거나 자녀들이 학교에 다니고 있어 큰 관심을 갖고 학교를 지원했다. 그리고 기독교학교가 사회로부터 신뢰와 성원을 받는 주요한 원인은 기독교학교 지도자들이 항일민족운동에 앞장선 민족지도자로서의 모습을 분명히 보여주었기 때문이다. 민족을 위한 그들의 헌신적 삶의 태도는 주민들에게 기독교학교를 민족의 독립과 미래를 위해 준비하는 학교라는 긍정적인 이미지를 갖는데 기여하게 했다.

V. 나가는 말

지금까지 일제강점기 북간도 지역에서 일어났던 기독교학교들의 설립과정, 교육목표, 교육활동, 운영실태 등을 살펴보고 이로부터 기독교학교운동의 특징들을 도출하였다. 이 과정에서 기독교학교가 지역사회의 지지를 받게 된 요인들이 무엇인가 하는 것과 신앙교육과 민족/근대교육의 관계에 관한 부분을 탐구하였다. 이러한 문제들의 규명이 중요한 이유는 오늘날 기독교학교들도 이와 유사한 문제들을 안고 있기 때문이다. 이런 상황을 염두에 두면서 앞서 논의한 북간도 기독교학교운동의 특징들에 근거하여 그것이 갖는 교육적 의의와 시사점을 제시하고자 한다.

첫째, 북간도의 기독교학교운동은 교육과 종교가 갈등의 관계가 아닌 조화로운 관계를 가질 수 있음을 보여주었다. 이는 신앙교육이 민족교육과 근대교육의 정신적 토대라고 본 기독교학교운동의 첫 번째 특징과 관계한다. 교육과 종교의 관계는 오늘날 뿐 아니라 일제 강점기에도 어려운 문제였다. 강점기 초기에는 사립학교에서 종교교육을 허용하던 일제가 종교 특히 기독교가 항일독립운동에 중요한 역할을 수행하자 종교교육을 탄압하기 시작했다. 조선총독부는 교육과 종교의 분리를 표방하며 학교에서 종교교육을 전면 금지시켰다. 이런 상황에서 한국 본토에서는 폐교하는 학교들이 다수 있었지만 북간도의 일부 기독교학교들은 계속 학교를 운영하였다. 학교 운영자들은 채플이나 성경수업 같은 공식적인 종교교육이 금지된 상황에서라도 기독교교육이 지속될 수 있다고 보았다. 방과 후의 그룹활동이나 학생들의 자치활동을 활용할 수도 있고, 무엇보다 신앙을 가진 교사를 통해 자연스럽게 신앙이 전수된다고 믿었다. 잘 짜여있는 신앙교육이나 종교활동이 학생들에게 신앙적인 영향을 주는 것은 사실이지만 신앙이 학교교육의 정신적 토대가 되어있는 것이 중요하다는 사실을 북간도 기독교학교들은 말하고 있다. 오늘날 기독교학교들도 교육과 종교의 관계에서 어려움을 겪고 있다. 공교육체제 하에서 신앙교육을 외적으로 프로그램화하는 것이 점차 어려워진다면 신앙을 학교의 토대가 되도록 내면화하는 작업이 더욱 중요할 것이다. 기독교학교에서 시대가 요구하는 교육을 신앙의 관점으로 이해하며 실천하기 위해 노력하고, 학교 내외의 취약 학생들을 신앙의 마음으로 보살피는 분위기가 가득하다면 이 학교는 신앙과 교육이 분리되지 않고 조화를 이루고 있다고 할 수 있을 것이다.

둘째, 북간도의 기독교학교운동은 학교교육의 목적이 무엇이어야 하는지에 대해 분명한 답을 보여주었다. 이는 기독교학교운동의 두 번째 특징인 민족애국운동으로서의 기독교학교운동과 관계한다. 교육이 개인의 입신출세를 위한 수단으로 이해되던 때에 북간도의 기독교학교들은 당시 시대가 요구하는 소리에 귀를 기울였다. 그것은 나라 잃은 시대에 슬픔을 딛고 민족정신을 고취하여 나라의 독립을 쟁취하는 일이었다. 그래서 기독교학교들은 당대에도 항일독립운동의 중심에 있었고 이후에도 졸업생들이 해방 후 대한민국에서 진보적 지식인으로서 민주화운동이나 통일운동의 선봉에 설 수 있었다. 이처럼 기독교학교운동은 교육이 개인적 출세나 종교의 전파를 위한 수단임을 넘어 시대적 사명에 부응해야 함을 잘 보여주었다. 이러한 점을 고려한다면 오늘날 기독교학교들도 단편적인 입시교육을 넘어 그들에게 요구하는 시대적 사명이 무엇인지에 대해 심각하게 성찰해봐야 할 것이다. 교육의 시대적 사명과 관련하여 하나의 가능한 답변은 오늘날 우리사회가 잃어가는 핵심적인 공적가치를 회복하는데 기여해야 한다는 점이다. 생명존중/생태적 가치, 공동체성, 정의, 평화 등이 그 예가 될 수 있다. 기독교학교들은 이런 가치들을 교육의 목표, 내용, 방법 속에 내면화시킨 영성교육, 생태교육, 공동체교육, 정의와 평화교육을 실시할 수 있다강영택, 2013a.

셋째, 기독교학교들은 북간도 주민들에게 근대교육의 기회를 제공하는데 큰 기여를 하였다. 이는 기독교학교운동의 세 번째 특징인 근대정신 함양과 관계한다. 기독교학교들은 아동과 청소년들에게 다가올 미래사회에서 살아가는데 필요한 신학문과 기술을 가르쳤고, 학교를 다니기 어려운 성인들에게 야학을 통해 당대 사회에서 요구하는 기술을 가르쳤다. 또한 오랫동안 교육에서 소외되었던 여성들에게 교육적 기회를 준 것은 기독교학교의 중요한 공헌이라 할 수 있다. 이처럼 북간도의 기독교학교운동이 미래의 주역이 될 지역의 청소년들과 그동안 교육소외 계층이었던 성인농민들과 여성들에게 살아가는데 필요한 교육의 기회를 제공한 것은 중요한 의의라 할 것이다. 북간도 기독교학교운동이 갖는 이와 같은 의의를 생각한다면 오늘날 기독교학교들도 교육적으로 소외받는 사람들에게 적절한 교육기회를 제공하려는 노력이 필요할 것이다. 그러기위해서는 현대 우리사회에서 새롭게 등장하는 교육 소외집단이 누구인지, 그들에게 필요한 교육적 서비스는 무엇인지에 대한 탐구가 필요하다.

넷째, 북간도의 기독교학교들은 오늘날 학교들과 달리 (지역)사회와 유기적 협력관계를 갖고 있었다. 이는 기독교학교운동의 네 번째와 다섯 번째 특징인 학교의 연합활동과 지역사회와의 연계와 관계한다. 최근 들어 우리나라에서도 마을교육공동체라 하여 교육에서 마을의 역할을 중시하고 학교와 지역의 여러 기관들 간의 협력을 강조하는 경향이 있다. 이런 현상은 지금까지 학교가 지역사회와 분리되어 있어 교육적으로 어려움이 많았음을 나타낸다. 그런데 북간도 기독교학교들은 지역사회와 다양한 형태로 상호협력적 관계를 갖고 있었다. 즉, 학교의 설립과 운영에 마을 주민들이 참여하였다. 학교의 졸업식이나 체육대회에도 마을주민들이 참석하여 배움과 즐거움을 함께 하였다. 특히 명동마을과 명동학교의 학전學田은 학교와 마을을 이어주는 매개체의 역할을 한 유용한 사례이다. 최근 교육적 이슈가 되고 있는 마을교육공동의 정책과 실천 방안을 탐구하는 사람들은 외국의 유사한 제도 혹 아이디어에 대해 관심을 갖지만 우리의 과거 역사로부터 배우려는 노력은 많지 않았다_{김영철 외,}
2016: 심성보 외, 2019. 그러나 북간도의 기독교학교들은 오늘날 새로운 현상으로 보이는 마을교육공동체의 원형적인 모습을 지니고 있었다. 학교가 지역사회의 지지를 받아 지역과 함께 하는 것은 학교의 목적을 분명히 하고, 교육적 효과를 높이는데 중요하다. 더구나 이웃 사랑을 교육목표로 삼는 기독교학교라면 이웃을 알아가는 일이나 사회와 관계를 맺는 작업에 더욱 관심을 기울여야 할 것이다. 이를 위해 학교의 교육과정과 운영에 지역사회의 특성을 반영하고 지역의 인적 물적 자원을 활용할 수 있어야 한다. 이러한 일들은 이미 오래전 북간도의 기독교학교들이 조용히 실천해 오던 것임을 기억할 필요가 있다.

#사립학교 #기독교 사립학교 #학교_팽창 #사립학교_공영화

제3장
해방 이후 기독교 사립학교의 팽창 및
요인 분석 연구[1)]

I. 들어가는 말

　한국의 기독교 사립학교는 일반 사립학교와는 '사립학교' 또는 '사학'이라는 공통점을 지니면서 동시에 '기독교' 사립학교라는 특수성을 지닌다. 법과 제도에 있어서 기독교 사립학교도 일반 사립학교와 함께 '사립학교법'의 통제를 받으며, 정부의 교육정책 및 사립학교 정책에 직접적인 영향을 받고 있다. 그런데 우리나라의 사립학교는 공교육Public Education 체제에 편입되어 있어서 공적 규제와 통제를 강하게 받고 있다. 특히 중등교육의 경우, 학생 선발, 교육과정 편성, 재정에 있어서 국·공립학교와 크게 다를 바 없이 국가의 규제와 지원을 받고 있다. 최근에는 교원임용이

1) "해방이후 기독교 사립학교의 팽창 연구"
　본 장은 『선교와 신학』 제53권(2021.2.), 89-125에 게재되었습니다.

나 법인 구성에 있어서도 국가의 개입이나 공영화를 강화하는 입법이 추진되고 있다. 21대 국회에 더불어민주당 박용진 의원 대표발의 사립학교법 개정안과 서동용 의원 대표발의 사립학교법 개정안이 대표적인 경우이다.[2]

소위 '사립학교의 공교육에의 편입', '사립학교 공영화' 등의 가장 큰 이유로 들고 있는 것이 우리나라 교육에 있어서 사립학교가 차지하는 비중이 너무 크다는 것이다. 현재도 우리나라의 교육에 있어서 사립학교의 비중이 중학교의 경우는 19.8%, 고등학교의 경우는 40.2%, 그리고 대학교의 경우는 86.5%를 차지한다. 이렇듯 사립학교의 비중이 크기 때문에 사립학교를 제외하고 국가교육을 운영할 수 없기에 국·공립학교만이 아니라 사립학교까지 포함하여 공교육을 실시하고 있는 형편이다. 여기에서부터 어느 나라에서도 찾아보기 어려운 사립학교의 준공립화 현상이 나타나는 것이고, 그로 인해 사립학교의 정체성에 가장 심각한 타격을 받는 학교가 바로 종교적 건학이념을 설립의 목적으로 삼고 있는 기독교 사립학교를 포함한 종교계 사립학교이다.

그렇다면 왜 우리나라의 경우는 사립학교의 비중이 이렇게 높을 수밖에 없었는가? 역사적으로 언제 사립학교가 팽창되었으며, 당시 국가는 어떤 교육정책을 펼치고 있었는가? 사립학교 팽창과 확장의 요인은 무엇이었는가? 이런 질문들이 꼬리를 물고 제기될 수밖에 없다. 특히, 그 가운데서도 기독교 사립학교는 언제, 어떻게 설립되었는지? 기독교 사립학

---

2) 사립학교법 일부개정법률안(박용진의원 대표발의), 의안번호 560, 2020. 6. 16., 사립학교법 일부개정법률안(서동용의원 대표발의), 의안번호 1996, 2020. 7. 15.
  *2021년 8월 31일, 사립학교법 개정안이 국회 본회의를 통과했다(편집주).

교의 설립 및 팽창의 요인은 일반 사립학교와 어떤 공통점과 차이점을 갖는지? 등의 질문에 응답하는 것은 오늘날 기독교 사립학교의 문제를 해결할 수 있는 중요한 단초가 될 수 있다.

본 연구는 기독교 사립학교의 역사 중에서도 특히 해방 이후의 역사에 초점을 맞추려고 하는데, 그 첫째 이유는 오늘날 기독교 사립학교의 대부분은 해방 이후에 설립되었기 때문이다. 물론 1885년 조선에 온 아펜젤러와 언더우드에 의해 근대 기독교사학이 시작된 이후 토착 교회나 기독교인에 의해 많은 기독교사학이 설립되어 일제 강점기 초기만 해도 기독교학교가 천 여 개교에 이를 정도로 팽창되었다. 그러나 일제의 탄압과 국·공립학교 확장 정책으로 인해 대부분의 기독교학교들이 폐교가 되었다. 하지만 해방이후 미군정기부터 시작해서 한국전쟁을 지나 1980년대에 이르기까지 수많은 기독교 사립학교들이 설립되어 오늘에 이르렀다.

해방 이후 기독교 사립학교에 초점을 맞추는 다른 한 이유는 이 분야의 연구가 제대로 이루어지고 있지 못하기 때문이다. 기독교학교 역사 연구 중에서 근대 초기, 선교사들의 기독교학교 설립의 역사나 일제 강점기 시대의 기독교학교의 설립과 일제의 탄압 및 그에 대한 항거, 그리고 폐교에 대한 연구는 어느 정도 찾아볼 수 있지만 해방 이후의 기독교학교의 역사에 대해서는 거의 찾아볼 수 없을 정도로 부족하다. 그러나 앞에서 제기한 질문에 대한 상당 부분의 해답은 해방 이후 기독교 사립학교의 역사적 분석에 달려 있다고 해도 과언이 아니다. 또한 이러한 이유들로 인해서 해방 이후의 사립학교 및 기독교 사립학교의 팽창에 초점을 맞추려고 한다. 본 연구는 해방 이후 우리나라의 사립학교 팽창 중 중등교육의 팽창에 주목하되 유상 중등교육의 확장 현상을 분석하고, 이로 인해 사학 의존도가 높아진 배경과 요인, 특히 기독교 사립학교의 설립 및 팽창 요인을 분석하려고 한다.

본 연구는 오늘날 사학 의존도가 여전히 높기 때문에 나타나고 있는 사립학교의 공영화 문제, 사립학교의 정체성 상실의 문제, 특히 기독교 사립학교를 포함한 종교계 사립학교의 파행적 운영의 문제를 해결하는 데 도움을 줄 수 있을 것이다. 또한 사학 의존도가 높은 왜곡된 공교육 구조를 바꾸지 않은 채, 오히려 이러한 왜곡된 현실을 정당화하고 합리화하며 강화하는 교육정책, 교육법, 교육제도의 집행은 사립학교의 근본적인 문제해결에 도움이 되지 않음을 드러내 줄 것이다. 본 연구를 통해서 '사학 공영화 정책', '사학법 개정', '고교 무상제' 등에 대한 진정한 대안적 통찰을 얻을 수 있게 되기를 바란다.

II. 해방 이후 기독교 사립학교의 성격 및 역사 시기 구분

1. 기독교 사립학교의 성격

기독교 사립학교는 명칭 그대로 '기독교'와 '사립학교'의 합성어로서 기독교적 정체성을 지닌 사립학교를 의미한다. 무엇을 기독교적 정체성으로 보느냐에 따라 다양한 스펙트럼의 기독교 사립학교가 있을 수 있으나 이를 통칭하여 기독교 사립학교라고 칭할 수 있을 것이다. 종종 기독교 사립학교를 '기독교종립학교', '기독교계 사립학교', '기독교학교', '미션스쿨' 등으로 부르기도 하지만 표현에 따라 강조점이나 뉘앙스가 다르다. '종립학교'는 사실 종단에서 세운 학교로서 기독교종립학교인 경우에는 교단 총회나 노회에서 세운 학교이며, 좀 더 엄격하고 좁게 규정하는 경우 종단에서 세운 종교지도자 양성학교로만 국한해서 이해하기도 한다. '기독교계 사립학교'는 기독교 진영에서 설립한 모든 사립학교를 통칭하는 것으로 기독교적 정체성이 불분명하거나 희석되어 있더라도 넓은 의미의 기독교적 사립학교에 포함시키는 개념이라고 할 수 있다. '기독교학교'는 기독교 사립학교만이 아니라 기독교대안학교도 포함하는 개념이며, 크리스천 스쿨Christian School의 의미를 강조할 때는 뒤이어 설명할 '미션스쿨'과는 대비되는 기독교 가정의 자녀들을 대상으로 기독교교육을 하는 학교라는 의미를 지닌다. '미션스쿨'Mission School은 명칭 그대로 선교Mission를 목적으로 세워진 학교로서, 선교사들이 세운 학교를 비롯해서 복음전도를 위해 학교를 설립하여 '학원선교'의 목적을 달성하고자 하는 학교를 의미하는데, 오늘날에는 공교육 체제 안에 있는 기독교학교를 통칭하여 일컬을 때 사용하기도 한다.

　기독교 사립학교를 '기독교'와 '사립학교'의 공통집합으로 이해하면서 다른 학교 및 교육과 선명하게 구별하기 위해서 그 개념도를 그림으로 나타내면 다음과 같다.

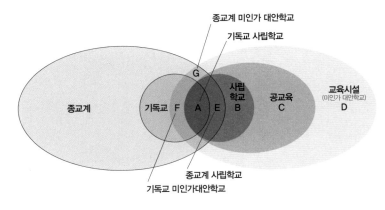

*A+F = 광의의 기독교 사립학교
B-(A+E) = 일반사립학교(비종교사립)
C-B = 국·공립학교
D-C = 미인가 대안학교
F+G = 종교계 미인가 대안학교

[그림1] 기독교 사립학교의 개념도

위의 그림에서 볼 수 있듯이, '기독교'와 '사립학교'가 만나는 영역이 '기
독교 사립학교(A)'이다. '종교계'와 '사립학교'가 만나는 영역은 '종교계 사
립학교(E)'이며, 사립학교(B)에서 기독교 사립학교를 포함한 종교계 사립
학교를 뺀 영역이 '비종교계 사립학교', 또는 '일반 사립학교'이다. 공교육
(C)에서 사립학교(B)를 뺀 부분은 국·공립학교이다. 공교육에는 포함되
지 않지만 현재 교육시설에는 포함되는 영역 안에는 '미인가 대안학교'와
기타 평생교육시설이 있다. 법적으로는 인가를 받지 않은 대안학교는 공
식적으로는 '학교'라고 부를 수 없도록 되어 있고, 공교육 바깥에 존재한
다. '기독교'와 '교육시설'이 만나는 부분에 '기독교 미인가 대안학교'가 위
치하고 있다. 그리고 '종교계'와 '교육시설'이 만나는 부분에 기독교 미인

가 대안학교를 포함한 '종교계 미인가 대안학교'가 자리잡고 있다. 이를 정리하면 다음과 같다. A: 기독교 사립학교, B: 사립학교, C: 공교육, D: 교육시설, E: 종교계 사립학교, F: 기독교 미인가 대안학교, G: 종교계 미인가 대안학교, A+F: 광의의 기독교 사립학교, B-E: 비종교계 사립학교(일반사립학교), C-B: 국·공립학교, D-C: 미인가 대안학교 등이다.

이런 점에서 기독교 사립학교는 종교계 사립학교와 함께 종교적 건학이념을 추구하는 학교라는 점에서 비종교계, 일반 사립학교와 비교되며, 사립학교라는 점에서 국·공립학교와 구별된다. 그러나 이들 국·공립학교와 함께 공교육을 이루고 있다는 점에서 상당 부분의 공통점을 지니고 있다. 기독교 사립학교에는 다양한 형태의 기독교적 성격을 지닌 학교들이 포함되어 있는데, 5·31교육개혁 이후 1997년부터 설립되기 시작한 특성화학교 중 기독교적 건학이념을 지닌 학교들, 그리고 초중등교육법 제60조 3항에 근거한 각종학교로 인가받은 대안학교 중 기독교학교들이 들어와 있다. 사실 미인가 대안학교들도 국·공립학교가 아니라는 점에서 광의의 사립학교에 포함되지만, 법적으로 아직은 학교로서 인정되지 못하기 때문에 본 연구에서 사용하는 '기독교 사립학교'에서는 제외할 것이다. 공식적으로 기독교 사립학교인지 여부를 판단하는 기준은 정관에 기독교적 건학이념이 규정되어 있느냐이다. 엄밀한 의미에서 기독교는 구교와 신교를 포함하는 개념으로서 가톨릭 사립학교까지 포함하여 이해할 수 있다는 점에서 기독교 사립학교보다는 개신교사립학교가 더 정확하다고 말할 수 있지만, 일반적으로 기독교라는 용어를 가톨

릭과 구별하여 사용하고 있다는 점에서 본 연구에서는 '기독교 사립학교'
라고 부르기로 한다.

2. 기독교 사립학교의 역사 시기 구분

해방 이후의 기독교 사립학교 역사를 어떻게 시기 구분하는 것이 바람
직할 것인가? 기독교 사립학교라는 점에서 기독교 역사나 한국교회사의
시기 구분을 참조하는 것도 한 방법일 수 있다. 역사적으로 일반 사립학
교와는 달리 기독교 사립학교에 영향을 주는 종교적 사건이나 정책, 요
인들이 있을 수 있다. 그러나 기독교 사립학교도 사립학교의 일부로서
사립학교와 관련된 법, 제도 등에 직접적인 영향을 받고, 일반 사립학교
와 자주성과 공공성에 있어서 공통의 경험을 지니기 때문에 여기에서는
사립학교의 역사 시기 구분에 근거하여 기독교 사립학교의 역사를 분석,
이해하려고 한다. 사실 모든 사립학교는 공통점을 지니는데, 그것은 독
특한 건학이념, 설립이념을 지니며, 그 이념을 구현하기 위해서는 자율
성을 기반으로 하여야 한다는 점이다. 건학이념이 기독교적 건학이념인
가 일반 교육적 건학이념인가의 차이일 뿐 사립학교가 요구하는 특성을
공통적으로 지니고 있는 것이다.[3]

사립학교의 역사 시기 구분은 한국교육 역사의 시기 구분과도 뗄 수
없는 관계에 있다. 사립학교는 공교육 정책과 제도에 의해 직접적인 영향
을 받을 수밖에 없고, 주지하는 대로 한국교육에서 사학이 차지하는 비

---

3) 한국교육개발원, 『한국 근대 학교교육 100년사 연구(III): 해방이후의 학교교육』 (서울: 한국교육개발원,
   1998).

중이 크기 때문이다. 해방 이후의 한국교육 역사에 대한 시기 구분은 다양한 방식으로 이루어져 왔다. 한국교육개발원이 집대성한 『한국 근대학교교육 100년사 연구』에 의하면, 해방 이후 한국교육을 첫째, 해방 이후 1950년대, 둘째, 1960년대-70년대, 셋째, 1980년대-90년대 초, 넷째, 1990년대 이후로 구분하고, 해방 이후 1950년대까지를 '신교육제도 수립과 교육기회 개방'의 시기로, 1960년대-70년대를 '국가교육체재의 확립과 교육기회 확대'의 시기로, 1960년대-90년대 초를 '체계적 교육개혁과 교육통제 구조의 분권화 추진'의 시기로, 그리고 1990년대 이후를 '수요자 중심 교육체제 수립'의 시기로 보았다.

사립학교교원연금관리공단에서 발간한 『한국의 교육발전과 사학』에 의하면, 해방이후의 사학의 역사를 첫째, 정초기로서 1945-1949년, 둘째, 쇠퇴기로서 1950-1959년, 셋째, 개혁기로서 1960-1969년, 넷째, 발전기로서 1970-1979년, 다섯째, 내실기로서 1980-1989년 등으로 분류하고 각각의 시기의 중등교육과 고등교육에 있어서 사학의 역사를 고찰하고 있다.[4]

오상철은 『대한민국 교육 70년』의 총론에서 해방 이후 한국교육을 교육팽창의 관점에서 세 개의 시기로 구분하고 있는데, 제1기를 해방 직후부터 1960년 후반까지로 초등교육의 의무교육은 실현되었으나 중등교육이 보편화 되지 못한 시기로, 제2기를 1960년대 후반부터 1990년대 중반까지로 중등교육의 완전 취학과 고등교육의 보편화가 실현된 약 30년간의 시기로, 제3기를 1990년대 중반 이후부터 현재까지로 교육의 민

4) 사립학교교원연금관리공단, 『한국의 교육발전과 사학』(서울: 사립학교교원연금관리공단, 1991).

주화, 분권화와 교육 불평등 심화의 시기로 분류하고 있다. 이 시기 구분에는 두 개의 분기점이 있는데, 하나는 1969년 중학교 무시험제도 및 1974년 고교평준화를 들 수 있고, 다른 하나는 김영삼 문민정부 시절 1995년 소위 5·31 교육개혁을 통한 신자유주의적 흐름의 강화를 들 수 있다.[5]

이러한 해방 이후 사립학교 역사의 시기 구분은 어떤 관점으로 보느냐에 따라 달라질 수밖에 없고, 당시 사립학교에 영향을 주는 어떤 상황이나 정책의 변화가 있었느냐에 따라 영향을 받게 된다. 그런 점에서 본 연구의 대상 시기를 '해방 이후'로 설정한 것은 해방 이전의 일제 강점기와 해방 이후가 극명하게 구분되기 때문이다. 해방 이후 사립학교 역사의 시기 구분에 있어서 첫째 시기는 미군정 시기로 보아야 할 것이다. 비록 그 기간이 짧지만 이 시기에 사립학교 설립이 활발하게 이루어지기 시작하였으며 교육의 방향에 있어서도 미국의 영향이 컸던 특수한 시기이기 때문이다. 둘째 시기는 대한민국 정부가 수립된 1948년 이후부터 3·15 부정선거로 인해 이승만대통령이 하야하는 1960년도까지의 시기이다. 셋째 시기는 1961년 5·16 군사혁명과 박정희 대통령이 등장하는 때부터 1974년 고교평준화 제도가 시작되는 때까지이다. 1969년에 시행된 중학교 무시험 제도와 함께 1974년 고교평준화 정책은 사립학교의 성격을 뒤바꾸는 결정적 교육사건이라고 할 수 있다. 넷째 시기는 1974년 고교평준화 정책 이후부터 1995년 김영삼 정부의 5·31 교육개혁 전까지의 시기이다. 이 시기는 중고교 평준화로 인해 사립학교가 정체성 혼

---

5) 오상철 외, 『대한민국 교육 70년』(서울: 대한민국역사박물관, 2015), 59-70.

란을 경험하면서도 그 수가 꾸준히 증가한 시기였다. 다섯째 시기는 일종의 평준화 정책의 보완이라고 할 수 있는 5·31 '신교육체계 수립을 위한 교육계혁안'을 발표한 1995년 이후부터 2017년 문재인 정부가 들어서기 전까지의 시기이다. 이 시기동안에는 특성화중고등학교, 자율형사립학교, 대안학교 등 다양한 형태의 사립학교들이 설립된 시기이다. 그리고 마지막 시기는 2017년부터 현재까지의 시기로서 사학의 공영화를 강조하는 시기이다. 소위 사학혁신을 주창하면서 사학의 비리척결과 학교민주화, 사학의 투명성과 공공성을 강조하면서 사립학교법 개정을 포함한 다양한 사학 공영화를 위한 정책이 추진되고 있다.

본 연구에서는 이상의 시기를 네 시기로 통합하여 분석하려고 한다. 기독교 사립학교의 관점에서 볼 때, 일제강점기동안 기독교 사립학교가 탄압을 받았고 많은 학교들이 폐교가 되었는데 해방 직후 미군정 시기에서부터 정부 수립, 그리고 한국전쟁 기간을 지나 1960년에 이르는 시기동안 많은 수의 기독교 사립학교가 재건되거나 새롭게 설립되었기 때문에 이 시기를 '정초기'로 볼 수 있을 것이다. 즉, 위의 첫째 시기와 둘째 시기를 포함하여 해방 후 기독교 사립학교가 새롭게 기초를 다지는 시기라고 할 수 있다. 두 번째 단계는 '확산기'로서 가장 활발하게 기독교 사립학교가 설립되던 시기로서 1961년부터 고교평준화 제도가 실시되기 시작한 1974년까지이다. 셋째 단계는 사립학교 전체적으로는 지속적인 증가를 하였지만 기독교 사립학교로서는 정체성의 혼란을 경험하면서 새로운 기독교학교 모델을 모색하며 다양한 형태의 기독교 사립학교들이 출현하는 '전환기'로서 1975년부터 2016년 문재인 정부가 시작하기 전까지의 시기이다. 위의 넷째 시기와 다섯째 시기가 포함된 단계라고 볼 수 있다. 마지막 넷째 단계는 '갈등기'로서 2017년 이후의 시기인데, 문재인 정부의 등장과 함께 시도되고 있는 '사학 공영화 정책' 및 이를 법적으로 뒷받침하는 '사학법 개정' 등은 기독교 사립학교를 포함한 사립학교의 정체성에 혼란과 갈등을 야기하고 있다. 이는 기독교 사립학교가 계속해서 팽창하느냐 위축되느냐의 문제 이전에 존재이유에 대한 질문을 제기하고 있다. 이 갈등기를 어떻게 보내느냐에 따라 기독교 사립학교를 포함한 사립학교가 '쇠퇴기'를 맞이할지, '재도약기'를 맞이할지가 정해질 것이다.

III. 해방 이후 사립학교 및 기독교 사립학교의 팽창

일제 강점기 시기에는 교육기회가 상당 부분 제한되어 있었다. 기본적으로 일본인들에게는 교육의 기회가 열려 있었으나 조선인의 경우에는 교육기회가 심각하게 제한되어 있었다. 중등교육의 경우, 일본인 초등학생 1,000명당 838명이 중등학교를 진학하였지만, 조선인의 경우에는 초등학생 1,000명당 89명만이 중등학교를 진학하였다.[6] 1945년 해방 이후, 이러한 억눌려져 있던 교육에 대한 욕구가 분출하게 되었고, 초, 중등교육 및 고등교육의 기회가 폭발적으로 확대되었다. 미군정 시기는 물론이고 그 이후 우리 정부는 우선 국민학교를 의무교육으로 정하고 모든 국민이 초등교육 수준의 교육을 받을 수 있도록 국민학교 설립에 주력

----

6) 강일국, 『해방 후 중등교육 형성과정』(서울: 강현출판사, 2009), 53.

하였다. 그리고 중등교육 이상의 교육에 대해서는 국가재정의 한계로 사립학교가 그 역할을 대신할 수 있도록 장려하였다. 이로 인해 우리나라의 중등교육 및 고등교육은 사학 의존도가 높은 구조를 지니기 시작한 것이다. 또한 초등교육의 의무화는 자연스럽게 중학교 교육기회의 확충을 요청하게 되었고, 이는 고등학교 교육기회 확대로 이어지고, 이는 대학교 교육기회의 확충으로 연결된다. 마치 물결처럼 일정한 시간차를 두고 지속적으로 초, 중, 고등교육의 기회 확대로 이어지는 상황 속에서 중등교육 이상의 교육은 사립학교의 설립을 통해 그 요구를 수용했던 것이다.

1. 정초기

1) 미군정기 사립학교 팽창: 1945–1948년

일제 강점기 동안에는 조선인이 다닐 수 있는 학교가 절대적으로 부족하였고, 총독부의 각종 사립학교 규제 정책으로 인해 사립학교 설립도 극히 제한되었다. 특히 중등학교의 경우, 일본인 학생들에 비해 조선인 학생들이 다닐 수 있는 학교가 상대적으로 그 수가 적었는데, 초등학생 졸업생 기준 일본인 학생은 83.8%가 중등학교에 진학한 것에 비해 조선인 학생은 오직 8.9%만이 중등학교에 진학할 수밖에 없는 상황이었다.[7] 이렇듯 억눌렸던 교육열이 해방 이후 폭발적으로 드러나게 되는데, 해방 이후 미군정시기동안의 중등학교와 학생 수의 증가는 다음의 표에 나타

7) 강일국, 『해방 후 중등교육 형성과정』, 53.

나듯이 급격하게 이루어졌다.

<표1> 중등학교의 학교/학생 수 및 증가율[8]

연도	학교수	증가율(%)	학생수	증가율(%)	비고
1931	178	–	29,341	–	전국통계
1935	199	12	35,981	22	전국통계
1940	309	55	79,218	20	전국통계
1944	400	29	124,664	57	전국통계
1945	275	–	79,846	–	남한통계
1946	305	11	111,934	40	남한통계
1947	406	33	227,449	103	남한통계
1948	564	39	278,512	12	남한통계

이 표에서 볼 수 있듯이, 중등학교가 일제 강점기인 1931년부터 1935년까지는 연평균 3%씩 증가하였고, 1940년까지는 연평균 11%, 1944년까지는 연평균 7.3%의 증가율을 보였는데, 해방 이후에는 1948년까지 매년 11%, 33%, 39%의 증가율을 보이고 있다. 학생 수에 있어서도 일제하에서는 1940년까지는 연평균 4~5%, 그리고 1944년까지는 14.3%의 증가율을 보였으나, 미군정 시기에는 1947년 한해에만 103%가 성장할 정도로 급증하였음을 알 수 있다.

강일국의 『해방 후 중등교육 형성과정』 연구에 의하면 남한의 중등학교 팽창은 미군정의 정책이나 지원에 의한 것이라기보다는 일제하에서 억압된 한국인의 교육욕구가 분출된 결과로서, 한국인이 주체적으로 중등교육을 형성해 간 것이다.[9] 이로 인해 미군정기 사립 중등학교는 정부의 지원 없이 재단에서 나오는 수입과 학생들이 낸 학과금으로 운영되었

8) 강일국, 『해방 후 중등교육 형성과정』, 53.

9) 위의 책, 59.

다. 이것은 "한국 중등교육의 성격이 소수의 엘리트 중심의 교육에서 대
중교육으로 변해 갈 수" 있었던 계기가 되었다.[10]

　미군정기의 한국교육 특징은 일제 강점기에 억압되었던 교육적 욕구가
분출하여 나타나게 된 것인데, 특히 초등교육의 확장이었다. 초등교육을
의무교육으로 하자는 것은 한국인 교육자들과 미군정의 공통된 생각이
었다. 초등 의무교육실시 계획은 1946년 1월 26일에 기획되었다. 당시
교육정책 입안의 실무를 담당하던 기관인 조선교육심의회는 이 날 의무
교육실시 요강을 결정하였다. 미군정청은 2월 21일에 의무교육실시계획
을 발표하였다.[11] 이로 인해 해방 직후부터 국민학교 학생 수는 급속하
게 증가하여 1950년대 말에는 거의 완전 취학에 도달하였다.[12] 일제 강
점기였던 1920년 이후 초등교육과 중등교육의 취학률 변화를 그래프로
나타내면 다음과 같다.

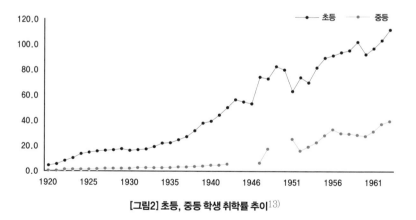

[그림2] 초등, 중등 학생 취학률 추이[13]

　이 그래프에서 볼 수 있듯이 초등학생의 취학률의 경우, 일제 강점기

---

10) 강일국, 『해방 후 중등교육 형성과정』, 60-61.

동안 점진적으로 증가하였지만 1945년 해방 직전까지 60%에도 미치지 못하였는데, 해방 이후 미군정기 시기동안 급격하게 증가하였음을 알수 있다. 그 후 한국 전쟁으로 인하여 초등학생 취학률이 잠시 낮아졌지만 전쟁 이후 꾸준히 증가하여 1960년대에 이르면 100%를 상회하게 된다. 중등교육의 경우에는 일제강점기 동안에는 취학률이 매우 낮았음을 알 수 있는데, 1945년 해방 이후 가파르게 상승하다가 한국전쟁으로 인해 감소하였지만 그 후 지속적으로 증가하여 1960년 대 중반에 이르면 40%의 취학률을 나타내 보이고 있다.

일제하에서 억압되었던 한국인의 교육열이 상급학교 진학으로 분출된 것과는 달리 미군정기 조선교육심의회 등 정부 차원에서는 실업학교 중심의 중등교육을 확대하고자 하였다. 1946년 초등학교 졸업생 약 32만 명 중 3분의 1 정도가 중학교에 진학할 예정이었는데 이 중 60%인 6만 3천여 명을 실업중학교로 진학시킬 계획이었다. 그리고 중학교 졸업 이후 소수의 학생만 상급학교에 진학하는 방안을 제시하였다. 지금의 중학교에 해당하는 당시 초급중학교 졸업생의 3분의 1을 고등학교(당시 고급중학교)에 진학시키고, 고등학교 졸업생의 6분의 1을 대학에 진학시키는 안을 제시하였다. 소위 소수정예주의의 입장을 취한 것이다. 국민학

---

11) 초등 의무교육에 대한 결의는 해방 직후에 결정되었지만 이것이 법령화 된 것은 정부 수립 이후였다. 1948년 7월 17일 제헌 헌법과 1949년 12월 31일 교육법이 제정 공포되어 국가의 교육시설 제공의무, 학부모의 취학의무, 수업료 무상과 교육보조 의무가 규정되었으며, 의무교육의 법령화에 따라 초등 의무교육이 공식적으로 실시된 것은 1950년 6월 1일이었다(강일국, 『해방 후 중등교육 형성과정』, 90.).

12) 강일국, "해방 후 한국 교육의 특징," 오성철 외, 『대한민국 교육 70년』 (서울: 대한민국역사박물관, 2015), 84.

13) 위의 책, 84.

교 졸업생을 100%라고 볼 때 당시 중학교 입학하는 학생은 33% 정도이고, 고등학교에 입학하는 학생은 11%, 그리고 대학에 입학하는 학생은 1.8%에 불과한 방안이었다. 그러나 이러한 실업계 중심의 중등교육 확대 방안은 실현되지 못하였다. 당시 일반계 학생수가 실업계 학생수보다 많았으며 상급학교에 진학할 수 있는 일반계를 선호하는 경향은 그 이후에도 이어지게 된다.[14]

해방 이후 미군정기에 학생 수가 가장 큰 폭으로 증가한 것은 초등교육이었다. 그 다음으로 중등교육 학생 수가 많이 증가하였고, 마지막이 고등교육 학생 즉, 대학생이 증가하였다. 이와 같이 해방 이후 급격하게 상승하는 교육수요에 대응하기에는 국가재정과 자원이 턱없이 부족하였다. 이러한 상황에서 국가는 초등학교 설립에 집중하고, 중등교육과 고등교육은 사립학교 설립에 의존할 수밖에 없었다.[15] 우리나라 교육에 있어서 초등교육은 상대적으로 사립학교가 적은 반면에 중등교육은 월등히 사립학교의 비중이 높은 것은 이러한 역사에 기인한다.

미군정기의 사립학교의 비율이 어느 정도였는지를 분석하는 것은 매우 중요하다. 미군정의 사학에 대한 입장은 기본적으로 통제를 강조하는 방식이었는데, 해방 직후 국·공립학교는 개교하도록 했지만 사립학교의 경우는 개교하기 전에 미군정의 허락을 받도록 하였다. 사립학교는 먼저 정부의 심의를 받은 후에 교육기관으로서 적절하다고 인정을 받고 허가를 받은 경우에 한해서만 개교하도록 하였다.[16] 먼저 미군정기의 사립 초

---

14) 강일국, "해방 후 한국 교육의 특징," 92.

15) 위의 책, 88.

등학교 수 및 초등학생 수를 공립과 비교하여 도표로 나타내면 다음의
표와 같다.

〈표2〉 미군정기의 공/사립 초등학교 수, 학생 수(1945-1949)[17]

연도	공/사립별	학교 수	학생 수
1945년도 이전	공립	3,092	1,572,046
	사립	58	28,224
	계	3,150	1,600,270
1945년 12월	공립	2,870	1,620,176
	사립	67	17,547
	계	2,937	1,637,723
1946년 12월	공립	3,140	2,148,533
	사립	32	10,797
	계	3,172	2,159,330
1949년도	공립	3,412	2,758,012
	사립	31	13,066
	계	3,433	2,771,078

자료: 한국교육10년사 간행회, 『한국교육10년사』(서울: 풍문사, 1960), 79-88.

   이 표에서 볼 수 있듯이 1945년 해방 직후의 사립 초등학교의 수가 67
개교이었지만 다음 해에는 급감하여 32개교로 줄었고, 1949년도에는
31개교로 감소하게 된다. 공립 초등학교가 2,870개교에서 계속 증가하
여 1949년에 3,412개교가 된 것과는 대조적이다. 반면 미군정기 동안
중등 사립학교의 경우는 꾸준히 증가하였는데, 미군정이 국공립 초등학
교를 증설하여 초등교육 의무화를 추진하느라 중등교육은 사학에 의존
한 결과이다. 해방 이후 사립 중·고등학교의 추이는 다음의 표와 같다.

16) 강일국, "해방 후 한국 교육의 특징," 94.

17) 사립학교교원연금관리공단, 『한국의 교육발전과 사학』, 172.

〈표3〉 해방 이후 사립학교 수 추이(1945-1952)[18]

연 도	중학교		고등학교	
	총 수	사립학교 수	총 수	사립학교 수
1945	166	33	-	-
1952	607	232	342	109

자료: 한국교육10년사 간행회, 『한국교육10년사』(서울: 풍문사, 1960), 511.

이 도표에서 볼 수 있듯이 1945년 해방 직후에 33개 사립 중학교가 지속적으로 증설되어 1952년에는 232개교로 증가하였다. 일제 강점기 동안에는 중학교 안에 초급 중학교와 고급 중학교 고등학교에 해당가 함께 포함되어 있었기 때문에 고등학교 사립학교 수는 33개교에서 109개교로 증가하였다.

2) 사립학교 팽창: 1948-1960년

1945년 8월 15일 정부가 수립된 후 가장 중요한 변화는 건국이념에 부합한 교육법의 제정이었다. 백낙준을 비롯한 5인 기초위원회에서 작성된 교육법 초안이 1949년 11월 30일 국회를 통과해 그해 12월 31일 교육법이 제정, 공포되었다. 이 교육법 안에는 사립학교와 관련된 규정이 포함되어 있는데, "모든 학교는 국가의 공기公器로서 법령이 정하는 기준에 의하여 설립되어야 하며 동등한 학교의 수료자 또는 졸업자는 국립, 공립 또는 사립의 구별없이 동등한 자격을 가진다"고 규정하고 있으며, "사립학교는 법령이 정한 바에 의하여 법인法人 또는 사인私人이 경영할 수 있다"고 되어있다. 또 "사립학교가 교원을 채용 또는 해직할 때는 감독청에 보고하여야 한다"는 단서를 달고 있다.[19] 이렇게 교육법이 규정하고

18) 사립학교교원연금관리공단, 『한국의 교육발전과 사학』, 263.

있듯이 이 때부터 이미 우리나라의 사립학교는 공공성이 강조되었으며, 이러한 특성은 이후에도 지속된다. 정부수립 후 가장 중요한 교육정책은 초등학교 의무교육 실시인데, 학교와 교실이 부족하여 과밀학급이면서도 2부제를 실시할 수밖에 없었다. 초등교육조차도 이렇게 열악한 상황이었기 때문에 중등교육 이상의 단계에 대해서는 국가의 재정을 투입할 수 없는 상황이었다. 결국 중등교육 이상의 교육은 사학에 의존할 수밖에 없었고, 사학은 임시시설을 갖추고 열악한 환경 속에서 학부형들의 기부금과 입학금에 의존하여 운영하였다. 중등교육이 공비부담의 원칙이 적용되지 못한채 이루어진 것은 향후 교육의 비정상적인 구조를 이루는 요인이 되기도 하였다.[20]

당시 사립학교에 영향을 준 중요한 국가정책은 1949년 6월 21일 농지개혁법의 시행으로서 사학재단은 토지를 잃게 되자 사학운영에 어려움을 겪게 되었다. 그러나 1951년 7월 사학재단의 보호육성을 위한 문교재단소유농지특별보상법이 공포됨으로써 농지개혁으로 인한 사학재단의 어려움은 어느 정도 극복될 수 있었다. 하지만 토지에 대한 대가로 받은 보상금으로서는 학교를 경영할만한 재원이 되지 못하여 학부모의 부담에 의존할 수밖에 없었다. 국가는 초등학교 의무교육에 매진하였고, 중등교육은 사학에 의존하였는데, 사학은 재정문제로 내실있는 교육보다는 양적인 확충에 치중하게 되었다. 그 결과 중등교육의 경우, 사립학교의 비중이 전체 중등학교의 40%를 상회하게 되었다.[21]

....
19) 사립학교교원연금관리공단, 『한국의 교육발전과 사학』, 269–270.
20) 위의 책, 276.

1950년대의 사립학교의 팽창은 급격하게 이루어졌는데, 초등교육 의무화로 중학교 진학 희망자가 급증하게 되면서 중등교육의 사립학교가 더 많이 요청되었다. 1950년대의 사립 중·고등학교 수의 추이는 다음 표와 같다.

〈표4〉 50년대 중등 사립학교 수 추이

연 도	중학교		고등학교	
	총 수	사립학교수(%)	총 수	사립학교수(%)
1952	607	232(38.2)	342	109(31.9)
1953	621	246(39.6)	398	144(36.2)
1954	803	315(39.2)	468	179(38.2)
1955	949	371(39.1)	557	223(40.0)
1956	999	413(41.3)	592	244(41.2)
1957	1034	424(41.0)	611	256(41.9)

자료: 한국교육 10년사 간행회, 『한국교육 10년사』(서울: 풍문사, 1960), 511.

위의 표에서 볼 수 있듯이, 1952년 사립 중학교가 232개교였는데, 불과 5년 후인 1957년에는 424개교로 증가하였다. 이는 1952년을 기준으로 192개교가 증설된 것으로 183%나 증가한 수치로서, 이는 전체 중학교 증가율인 170%보다도 높은 셈이다. 그 결과 1957년의 사립 중학교는 전체 중학교의 41%를 차지하게 되었다. 고등학교의 경우는 1952년 사립 고등학교가 109개교였는데 1957년에는 256개교로 증가하여 무려 235%가 증가하였는데, 1957년 사립 고등학교가 차지하는 비율은 41.9%에 달하였다.

21) 사립학교교원연금관리공단, 『한국의 교육발전과 사학』, 277.

3) 기독교 사립학교 팽창: 정초기(1945-1960)

미군정 시기에 기독교 사립학교의 설립도 활발하게 이루어졌는데, 1945년 해방 이후부터 1948년까지 미군정 시기에 설립된 기독교 사립 중, 고등학교는 〈표5〉에서 볼 수 있듯이 중학교 9개교, 고등학교 5개교로서 총 14개교가 설립되었다.[22] 이는 1980년대 전체 10년 사이에 설립된 기독교 사립학교 수와 동일할 정도로 많은 수의 사립학교가 불과 3-4년 사이에 설립된 것이다.

〈표5〉 설립연도별 개신교 학교 수 추이[23]

시기구분	학교수			비 고
	중학교	고등학교	계	
개화기에서 일제강점기 이전	21	24	45	1885-1910년
일제강점기	1	5	6	1910-1945년
미군정기	9	5	14	1945-1948년
제1공화국	31	37	68	1948-1960년
60년대	50	39	89	1961-1970년
70년대	7	32	39	1971-1980년
80년대	2	12	14	1981-1990년
90년대	1	16	17	1991-2000년
2000년대 이후	5	7	12	2001년 이후
계	127	177	304	

류성민의 "근대 이후 한국 사회변동과 개신교 학교의 종교교육" 연구에 의하면, 미군정 시기의 종교교육의 특징은 종교교육에 대한 대책이

---

22) 다른 자료에 의하면 미군정기에 개신교 종립학교는 기존 24개교 이외에 18개 학교가 더 설립되었다. 이는 한국기독교학교연맹에 가입되어 있지 않고 한국기독교학교연합회에만 가입한 기독교 사립학교들이 있기 때문으로 보여진다(고병철, 『한국 중등학교의 종교교과교육론』(서울: 박문사, 2012), 204.).

23) 이 도표는 한국기독교학교연맹의 자료를 류성민이 "근대 이후 한국 사회변동과 개신교 학교의 종교교육"에서 정리한 것을 필자가 최근(2020년) 통계까지 포함하여 재작성한 것임(류성민, "근대 이후 한국 사회변동과 개신교 학교의 종교교육", 『원불교사상과종교문화』 51, 2012.3, 195.).

나 정책이 별도로 없었다는 점이라고 할 수 있다. 이로 인해 종교계 사립학교들은 미군정청 학무국의 인가를 받아 새로 개교하거나 재건할 수 있었고, 일제 강점기 때 자진폐교된 개신교계 사립학교들도 점차 원상회복을 할 수 있었다. 미군정은 친기독교적 입장을 취하였는데, 크리스마스가 정식 공휴일로 지정된 것이나 일요일의 공휴일화 등 기독교 위주의 정책이 실시되었다. 또한 많은 개신교 신자들이 미군정에 참여한 것도 개신교 학교의 설립에 유리하게 작용할 수 있었을 것이다.[24] 1885년 미국 북감리회 선교사인 아펜젤러와 북장로회 선교사인 언더우드가 조선 땅에 들어와 배재학당과 언더우드학당을 시작한 이래 미국 선교사들로부터 기독교 신앙과 함께 영어를 배운 많은 기독교인들이 미군정에 직, 간접적으로 참여하고 협력을 하게 된 것도 영향을 끼쳤을 것이다.

미군정기에 이루어진 교과과정과 교과서에 종교와 관련된 별도의 과목이나 과정, 지침이 별도로 존재하지 않았기에 새로 개교하거나 해방 이후 재건되는 기독교 사립학교들은 아무런 제한 없이 종교교육을 실시할 수 있었다. 요컨대 "미군정의 교육정책은 미국식 교육의 도입과 국가주도형 교육의 강화에 중점을 두었고, 그 과정에서 기독교계 학교들에서의 종교교육은 논외가 됨으로써 일제강점 이전과 같은 자유로운 상황으로 실시되었으며, 이후 개신교계 학교의 개교 붐으로 이어질 수 있었다."[25]

1949년 제정된 '교육법'에서 "국립 또는 공립학교는 어느 종교를 위한

24) 류성민, "근대 이후 한국 사회변동과 개신교 학교의 종교교육," 192-193.
25) 류성민, "근대 이후 한국 사회변동과 개신교 학교의 종교교육," 194.

종교교육을 하여서는 아니 된다"제5조고 규정함으로써 역으로 사립학교
에서는 '종교교육'이 가능하다는 해석을 할 수 있게 되었고, 개신교계 학
교들은 자유롭게 '종교교육'을 실시하였을 뿐만 아니라 새로 설립되는 개
신교 학교들도 크게 늘어났다.[26] 앞의 〈표5〉에서 볼 수 있듯이 미군정기
이후 제1공화국 시기라고 할 수 있는 1948-1960년 사이에 많은 기독교
사립 중등학교들이 설립되었는데, 68개교의 기독교 사립학교가 설립되
었다. 좀 더 구체적으로 1945년 해방 이후 미군정기를 거치면서 한국전
쟁이 발발한 1950년까지, 1950년대 전반부, 그리고 1950년대 후반부
에 설립된 기독교 사립학교는 다음의 〈표6〉과 같다.

〈표6〉 설립연도별 개신교 학교 수 추이[27]

기간	초	중	고
1945-1950		명지, 환일, 대동, 영신, 동화, 이천양정여, 태성, 문화, 목포덕인, 세광, 일신여, 대광, 용북	명지, 환일, 대광
1951-1955	이대부속	영락, 송도, 삼성, 금호, 성광, 인성여, 대전대성, 대신, 태광, 한광, 창원남, 영광, 하양여, 수동, 삼성, 일직	서울예술, 영락, 영락유헬스, 이대부속이화금란, 경성전자, 혜광, 협성, 성광, 대성, 대신, 이천양정여, 태성, 거창, 경안, 문화, 삼성생활예술, 영광, 전주영생, 세광, 제주중앙
1956-1960		협성경복, 숭의, 동두천, 삼광, 온양한올	서울세종, 이대부속이화금란, 계성여자상업, 성지, 숭의과학기술

26) 위의 글, 194.

27) 필자가 한국기독교학교연맹의 자료를 재구성하여 도표화한 것이다.

2. 확산기

1) 1961-1975년 사립학교 팽창

해방 이후 1960년에 이르기까지 한국 교육의 각급학교는 급속한 양적 팽창이 이루어졌다. 1945년을 기준으로 전체 학교수가 3,183개교에서 15년 후인 1960년에 6,588개교로 증가하여 207% 성장률을 보이고 있다. 1945년과 1960년의 각급학교 증가 상황을 표로 나타내면 다음과 같다.

〈표7〉 연도별 각급학교 증가 상황(1945, 1960)

구분	1945(A)	1960(B)	B/A(%)
총계	3,183	6,588	207
유치원	165	297	180
국민학교	2,834	4,496	159
중학교	165	1,053	638
고등학교		658	399
고등교육기관	19	84	442

자료: 문교통계연보 1967, 문교부 편.

이 표에서 볼 수 있듯이 가장 급격한 증가를 나타내보인 것은 중학교로서 1945년 165개교이던 것이 1,053개교로 급증하여 무려 638%의 증가율을 보이고 있다. 고등학교도 1960년도에는 658개교로 증가하여 거의 4배 가까이 성장하였음을 알 수 있고, 고등교육기관인 대학의 경우도 1945년 19개교에서 1960년 84개교로 늘어나 442%의 증가율을 나타내 보이고 있다. 이는 학생 수에 있어서도 마찬가지인데, 1945년과 1960년의 각급학교 학생 수를 표로 나타내면 다음과 같다.

<표8> 연도별 각급학교 학생 수 증가 상황(1945, 1960)

구분	1945(A)	1960(B)	B/A(%)
총계	1,471,949	4,524,335	307
유치원	13,534	–	–
국민학교	1,366,024	3,621,267	265
중학교	84,572	528,593	1,250
고등학교		273,434	647
고등교육기관	7,819	101,041	1,292

자료: 문교통계연보 1967, 문교부 편.

이 표에서 볼 수 있듯이, 1945년의 국민학교 학생 수는 137만 명이었는데, 1960년에는 362만 명으로 265%가 증가하였으며, 중학교 학생 수는 1945년에 중·고등학교 합한 수가 8만5천명이었는데, 1960년에는 중학생만 53만 명으로 무려 12배 이상 증가하였고, 고등학교 학생 수는 27만 명으로 늘어나 647% 증가한 것으로 나타났다. 대학생의 경우도 1945년 8천 명 정도였는데 1960년에는 10만 명을 상회하여 거의 13배나 증가하였다.

이러한 학교 수와 학생 수의 증가는 1960년대에 들어서도 지속되었는데, 특히 초등교육 의무화로 인해서 국민학교를 졸업한 학생들의 중학교 진학을 위한 입시 경쟁이 치열해졌다. 이를 해결하기 위해 정부는 1969년 중학교 무시험제도를 시행하게 되었는데 이로 인해 중학교 교육의 기회가 급격하게 확대되었다. 중학교 무시험제도는 중학교 교육의 보편화로 연결되었는데, 1968년 국민학교 졸업생의 중학교 진학률은 55.9%였는데, 1969년에는 61.8%로 증가하여 불과 1년 만에 5.9%가 증가하였다. 이런 과정에서 사학은 심각한 정체성의 훼손을 입게 되었는데, 학생 선발권의 상실로 인해서 사학의 건학이념 구현에 어려움을 겪게 되었으

며, 특히 "종립학교의 경우 종교교육의 어려움이 제기"되기도 하였다.[28]

즉, 1960년대에는 중학교에 입학하기를 희망하는 학생들은 많아졌지만 국가재정의 부족으로 인하여 공립 중·고등학교의 수용능력 확충이 충분히 이루어지지 못하게 되자 정부는 사립 중·고등학교의 증설을 장려하게 되었다. 그러면서도 사학에 대한 국가의 감독 기능은 강화되었고, 이것이 법률로 나타난 것이 바로 1963년 6월 26일 법률 제1362호로 제정, 공포된 '사립학교법'이다. 사립학교법은 "사립학교의 특수성에 비추어 그 자주성을 확보하고 공공성을 앙양함으로써 사립학교의 건전한 발달을 도모함"을 목적으로 하고 있지만 내용적으로는 사학에 대한 통제와 감독을 강화하기 위한 것이었다.[29]

중학교 무시험제도가 시행된 1969년의 사립 중·고등학교 학생 수의 비율을 1945년과 비교하고, 이를 국·공립학교 학생 수와 비교한 것을 도표로 나타내면 다음과 같다.

〈표9〉국·공립 대 사립의 비중(1945년, 1969년)[30]

구분	1945년			비율	1969년			비율
	국공립	사립	계		국공립	사립	계	
중학교	52,528	19,173	71,701	26.7	572,378	575,030	1,147,408	50.1
고등학교					245,415	284,686	530,101	53.7
계	52,528	19,173	71,701	26.7	817,793	859,716	1,677,509	51.2

자료: 문교통계연보, 『한국교육연감』, 1969.

위의 도표에서 볼 수 있듯이, 1969년의 사립 중학교 학생수는

---

28) 사립학교교원연금관리공단, 『한국의 교육발전과 사학』, 300.

29) 위의 책, 306.

30) 위의 책, 318.

575,030명으로서 국·공립 중학교 학생수보다도 많은, 전체의 50.1%를 차지하는 것으로 나타났다. 이는 1945년의 사립 중학교 학생수와 비교할 때 60배가 증가한 수치이다. 사립 고등학교 학생수는 284,686명으로서 국공립 고등학교 학생수보다도 많으며, 전체 고등학생의 53.7%를 차지하였다. 이는 1945년 사립 고등학교 학생수와 비교할 때 30배가 증가한 수치이다. 이는 이 시기에 중등교육에 있어서 사립학교 학생수가 급격하게 팽창하였음을 보여준다. 1969년의 사립 초등학교, 사립 중학교, 사립 고등학교, 사립 대학교의 수 및 그 비율은 다음의 표와 같다.

〈표10〉 1969년 각급 사립학교 수 및 비율

연도	국민학교		중학교		고등학교		대학교(4년제)	
	총 수	사립	총 수	사립	총 수	사립	총 수	사립
1969	5,810	91(1.6%)	1,463	659(45%)	861	404(47%)	68	53(78%)

이 도표에서 볼 수 있듯이, 초등교육의 경우 사립학교가 91개교로서 전체 초등교육기관의 1.6%에 불과하였으나, 중학교의 경우는 사립 중학교가 659개교로서 전체 중학교의 45%를 차지하였고, 고등학교의 경우는 사립 고등학교가 404개교로서 전체 고등학교의 47%를 차지하였다. 그리고 고등교육기관인 대학교의 경우 사립 대학교가 53개교로서 전체 대학교의 78%를 차지하는 것으로 나타났다. 중등교육 이상의 교육에 있어서는 사학 의존도가 매우 높음을 알 수 있다. 1965년부터 1975년까지의 사립학교 수 추이는 〈표11〉과 같다.

〈표11〉 1965-1975년 사이의 사립학교 수 추이

연도	초			중			고		
	총학교	사립	비율%	총학교	사립	비율%	총학교	사립	비율%
1965	5,125	75	1.5	1,208	513	42.5	701	316	45.1
1966	5,274	94	1.8	1,251	540	43.2	735	338	46.0
1967	5,418	96	1.8	1,314	575	43.8	781	365	46.7
1968	5,601	92	1.6	1,420	641	45.1	840	396	47.1
1969	5,810	91	1.6	1,463	659	45.0	861	404	46.9
1970	5,961	88	1.5	1,608	698	43.4	889	418	47.0
1971	6,085	88	1.4	1,794	714	39.8	898	422	47.0
1972	6,197	85	1.4	1,866	718	38.5	942	441	46.8
1973	6,269	85	1.4	1,916	718	37.5	1,015	447	44.0
1974	6,315	83	1.3	1,935	720	37.2	1,089	536	49.2
1975	6,367	83	1.3	1,967	719	36.6	1,152	567	49.2

자료: 1965-1975년 각 연도별 한국교육개발원 『교육통계연보』

위의 표에서 볼 수 있듯이, 사립 국민학교는 1967년까지는 지속적으로 증가하여 96개교에 이르렀지만 그 다음부터 지속적으로 감소하여 1975년에는 83개교로서 전체 초등학교의 1.3%에 불과한 것으로 나타나고 있다. 사립 중학교의 경우는 지속적으로 학교 수가 증가하는데, 1965년에는 513개교였지만 10년 후인 1974년에는 720개교로 팽창하게 된다. 그러나 국·공립중학교 수의 증가로 사립 중등학교의 비율은 1968년 45.1%를 정점으로 그 이후 점점 감소하여 1975년에는 36.6%를 차지하는 것으로 나타났다. 사립 고등학교의 경우는 계속해서 설립이 이루어져 1965년 316개교로서 45.1%의 비율을 차지하였는데 1975년에는 무려 567개교로 확장되어 전체 고등학교의 49.2%가 사립학교인 것으로 나타나고 있다.

2) 확산기 기독교 사립학교 팽창

확산기(1961-1974)에는 초, 중, 고 각급학교에 있어서 기독교 사립학교가 급속하게 설립되었다. 1961년부터 10년 사이에 기독교초등학교가 11개교가 설립되었고, 중학교는 51개교, 고등학교는 무려 66개교가 설립되었다. 이 기간에 무려 128개교가 설립되었는데, 이것은 해방 이후 2020년 현재까지 설립된 전체 기독교 사립학교 256개교의 50%에 해당하는 수치이다.

〈표12〉 확산기(1961-1975)의 기독교 사립학교 설립 수[31]

구분	1945~1950	1951~1955	1956~1960	1961~1965	1966~1970	1971~1975	1976~1980
초		1		7	4		
중	13	16	5	18	27	6	3
고	3	20	5	20	19	27	16
계	26	37	10	45	50	33	19

이 표에서 주목해 보아야 할 것은 기독교 사립 중학교의 수가 한국전쟁 이후인 1956년부터 5개교, 1961-1965년 사이에는 18개교, 그리고 1966-1970년 사이에는 27개교가 설립되는 등 가파르게 팽창이 이루어지다가 1971년-1875년 사이에는 6개교로 급격하게 줄어든다는 점이다. 기독교 사립 고등학교의 경우에도 비슷한 현상을 발견할 수 있다. 기독교 사립 고등학교의 수가 한국전쟁 이후인 1956년부터 5개교, 1961-1965년 사이에는 20개교, 1966-1970년 사이에는 19개교, 그리고 1971-1975년 사이에는 27개교가 설립되는 등 가파르게 팽창이 이루어

---

31) 한국기독교학교연맹에 가입된 학교를 기준으로 필자가 도표화 함(한국기독교학교연맹, 『한국기독교학교연맹 50년사』(서울: 한국기독교학교연맹, 2014), 246-280.

지다가 1975년-1980년 사이에는 6개교로 급격하게 줄어든다는 점이다. 기독교 사립 중학교의 팽창 후 감소 현상은 1969년도에 시행된 중학교 무시험제, 그리고 기독교 사립 고등학교의 팽창 후 감소현상은 1974년도에 시행된 고교평준화 정책으로 인한 것으로 추정된다. 종교적 건학이념을 구현할 수 있는 사립학교의 자율성과 다양성이 보장될 수 없는 제도적 변화가 일어나게 되었기 때문이다.

이 시기에 설립된 기독교 사립학교의 구체적인 명단은 다음의 〈표13〉과 같다.

〈표13〉 확산기(1961-1975년)에 설립된 기독교 사립학교

시기구분	초등학교	중학교	고등학교
1961-1965	영훈, 영신, 인성, 샛별, 계성, 남성, 우촌	염광, 예일여, 팔렬, 경일여, 대성여, 진위, 경안, 경안여, 영광여, 목포혜인여, 황등, 완산, 진경여, 성산, 금성여, 대명, 동영, 청신여	서울영상, 예일디자인, 예일여, 인덕공업, 혜성국제컨벤션, 대동, 동아공업, 브니엘, 이사벨, 경북여자상업, 경북예술, 영신, 인성여, 대성여, 동두천, 한광, 경안여, 목포덕인, 목포혜인여, 전주사대부설
1966-1970	명지, 대광, 화랑, 숭의	대성, 동산정보산업, 문일, 예원, 송곡여, 신일, 영훈, 영란여, 경상여, 숭덕여, 대전대신, 경민, 경민여, 고양제일, 동두천여, 보영여, 파주, 신성, 한광여, 한국글로벌, 한일여, 대동, 동산여, 천성, 정원여, 탑리여, 팔봉	서울공연예술, 송곡, 신동신정보산업, 신일, 염광여자메디텍, 이화여대병설미디어, 부산관광, 대구제일, 세종대성, 한국문화영상, 보영여, 세경, 안양상업, 은혜, 태광, 하남, 한광여, 영광여, 일신여,
1971-1975		재현, 정의여, 소선여, 경화여, 성문, 은혜	경복여, 경북비즈니스, 대성, 문일, 송곡여, 영훈, 삼성여, 금호공업, 인천중앙여자상업, 광주경신여, 대전대신, 경민, 경민비즈니스, 동화, 신성, 유신, 진위, 창원남, 한국펫, 한일여, 대동, 영문, 영주동산, 완산여, 진경여, 온양한올, 천안상업

자료: 한국기독교학교연맹 50년사, 2014.

3. 전환기

1) 1975-1994년 사립학교 설립

1974년 고교평준화 정책은 한국교육사(史)에 있어서 분수령과 같다. 특히 사립학교도 포함하여 평준화 정책을 실시함으로 인해서 사립학교의 정체성이 심각하게 훼손되고 준공립화되기 시작한 단초가 되었다. 사립학교는 본질상 다양한 건학이념이 존중되어야 하고, 그 건학이념을 구현할 수 있는 자율성이 담보되어야 하는데, 박정희 군사정권 시절에 사학 진영의 동의도 구하지 않은 채 일방적으로 평준화를 실시함으로 사립학교의 학생선발권, 교육과정편성권, 등록금책정권 등이 상실되어 실제적으로는 국·공립학교와 크게 다를 바 없는 학교로 전락하게 되는 요인이 되었다. 평준화 제도에 있어서 사립학교까지 포함하게 된 것은 우리나라의 사학의 비중이 크기 때문이다. 해방 이후, 국가 재정의 어려움으로 정부가 중등교육에 있어서 사립학교 설립을 장려하였는데, 그 결과 사립학교의 비중이 커지자 그 사립학교까지 포함하여 중학교 무시험제도 및 고교평준화 제도를 실시하여 사립의 준공립화 또는 공영화가 이루어지게 된 것이다.

초등교육의 의무화와 중학교 무시험제는 중학교의 팽창을 가져오고, 중학교의 팽창과 고교평준화는 다시 고등학교의 팽창을 가져 왔다. 이러한 결과로 1970년대에도 중등교육 기관이 계속 증가하게 되는데, 상대적으로 사립 중학교의 비율은 1970년 43.4%에서 1979년 36.1%로 감소하는데 반해서 사립 고등학교의 경우는 1970년 47%에서 1979년에는 50.3%로 증가하게 된다. 사립 고등학교가 전체 고등학교의 절반이 넘는 셈이다. 1970년대의 사립 중학교 및 고등학교의 비율을 도표로 나타내면 다음과 같다.

⟨표14⟩ 1970년대 사립 중학교 및 고등학교의 비율

연도	중학교		고등학교	
	총수	사립중학교 수	총수	사립고등학교 수
1970	1,608	698(43.4%)	889	418(47%)
1971	1,794	714	898	422
1972	1,866	718	942	441
1973	1,916	718	1,015	491
1974	1,935	720	1,089	536
1975	1,967	719	1,152	567
1976	1,977	717	1,198	590
1977	1,987	718	1,215	600
1978	2,012	730	1,253	623
1979	2,056	743(36.1%)	1,298	653(50.3%)

자료: 문교통계연보

1980년 초에 출범한 제5공화국은 교육정상화를 위한 7·30 교육개혁 조치를 단행하였는데, 사학에 대한 정부의 지원 확대도 포함되었다. 사립학교의 인건비를 포함한 운영비를 국가의 재정지원으로 보전하였고, 고교 평준화 이후 극심해진 국·공립과 사립 간의 시설격차를 해소하기 위해 사립 중학교에 대한 시설비를 지원하는 등 정부의 사학 지원이 강화되었다. 이런 상황 속에서 1980년대 사립 고등학교 수는 ⟨표15⟩에서 보듯이 약 150여개가 증가하였고 그 비율도 50%대를 유지한 반면, 사립 중학교의 수는 1981년의 751개를 정점으로 점차 감소하였는데, 사립 중학교의 비율은 1980년 35.7%에서 1989년에는 28.9%로 감소하였다.

이는 중학교 의무화에 따른 국·공립 중학교의 지속적인 증설 때문이라고 할 수 있다.

〈표15〉 1980년대 사립 중학교 및 고등학교 수

연도	중학교		고등학교	
	총 수	사립학교 수	총 수	사립고등학교 수
1980	2,100	749(35.7%)	1,353	690(51.0%)
1981	2,174	751	1,402	715
1982	2,213	746	1,436	723
1983	2,254	737	1,494	751
1984	2,325	738	1,549	780
1985	2,371	730	1,602	812
1986	2,412	726	1,627	832
1987	2,424	715	1,625	817
1988	2,429	709	1,653	833
1989	2,450	707(28.9%)	1,672	843(50.4%)

자료: 문교통계연보

1969년의 중학교 무시험제는 중학생 수의 급증을 가져왔고, 중학생 수의 급증은 고교 입시의 과열을 더 심화시켰다. 박정희 정부는 1974년 고교 평준화 제도를 시행함으로 입시과열을 해소함과 동시에 고교 진학의 기회를 확장하게 되었다. 이는 고등학교 수의 증가를 불러왔는데 국가 재정의 한계로 역시 사학을 의존하는 방식을 택하게 되면서 사립고등학교가 지속적으로 설립되는 요인이 되었다. 1985년 2월 21일에는 '중학교 의무교육 실시에 관한 규정'이 발표되는데, 이러한 중학교 의무교육화는 사립 중학교의 존립 형태에 영향을 미치게 된다. "정부에서는 사립중학교의 비율을 줄이기 위해 사립 중학교의 신,증설을 억제하는 한편 기존 사립 중학교에 대해서도 선별적으로 육성 방향을 설정한 것이다. 그리하여 자립학교, 보조학교, 관리학교, 그리고 전환학교 등으로 구분하여 육성대책을 마련, 추진함으로써 사립 중학교의 교육여건을 공립 중학교 수준으로 향상되도록 유도해나가게 되었다."[32] 중학교 의무교육 실시에 있어서 국·공립 중학교만이 아니라 사립 중학교까지 포함함으로 인해서 사립 중학교는 정체성 혼란을 겪게 되는데, 특히 건학이념 구현을 중시하는 종교계 사립학교는 공공성의 강조 및 자율성의 약화로 인해 종교교육에 어려움이 발생하였고 준공립화되는 계기가 되고 말았다.

2) 1995-2016년 사립학교 설립

우리나라 사립학교 역사에 있어서 1995년도는 중요한 의미를 지닌다. 1992년에 김영삼 문민정부가 출범하면서, 교육에 있어서는 세계화 시대에 걸맞는 다양화정책을 추구하게 되는데, 이것이 교육정책으로 드러난 것이 소위 5·31교육개혁으로 부르는 '세계화, 정보화, 다원화 시대를 주도하는 신교육체제 수립을 위한 교육개혁 방안'인데, 1995년 5월 31일에 발표되었다. 5·31 교육개혁안에는 중등교육에 있어서 다양화, 특성화 방안이 포함되어 있는데, 이로 인해 특목고, 자립형 사립고 등이 설립되는 등 사립학교의 자율성이 일시적으로나마 확대되게 되었다. 1997년 이후에는 직업교육 분야와 대안교육 분야에서 특성화고등학교가 설립되는 등 사립 중·고등학교의 새로운 영역이 선보이기도 하였다. 그러나 반면에 신자유주의의 영향으로 교육격차가 크게 벌어지고 평등교육이 약화되는 문제가 발생된다는 비판을 받기도 하였다.

---

32) 사립학교교원연금관리공단, 『한국의 교육발전과 사학』, 341.

<표16> 각급학교의 사립학교 비율(1995-2015)

연도	초등학교			중학교			고등학교		
	총 수	사립	비율(%)	총 수	사립	비율(%)	총 수	사립	비율(%)
1995	5,772	76	1.3	2,683	697	26.0	1,830	910	49.7
2000	5,267	76	1.4	2,731	676	24.8	1,957	933	47.7
2005	5,646	75	1.3	2,935	659	22.5	2,095	939	44.8
2010	5,854	76	1.3	3,130	647	20.7	2,253	946	42.0
2015	5,978	75	1.3	3,204	641	20.0	2,344	950	40.5

자료: 교육통계연보

1995년도 이후 2015년도에 이르기까지 초등학교, 중학교, 고등학교 중 사립학교 수와 그 비율은 〈표16〉과 같다. 이 표에서 볼 수 있듯이, 초등학교의 경우 사립학교의 수는 거의 변동이 없는데 1995년 76개교로서 1.3%를 차지하였고, 2015년에는 75개교로서 1.3%를 차지하는 것으로 나타났다. 초등학교에 해당하는 학령인구는 감소하고 있지만 초등학교 전체 학교 수는 조금 증가하여서 학급당 학생 수가 상당부분 적어지고 있다. 중학교의 경우는 사립학교 수가 지속적으로 감소하고 있는데, 1995년에는 697개교로서 26%를 차지하다가 2015년에는 641개교로 감소하여 20.0%로 축소되었다. 고등학교의 경우는 1995년 이후 사립학교가 약간씩 증가하다가 2015년에 950개교로 증가하지만 사립 고등학교가 차지하는 비율은 점점 감소하여 1995년 49.7%에서 2015년에는 40.5%로 감소하였다.

3) 전환기 기독교 사립학교 설립

이 시기는 우리나라의 전체 사립학교도 성장이 정체될 뿐 아니라 사립학교 성격이 변해가는 시기인데, 기독교 사립학교의 경우도 종교적 건학이념을 제대로 구현할 수 없는 '준공립학교'의 형태를 띠게 된다. 이전 단계인 확산기에서의 기독교 사립학교 팽창은 찾아볼 수 없고 새롭게 설립되는 수는 현저하게 줄어들게 된다. 전환기인 1976년부터 2016년까지의 기독교 사립학교의 연도별 설립 수는 〈표17〉과 같다.

〈표17〉 전환기 기독교 사립학교 설립 수 추이

구분	1971~1975	1976~1980	1981~1985	1986~1990	1991~1995	1996~2000	2001~2005	2006~
초			1		1			2
중	6	3	3			1	1	1
고	27	16	10	7	6	7	4	2
계	33	19	14	7	7	8	5	5

위의 표에서 볼 수 있듯이, 전환기 이전인 1971-1975년의 기독교 사립학교 설립 수는 33개교였는데 전환기인 1976-1980년에 오면서 19개교로 줄어들고, 그 다음 기간인 1981-1985년에 들어서면서는 7개교만 설립된다. 그리고 2001-2005년에는 설립학교 수가 5개교로 줄어들고, 2006년 이후부터는 2015년까지를 다 포함해서 5개교만 설립되었으니 기독교 사립학교가 더 이상 설립되지 않는 경향이 있음을 뚜렷이 보이고 있다. 그나마 1996-2000년 시기에 특성화학교법이 제정되면서 사립 특성화중고등학교들 가운데 기독교 사립 특성화중고등학교들이 설립되었고, 그 후에 미인가 기독교대안학교들 중에서 각종학교로 인가받은 학교들이 기독교 사립학교에 포함됨으로 그 수가 약간 증가되었다.

또한 2008년 2월에 출범한 이명박 정부는 교육의 다양성과 자율성을 확대하는 정책기조를 지니고 있기에 사립학교가 자율성을 회복하고 독특한 건학이념을 구현할 수 있는 기회가 확대된다는 점에서 기독교 사립학교로서는 중요한 기회를 맞이한 셈이었다. 특히 2007년에 교육분야 대선공약으로 제시한 '고등학교 다양화 300 프로젝트'는 다양한 고등학교, 즉, 자율형사립고등학교(자사고) 100개, 기숙형공립고등학교 150개, 마이스터고등학교 50개를 2012년까지 개교하는 계획이었다. 자사고의 경우, 2009년도에 25개교가 지정되어 2010년도에 개교되었고, 2013년까지 50개교가 개교되었다.[33] '사립학교'가 본래 자율적인 학교임에도 불구하고 현실이 그러하지 못하니 앞에 '자율형'이라는 단어를 붙여 국가의 재정 지원 없이 사립학교의 자율성을 확대할 수 있도록 하였다. 기독교 사립학교로서는 기독교적 건학이념 구현을 위한 자율성 확보가 중요하였기 때문에 많은 학교들이 자사고로 신청을 하였고 지정을 받게 되었다. 비록 기독교 사립학교의 수에는 변동을 보이지 않은 채 일반 사립고에서 자율형 사립고로 전환된 것이지만 사립학교의 정체성과 관련해서는 의미 있는 변화였다고 할 수 있다. 그러나 2014년 및 2018년에 실시된 지방선거에서 자사고에 비판적인 교육감들의 대거 당선되었고 자사고 폐지를 교육공약으로 내건 문재인 정부가 2017년 등장함으로 자사고 폐지가 정부 교육정책으로 정해지고 그 정책이 실제로 이루어지고 있는 상황이다. 전환기에 설립된 기독교 사립학교는 〈표18〉과 같다.

....
33) 『조선예수교장로회 총회 제12회회록』(1923.9)~『조선예수교장로회 총회 제26회회록』(1937.9) 학교 조사표 참조. 각 연도의 학교 조사표에 나온 학교들을 각각 도표화한 다음, 각 도표를 모아 학교들을 다시 가나다순으로 하여 정리하였다. 정리하는 과정에서 일부 오류가 있을 수 있음을 밝힌다.

<표18> 전환기(1976-2016년)에 설립된 기독교 사립학교

시기구분	초등학교	중학교	고등학교
1976–1980		성화, 동방여, 송림	서울관광, 성덕, 성덕여, 재현, 정의여, 경일여, 경원, 성화여, 동방, 경화여, 계원예술, 송림, 신라공업, 하양여, 남원국악예술, 성일
1981–1985	한신	한남, 광주경신, 샛별	강서, 염광, 대원, 한남미용정보, 덕신, 숭덕, 경민IT, 덕소, 성문, 등촌
1986–1990			영신여, 경일관광경영, 세원, 영생, 창현, 김천예술, 벌교
1991–1995	중앙기독		서울외국어, 영신간호비즈니스, 이화여자외국어, 경안, 백영, 안산동산
1996–2000		브니엘예술	송곡관광, 브니엘여자, 브니엘예술, 두레자연, 한국관광, 한국조리과학, 세인
2001–2005		두레자연	지구촌, 경화여자E-비즈니스, 고양외국어, 글로벌선진
2006–2010	광성드림, 월광기독	중앙기독	팔렬, 혜성여
2011–2015			
2016–2020			

4. 갈등기

1) 2017년 이후 사립학교 현실

2017년 이후의 우리나라 사립학교의 현황은 〈표19〉와 같다. 각급학교별로 사립학교 수는 큰 변동이 없으며 중·고등학교의 경우 약간의 감소세를 보이고 있다. 2019년도를 기준으로 사립 초등학교는 74개교, 사립 중학교는 635개교, 사립 고등학교는 946개교이다.

〈표19〉 2017-2019년 각급학교별 사립학교 수

연도	초등학교			중학교			고등학교		
	총 수	사립	비율(%)	총 수	사립	비율(%)	총 수	사립	비율(%)
2017	6,047	74	1.2	3,212	637	19.8	2,360	947	40.1
2018	6,064	74	1.2	3,214	637	19.8	2,358	946	40.1
2019	6,087	74	1.2	3,214	635	19.8	2,356	946	40.1

2017년 문재인 정부가 시작되면서 추진되고 있는 교육정책 가운데 하나가 '사학공영화 정책'이다. 새로운 정부의 출범부터 사학혁신을 위한 '사학혁신위원회'를 구성하여 논의를 시작하였으며, 여러 가지 연구·용역을 통해 사학공영화의 로드맵을 작성하였다. 지난 2019년 12월에 교육부가 발표한 "교육신뢰회복을 위한 사학혁신 추진방안"은 다양한 사학에 대한 국가적 통제와 공영화 정책들을 담고 있는데, 제21대 국회 개원과 함께 집권 여당에서 발의한 25개의 사학법 관련 개정안은 이러한 사학 공영화에 대한 법적, 제도적 장치 마련을 위한 것이라고 볼 수 있다. 특히 그 중 대표적인 사학법 개정안인 박용진 대표발의안은 13개 조항과 부칙에 대한 개정안을 담고 있는데,[34] 첫째, 개방이사의 이사정수 2분의 1로의 확대, 둘째, 학교장 임용 시 대학평의원회 또는 학교운영위원회 2배수 추천 인사 중 임용으로 제한, 셋째, 임원의 자격 요건 강화, 회의록 및 예·결산 공개 강화, 회계부정 시 처벌 강화 등의 내용을 담고 있다. 사실 이미 준공립화되어 있는 사립학교를 더 공립화하고 더 공영화하려는 일련의 움직임은 사립학교의 존재 자체를 부정하거나 사립학교 무용론의 입장으로 나아가는 것이 아닌가 하는 의구심마저 들게 한다.[35]

....

34) 교육부, '교육신뢰회복을 위한 사학혁신 추진방안,' 2019. 12. 이 방안은 교육부가 2017년 출범시킨 사학혁신위원회의 활동 결과에 근거한 것임(교육부 사학혁신위원회, 『사학혁신위원회 활동백서: 사학제도 개선 권고안』, 2019. 6. 11.). 이 외에도 사학 공영화에 대한 다양한 연구가 진행됨. 임재홍 외, 『공공형 사립교육기관 운영 모델에 관한 연구』, 서울특별시 교육청, 2015. 5., 연덕원, 임은희, 『정부 책임형 사립대학 도입 방안』, 대학교육연구소, 2019. 5. 등이 있다.

35) 박상진, "21대 국회 사학법 개정에 대한 한국교회의 대응방안", 『선교와 신학』, 제52호, 2020.10, 271-305.

2) 2017년 이후 기독교 사립학교 현실

2017년 이후에는 일반 사립학교도 정체 또는 감소하고 있는 추세이지만, 기독교 사립학교의 경우도 더 이상 설립되고 있지 않은 상황이다. 학령인구의 감소로 학교별 학급수가 감소하고 있으며, 학급당 학생 수도 지속적으로 감소하고 있다. 더 이상 학생 모집이 가능하지 않은 경우는 폐교하는 경우도 발생하고 있다. 기존의 기독교 사립학교도 '준공립'화된 상태에서 기독교적 건학이념을 제대로 구현하지 못하고 있는 실정이다.

기독교 사립학교를 비롯한 종교계 사립학교는 종교적 건학이념을 학교의 정체성으로 삼고 있는데, 그 정체성의 위기를 겪고 있다. 자율형사립고등학교 폐지 정책으로 인해서, 그나마 자율성을 일정 부분 보장받을 수 있는 사립학교의 형태마저 사라지게 될 상황에 놓여있다. 고교무상제로 인해서 고등학교까지 의무교육화 되는 추세에서 사립학교마저 국가의 지원과 통제를 강하게 받게 되는 변화에 직면해 있다. 제21대 국회에서 발의된 사학법 개정안들은 개방이사의 이사정수 2분의 1, 학교의 장 임용권 제한, 교원임용 강제 위탁제 등의 사학의 기본적인 자율권을 침해하는 규정들을 내포하고 있음으로 사학의 정체성과 존재의 의미를 상실할 위기에 처해 있다. 교육과정에 있어서도 고교평준화 이후 제4차 교육과정부터 종교과목이 국가교육과정에 포함되었는데 특정 종교의 신앙교육_{종파교육}이 아닌 종교교육을 하도록 되어있고, 그것마저 2015개정 교육과정부터는 '종교학' 교육과정으로 바뀌어 기독교 사립학교에서도 신앙이나 종교가 아닌 '종교학'을 교수하도록 되어있다.

이런 상황에서 기독교 사립학교는 일종의 갈림길에 놓여있다. 기독교적 건학이념을 구현하는 본래의 기독교 사립학교의 정체성을 잃어버리고 양적으로, 질적으로 쇠퇴해갈 것인가? 아니면 다시 기독교 사립학교의 본연의 모습을 회복할 것인가의 기로에 서 있는 것이다. 그러나 오늘날 기독교 사립학교가 맞이한 위기는 어떤 점에서는 기회일 수도 있다. 해방 이후 정부의 중등교육을 사학에 의존하는 정책으로 인한 사립 중·고등학교의 증가, 정부가 사립학교까지 포함하여 실시한 중학교 무시험제와 고교평준화로 인해서 우리나라의 사학이 '준공립화'된 문제를 해결할 수 있는 반전의 기회가 될 수 있다는 것이다.

IV. 해방 이후 기독교 사립학교의 팽창 요인

1. 해방 이후 사립학교의 팽창 요인

우리나라 해방 이후 중등교육의 팽창에 대한 연구는 그 수가 많지는 않지만 의미 있는 연구들로 이루어져있다. 대표적인 선행연구로는 김기석의 "유상 중등교육의 팽창", "중등교육 팽창의 역사사회적 조건과 동인" 등이 있다.[36] 김기석은 단선적인 역사분석의 방법이 아닌 그 시대의 사회적 맥락을 고려한 통시적 역사연구 방법인 역사사회학적 분석을 통해 해방 이후 중등교육의 팽창을 규명하고 있다. 그에 따르면 중등교육의 팽창은 세 가지 요인에 의하여 주도되었다. 첫째는 베이비붐과 같은 급속

---

36) 김기석, "유상 중등교육의 팽창," 김신일 편, 『한국교육의 현단계』 (서울: 교육과학사, 1989), 125-154. 김기석, "중등교육 팽창의 역사사회적 조건과 동인," 김기석 편, 『교육사회학 탐구 II』 (서울: 교육과학사, 1994), 377-453.

한 인구증가 현상에 따라 증폭된 취학인구의 증가 요인이다. 둘째는 이러한 당면 과제에 대하여 교육당국이 지속적으로 입시제도를 개혁한 정책적 요인이다. 셋째는 국가의 재정 한계로 중등교육 이상의 교육을 더 이상 확장할 수 없는 상황에서 중등 및 고등교육의 유상제를 실시하고 사학에 의존함으로써 중등교육 및 고등교육의 팽창을 이룰 수 있었다. 즉, 중등교육 이상의 교육이 팽창할 수 있었던 것은 다른 나라에서는 상상하기 어려운 '과도한 민영화'를 통해서 가능하게 되었다고 분석하고 있다.[37]

특히 김기석은 중등교육이 유상으로 이루어졌다는 '유상 중등교육'을 부각시키고 있는데, 유상 중등교육이란 교육에 소요되는 경비를 학부모에게 부담시키는 정책인데 우리나라에서는 지금까지 다음 두 가지 방식으로 이루어지고 있다. 하나는 교육비를 이른바 '수익자 부담의 원칙' 아래 국가가 부담하는 것이 아니라 학부모에게 부담시키는 관행이다. 다른 하나는 학교의 설립과 경영에 소요되는 비용을 민간부문에 맡기는 사학확대 정책이다. 중등교육에서의 사학의 발전은 근대 한국교육의 성립 시절부터 시작된 것이지만 이러한 정책에 힘입어 그 후 계속 신장되어 1980년대 이후까지 지속되었다. '수익자 부담의 원칙'과 '사학의 육성'이라는 이 두 가지 정책을 기조로 하는 중등교육의 유상제가 중등교육의 팽창을 가능하게 한 결정적인 요인이 되는데, 유상 중등교육을 전제하지 않았더라면 1969년의 무시험진학제도의 시행은 실질적으로 불가능하였으며, 그후 고등학교 취학율의 급속한 증가 역시 불가능하였을 것이

37) 김기석, "유상 중등교육의 팽창," 139.

다.[38]

우리나라 각급학교 교육비 구성에 따른 유상교육 정도를 1985년을 기준으로 살펴보면 〈표20〉과 같다.

〈표20〉 교육비 구성에 따른 유상교육 정도(1985년)[39]

각급학교	직접교육비	공교육비	사부담 공교육비	사교육비	유상교육정도지표	
					A	B
국민학교	3,124	1,546	25	1,578	1.7	51.3
중학교	1,810	834	474	976	56.8	80.1
고등학교	1,907	856	631	1,052	73.7	88.2
전문대학	401	207	143	195	69.0	
대학교	1,978	1,155	799	822	69.2	
총계	9,355	4,659	2,116	4,696		

A = (사부담 공교육비 / 공교육비) X 100   B = ((사부담 공교육비 + 사교육비) / 직접교육비) X 100

이 표에서 알 수 있듯이, 우리나라의 경우 교육비의 총량으로 보면, 공교육비의 규모와 맞먹는 만큼의 사교육비가 들고 있다. 유상교육 정도를 지표로 보여주는 공교육 대비 사부담 공교육비는 초등학교는 1.7%에 불과한데 비해 중학교는 56.8%, 고등학교는 73.7%, 전문대학과 대학교가 각각 69.0%, 69.2%로 나타나고 있다. 그리고 사부담 공교육비와 사교육비를 합하여 직접교육비에서 차지하는 비율을 살펴보면 초등학교가 51.3%인데 비해 중학교는 80.1%, 고등학교는 88.2%, 그리고 전문대학과 대학교는 각각 84%, 82%로 나타나고 있다. 즉, 당시 우리나라 중등교육 중 특히 고등학교의 유상교육 비중은 대학교육보다 더 높았을 정

---

38) 김기석, "유상 중등교육의 팽창," 143.

39) 이 도표는 김영철,공은배, 『교육경제와 재정』(서울: 교학사, 1988)의 표 5-6, 5-9, 5-41을 김기석이 재구성한 것을 인용한 것임(김기석, "유상 중등교육의 팽창," 145).

도로 특이하였다.[40] 김기석은 "공교육이란 국가가 소요 경비를 부담한다는 점에서 무상교육이며, 모든 국민을 대상으로 하는 보통교육이며, 공적 전통인 공통문화를 전달한다는 점에서 공통교육이며, 취학을 법으로 강제한다는 점에서 의무교육"인데, 우리나라의 경우와 같은 이러한 유상 중등교육은 엄밀한 의미에서의 공교육으로 지칭하기 어렵다고 보았다.[41]

김기석은 우리나라의 유상 중등교육을 외국의 사례와 비교, 분석하는데 1980년대 초반 자료를 기준으로 중등교육에 있어서 대만의 사학 의존도는 약 19%, 일본이 28%인 것에 비추어보면 우리나라의 사학의존도는 45%로서 훨씬 높다. 이런 현상은 사회주의 국가에서는 물론 선진 자본주의 국가에서도 보기 힘든 사례로서, 우리나라의 중등교육은 공교육제도로서 반드시 갖출 요건인 국가의 재정 부담이라는 요건을 충족시키지 못하고 있다고 비판한다.[42] 그리고 우리나라 교육에 대한 중요한 질문이 제기되는데 과연 "국민들의 교육권 실현 요구를 유상 중등교육으로 대응하려는 입장이 과연 올바른 것인가?" 이 질문은 다르게 표현하면 '지나치게 사학을 의존하는 방식으로 중등교육을 확장하는 입장이 과연 바람직한 것인가?'이다.[43]

이종재는 "한국교육의 발전전략과 새로운 과제"라는 공동연구에서 한국 정부가 교육 기회 확대요구와 부족한 교육재정이라는 여건 속에서 세 가지 특징을 지니는 교육기회 확대 정책을 펼쳤다고 분석하고 있다. '저비

173

40) 김기석, "유상 중등교육의 팽창", 145–146.

41) 위의 글, 144.

42) 위의 글, 148.

43) 위의 글, 147–149.

용 정책 추진, 사립학교 및 민간부분에서의 의존, 그리고 경제발전과 대응되는 순차적 상향적 교육기회 확대 정책'이다. 첫째, 저비용 정책은 정부가 교육의 질적 조건을 완화하고, 교육 기회 확대 우선정책을 추진한 것이고, 둘째, 사립학교 및 민간부분에의 의존은 사립학교의 설립을 장려하고 공교육재정의 상당부분을 학생들의 납입금으로 충당했다는 점이다. 그리고 셋째, 순차적 상향적 교육기회 확대 정책은 경제 발전단계에서 필요한 인력의 수요에 대응하여 초등, 중등, 고등 교육의 순으로 순차적으로 교육기회 확대 정책을 추진하였다는 점이다.[44] 이러한 정책은 당시로서는 불가피한 선택이었지만 이로 인해서 중등교육 이상의 경우 사립학교 의존도가 기형적으로 높아지는 결과가 초래되었다.

박환보는 그의 연구 "해방 이후 학교교육 팽창의 규모와 특징"에서 해방 이후 우리나라 중등교육의 팽창 현상은 다른 저개발국가들과는 차이를 보이는 점을 주목하고 있다. 외국의 경우도 유사한 교육기회 확대정책을 추진하지만 교육기회가 급속하게 팽창하지는 않았는데, 우리나라의 경우는 국민들의 교육열이 높은 것과 팽창의 비용을 민간이 조달했기 때문에 가능하다고 분석하고 있다. 이런 점에서 학교교육 팽창은 일방적인 정부 정책 추진의 결과만이 아니라 학교교육에 대한 민간의 인식과 행위가 상호작용한 결과라고 할 수 있다.[45] 해방 이후의 각급학교 학생 수 추이를 그래프로 나타내면 [그림3]과 같다.

---

44) 이종재, 정성수, 김영식, "한국교육의 발전 전략과 새로운 과제", 『교육행정학연구』 24(4), 2006, 1-26. 박환보, "해방 이후 학교교육 팽창의 규모와 특징", 오상철 외, 『대한민국 교육 70년』 (서울: 대한민국역사박물관, 2015), 149.
45) 박환보, "해방 이후 학교교육 팽창의 규모와 특징", 150.

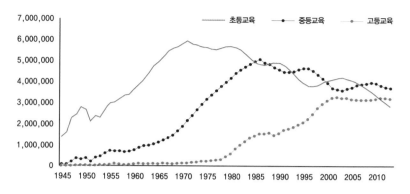

[그림3] 각급학교 학생 수 추이(1945-2013)

위의 그래프에서 볼 수 있듯이 1945년 해방 이후 한국의 학교교육은 일정한 간격을 두고 초등교육, 중등교육, 그리고 고등교육이 거의 같은 기울기로 급속하게 팽창했다. 우선 초등교육을 살펴보면 1945년 해방 당시 남한의 초등학생 수는 1,372,883명으로 전체 학령 아동의 약 45.2%가 학교에 재학하였다. 초등학생 수는 해방 직후 급속하게 증가하지만, 한국전쟁으로 인해 다시 감소하며, 휴전 협정을 체결한 1953년부터 1971년까지 지속적으로 확대된 후에 감소하는 추세를 보인다. 중등교육의 경우는 1945년의 79,846명에서 1960년대부터 급속하게 팽창하기 시작하여 1986년에 최고조로 증가한 이후 감소하기 시작한다. 고등교육 인구는 해방 당시 2,382명에 불과했지만 1970년대 말과 1990년대에 비약적으로 확대되어 2000년에 이르러 정체되고 있다.

여기에서 주목할 점은 초등교육의 경우는 정부가 초등의무교육을 실시하고 과밀학급이라는 질 낮은 수준이라고 하더라도 국·공립 초등학교를 중심으로 초등교육인구 팽창을 수용하는 정책을 펼친 반면, 중등교육의 팽창은 "학교의 설립과 경영에 소요되는 비용을 민간부문에 맡기는 사학 진흥 정책을 통해서 가능하였다."[46] 1960년 이후의 중·고등학교 공·사립 취학률 추이를 나타내면 다음의 도표와 같다.[47]

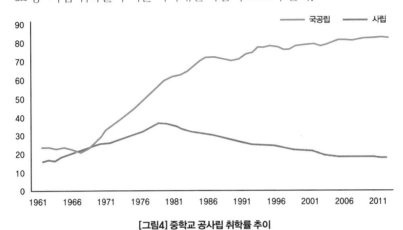

[그림4] 중학교 공사립 취학률 추이

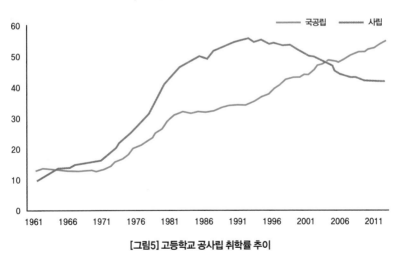

[그림5] 고등학교 공사립 취학률 추이

위의 그림에서 알 수 있듯이 중등교육의 취학률이 급속하게 증가한 1960년대에는 사립학교 취학률이 공립을 넘어선다. 특히 고등학교의 경우 사립학교의 증가가 두드러지게 나타나고 있다.[48] "해방 후 정부는 초등교육의 팽창에 필요한 재원도 충분하지 않았기 때문에 중등교육 기회 확대를 추진할 여력이 없었다. 이러한 상황에서 정부는 초등학교 졸업자들의 상급학교 진학 수요를 최대한 억제하고, 사학 설립을 장려하여 일정 부분만 수용하도록 했다. 그리고 중등교육은 입학시험이 있었기 때문에, 이러한 방식으로 진학 수요가 어느 정도 억제될 수 있었다."[49]

그런데 1969년 중학교 무시험 추첨제, 1974년 고교평준화 정책을 계기로 후기 중등교육 취학률은 급속히 증가하고, 중등교육에서 사학의존도는 더욱 높아졌다. 해방 이후 우리나라 중등교육에 있어서 사립학교가 팽창하게 된 것은 앞의 논의를 종합할 때 몇 가지 요인이 작용하고 있음을 알 수 있다.

첫째, 학령인구의 급증 요인으로서 특히 한국전쟁 이후 소위 베이비부머들의 등장으로 인해서 초등교육, 중등교육, 고등교육이 순차적으로 학교설립을 요청할 수밖에 없었다. 앞의 [그림3]에서 보듯이 각급학교 학생수 추이 그래프가 마치 파도처럼 나타나게 되는 것은 바로 1958년생을 중심으로 1955년생부터 1963년생까지의 베이비부머들이 나이가 들어감에 따라 각급학교의 증설을 요청하게 된 셈이다. 그 이후 가족계획으

---

46) 박환보, "해방 이후 학교교육 팽창의 규모와 특징", 158.

47) 위의 글, 158.

48) 위의 글, 158.

49) 위의 글, 158.

로 인해서 가정 당 자녀수가 줄어들게 되면서 전체 학령인구가 감소하게 되고, 지금은 각급학교마다 학급당 학생수가 급격하게 감소했을 뿐만 아니라 학생수 부족으로 인해서 오히려 폐교되는 경우까지 발생하고 있다. 그러나 학령인구의 증가 요인만으로 중등 사립학교의 팽창을 모두 설명할 수는 없다.

둘째, 한국 부모와 자녀의 교육열 요인이다. 아동 수가 많아도 교육을 받고자 하는 욕구가 없다면 학교 증가 요인으로 작용하지 못한다. 그러나 우리나라의 부모들과 자녀들은 교육욕구가 강하여 초등 의무교육은 물론 상급학교로의 진학을 강하게 요구하였다. 한국의 교육열에 대해서는 별도의 연구가 이루어지고 있는데, 일반적으로 유교적 선비문화, 배움을 숭상하는 민족성, 그리고 무엇보다 계층상승의 욕구가 교육열로 나타나고 있다고 볼 수 있다.[50] 소위 출세에 대한 욕구로서 실력주의 meritocracy 사회 속에서 더 높은 학력을 추구함으로 상층계층으로 이동할 수 있다는 욕망이 교육열로 표출된다. 우리나라의 유상 중등교육 체제가 가능했던 것도 바로 '소 팔고, 논 팔아' 자식을 교육시켜 자녀 대에는 더 높은 지위에 오르기를 원하는 부모의 교육열 덕분이었다고 할 수 있다.

셋째, 국가의 사학 장려 정책이다. 해방 이후 국가 재정의 부족으로 정부는 초등의무교육을 정착시키는 것에 매진할 수밖에 없었고, 중등교육 이상의 교육은 민간이 사립학교를 설립하여 담당하기를 권고하는 정책을 펼쳤다. 이로 인해서 초등교육은 국·공립학교 중심으로 이루어진 반

50) 오욱환, 『한국사회의 교육열: 기원과 심화』 (서울: 교육과학사, 2000)., 이종각, 『교육열 올바로 보기』 (서울: 원미사, 2003) 등.

면 중학교 교육과 고등학교 교육, 그리고 대학교육은 상당 부분 사학에 의존할 수밖에 없는 구조를 띠게 되었다. 교육열이 높은 국민들은 등록금을 부담하면서도 자녀를 상급학교에 진학시키기 위해 사립학교에 자녀를 보내었고, 이로 인해 중등교육에 있어서 사학이 차지하는 비중이 매우 크게 되었으며, 지금까지도 고등학교와 대학교의 경우는 사학에 크게 의존하고 있는 실정이다. 이는 공교육을 사립학교까지 포함하여 실시할 수밖에 없는 요인이 되기도 하였고, 그로 인해 사립학교가 준공립화되고 공영화되는 정체성문제를 야기하게 된다.

넷째, 국가의 입시정책으로서 1969년 중학교 무시험제, 1974년 고교평준화, 그리고 1979년 대학 졸업정원제 실시 등이 사립학교를 포함한 학교팽창을 불러오게 되었다. 외국의 경우는 초등학교 졸업자의 일부가 중학교에 가고, 그 중 일부가 고등학교 및 대학교에 입학하는 방식을 취하지만, 우리나라의 경우는 중학교 무시험제와 고교평준화가 되면서 마치 중등교육까지 의무교육화되는 학교팽창이 이루어지게 되었다. 국민학교 졸업자가 중학교 입시를 통해 걸러지지 않고 무시험제로 진학을 할 수 있게 되면서 중학교의 증설이 요청되었고, 고교평준화를 통해 중학생들의 상당 부분이 고등학교로 진학하는 길이 넓게 열림으로 고등학교의 증설이 요청되었는데, 국가의 재정 부족으로 결국 사립 중·고등학교 설립에 의존하게 된 것이다.

결국 해방 이후 사립학교의 팽창은 어떤 흐름을 지니고 있다고 볼 수 있다. 아동 인구의 급증 및 교육열 심화가 국민학교 증설을 요청하였고, 국가가 초등교육 확장에 집중하면서 중등교육은 사학에 의존하게 되어

179

사립중등학교가 확장되었고, 동시에 초등교육 의무화로 국민학생이 증가하게 되면서 중학교 입시가 과열되자 사립 중학교까지 포함한 중학교 무시험제 실시로 중학교 학생 수가 급증하게 되고 이는 또 사립 중학교의 팽창을 가져오게 되었다. 이로 인해 고교 입시가 과열되자 사립 고교까지 포함한 고교 평준화제도가 실시되었고, 따라서 고등학교 학생 수가 급증하게 되었으며, 이는 다시 사립 고등학교의 팽창을 가져 왔다. 그리고 이런 중등교육에서 사학의 큰 비중은 국가가 사학을 포함하여 공교육 정책을 펼치며 사학에게도 국가 재정 지원을 할 수밖에 없는 요인이 되었고, 이는 사학의 준공립화를 심화시키며, 이러한 현실을 사립학교법에 반영하여 사학의 규제를 강화하는 방향으로 가고 있는 것이다.

2. 해방 이후 기독교 사립학교의 팽창 요인

해방 이후 기독교 사립학교의 팽창의 현황을 5년을 단위로 하여 도표화하면 〈표21〉과 같다. 그리고 이를 그래프로 나타내면 [그림6]과 같다.

〈표21〉 해방 후 연도별 각급학교 기독교 사립학교 설립 수(1945–2020)[51]

구분	1945~1950	1951~1955	1956~1960	1961~1965	1966~1970	1971~1975	1976~1980	1981~1985	1986~1990	1991~1995	1996~2000	2001~2005	2006~	계
초		1		7	4		1		1				2	16
중	13	16	5	18	27	6	3	3		1	1	1		95
고	3	20	5	20	19	27	16	10	7	6	7	4	2	145
계	26	37	10	45	50	33	19	14	7	7	8	5	5	256

51) 이 도표는 필자가 한국기독교학교연맹에 가입한 회원학교를 중심으로 분류하여 작성한 것이다.
(http://www.kfcs.or.kr/index_school.htm)

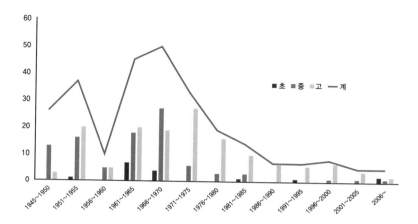

[그림6] 해방 후 연도별 각급학교 기독교 사립학교 설립 수(1945-2020)

　위의 도표에서와 같이 해방 후 지금까지 설립된 기독교 사립학교를 연도별로 살펴보면 큰 흐름이 있음을 알 수 있다. 해방 직후 미군정기에서부터 한국전쟁 직후를 지나면서까지 활발하게 기독교 사립학교를 설립하였고, 고교평준화가 본격적으로 시행되었던 1970년대 중반 이전까지 가장 많은 기독교 사립학교가 설립되었다. 1961년부터 1975년까지의 불과 15년 동안 128개교의 기독교 사립학교가 설립되어, 해방 이후 지금까지 75년간 설립된 전체 기독교 사립학교 256개교의 50%를 차지하는 것으로 나타나고 있다. 그러나 중학교 무시험제도와 고교평준화정책 이후부터 기독교 사립학교 설립 수가 급격하게 감소하기 시작하였고, 1995년 5.31교육개혁을 전후해서 약간의 기독교 사립학교가 설립된 후 근래에 와서는 거의 설립되지 않고 있는 경향을 보이고 있다. 해방 이후 기독교 사립학교의 팽창 요인은 앞에서 논의한 사립학교의 팽창 요인을 공통적으로 지니면서도 몇 가지 다른 요인을 추가적으로 지니고 있다.

1) 기독교인 아동 및 청소년 수의 증가

기독교 사립학교의 팽창에는 학령인구의 증가가 요인으로 작용했지만, 좀 더 구체적으로 살펴보면 기독교인 인구의 증가 및 기독교 가정의 자녀인 기독교인 아동 및 청소년 수의 증가 요인이 있음을 알 수 있다. 한국전쟁 이후 폐허가 된 남한의 지역마다 교회가 세워졌고 한국교회는 빠른 속도로 성장하였으며, 1972년 5월에 개최된 여의도 빌리그레이엄 전도집회, 1974년 8월에 개최된 엑스폴로74 기독교세계복음화대회 등으로 대표되는 각종 부흥회를 통해 회심과 부흥의 역사를 경험하였다. 이로 인해 한국교회의 성인 교인들이 늘어났을 뿐만 아니라 교회학교 학생들이 급증하게 되었다. 1960년 이후의 주일학교 학생 수의 추이를 나타내는 그래프([그림7] 참조)를 보면, 1960년부터 교회학교 학생 수가 급증하여 1970년 최고조에 이르러 1980년까지 지속하다가 감소하기 시작하는 것을 알 수 있다.

기독교 사립학교의 일차적인 고객은 기독교가정의 자녀들과 교회학교 학생들이다. 기독교인 부모들이 자녀를 기독교학교에 보내 신앙교육을 받도록 하려는 열망과 일반 학교가 아닌 기독교학교에서 신앙적인 가치관으로 교육받고 싶어 하는 교회학교 아동 및 청소년들의 요구가 기독교학교의 팽창의 한 요인으로 작용했을 것이다.

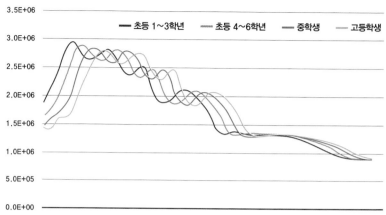

자료: 최윤식, 『2020 2040 한국교회 미래지도』 (서울: 생명의말씀사, 2013), 41.

[그림7] 한국교회 교회학교 학생 수 추이 및 예측치

2) 교회의 교육적 사명 확장

기독교 사립학교의 설립의 중요한 한 주체가 교회이다. 물론 사립학교 법에는 법인(法人)이나 사인(私人)이 학교를 설립할 수 있음을 명시하고 있다. 교회가 직접 사립학교를 설립할 수는 없다. 그러나 교회가 학교를 설립하기 위해서 법인을 구성하여 학교를 설립하는 것은 가능하다. 해방 이후 많은 교회가 교회의 교육적 사명을 수행하기 위해서는 학교를 세우는 것이 중요함을 인식하고 있었다. 더욱이 해방 이후, 특히 한국전쟁 직후에 학교의 수가 절대적으로 부족하였고, 교회에 나오는 아동과 청소년들 가운데도 학교에 다니지 않는 학생들이 많았다. 이들에게 기독교적 가치관에 입각한 교육을 하기 위해 학교를 세우는 것은 마치 예수 그리스도의 가르치는 사역마4:23을 감당하는 것이라고 생각하였다. 종교개혁자들의 '교회 옆의 학교' 정신과 한국교회 초창기의 소위 '일교회 일학교' 운동 정신을 계승하여 교회가 기독교학교를 설립하였던 것이다. 한 교회가 8개 기독교 사립학교를 설립한 경우도 있는데, 그 교회의 35년사에 보면 "교회의 교육사업은 크게 두 가지로 나눌 수 있을 것인데 그 하나는 '교회 외의 교육사업'이며, 다른 하나는 '교회 내의 교육사업'이다"라고 기술하고 있다.[52] 즉, 교회교육의 범주는 단지 주일학교에 머무르지 않고 학원선교와 기독교적인 학교교육의 장(場)인 기독교 사립학교의 설립으로 이어진 것이다.[53]

3) 기독교육영사업/기독교인재양성

사립학교의 설립은 교육을 받게 되는 학생 수의 증가와 이러한 요구를 수용하는 것 이상의 요인이 작용한다. 그것은 설립자의 설립목적이다. 기독교 사립학교를 설립하는 설립자의 설립 동기나 목적은 다양할 수 있지만, 사립학교를 설립하는데 필요한 기본적인 요건으로서 건학정신과 그 정신을 구현하는 학교를 건립할 수 있는 재정이다. 기독교 사립학교를 설립하기 위해서는 설립자에게 기독교적 건학이념이 있어야 하고 학교를 설립할 수 있는 재원이 있어야 한다. 해방 이후 기독교 사립학교가 많이 설립될 수 있었던 것은 기독교적 건학이념을 지닌 적지 않은 사업가들이 있었고, 그들이 기꺼이 재산을 투자하여 기독교육영사업을 하였기 때문이다. 어느 한 기독교 사립학교의 설립동기는 당시 설립 및 경영요강에

52) 영락교회 35년사 편찬위원회 편, 『영락교회 35년사』 (서울: 영락교회 홍보출판부, 1983), 323.

53) 박상진, "한경직 목사의 교회교육과 그 영향," 한경직목사기념사업회, 『한경직목사 추모자료집(8주기)』 (서울: 한경직목사기념사업회, 2008), 83.

잘 나타나고 있다. "현재 우리나라에 있는 중·고등학교가 그 학교 수나 수용능력에 있어서 부족하기 때문에 이를 보충하려는 것이 아니라, 보다 더 확고한 교육이념과 충실한 교육시설을 갖추고 국가, 사회가 절실히 요구하는 인재를 양성하여 조국 건설에 이바지하기 위하여 봉사와 헌신의 기독교 정신을 소유한 인격자를 위한 학교를 세우는 것이다."[54] 해방 이후, 그리고 한국 전쟁 이후, 60년대, 70년대에 기독교인 사업가로서 기독교인재를 양성하려는 건학정신으로 투철한 신앙인들이 있었기 때문에 기독교 사립학교의 설립이 활발히 이루어질 수 있었던 것이다.

4) 성경구락부의 기독교 사립학교로의 발전

해방 이후 기독교 사립학교의 중요한 한 흐름을 형성하고 있는 운동이 성경구락부 운동이다. 성경구락부는 일제 강점기인 1929년 미국 장로교 선교사인 킨슬러Francis Kinsler; 권세열에 의해서 시작되었는데, 불우한 청소년들에 대한 신앙 자선 교육단체로서 이 성경구락부의 상당수가 후에 학교로 문교부 인가를 받아 기독교 사립학교의 한 부류를 형성하게 되었다. 킨슬러 선교사는 1904년 미국 필라델피아에서 태어나 메라빌대학교와 프린스턴신학교를 졸업하고 25세의 나이로 1929년 10월 미국 연합장로교회 파송선교사로 한국에 오게 되었다. 그해 겨울, 그는 평양 종로에 있던 광문서림 2층에서 성경구락부 운동을 시작하였다.[55] 당시 고아와 가난한 아동, 청소년들이 많았고 학교를 다닐 수 없는 이들을 대상으로 신앙교육 및 교과교육을 실천하였던 것이다. 킨슬러 선교사와 함께 오

---

54) www.krshin-il.hs.

55) 김웅, "한국교회 성경구락부에 대한 연구," 장로회신학대학교 석사학위논문, 2008, 17.

랜 기간 총무를 맡은 김찬호 목사를 비롯한 많은 한국인 동역자들은 한국 전쟁 이후 성경구락부를 발전시키는데 큰 공헌을 하였는데 1954년에는 17개 지부, 671개소로 성경구락부의 규모가 성장하였으며, 7000명 이상의 졸업생이 배출되었다.[56] 그 이후 1975년까지를 성경구락부의 전성기라 할 수 있는데 1984년을 기준으로 약 100만 명의 졸업생을 배출하였고, 100개의 교회를 개척하였으며, 무엇보다 이들 성경구락부 가운데 46개가 초, 중, 고등학교 인가를 받아[57] 기독교 사립학교로 승격하여 기독교학교 운동의 하나의 물줄기를 이루게 되었다.

5) 기독교 특성화학교 및 기독교 인가 대안학교 설립

특성화학교란 1997년에 신설된 「초·중등교육법시행령」 제91조의 특성화학교 조항에 따라 설립된 학교로서 "소질과 적성 및 능력이 유사한 학생을 대상으로 특정분야의 인재양성을 목적으로 하는 교육 또는 자연 현장실습 등 체험위주의 교육을 전문적으로 실시하는 학교"를 말한다. 특성화학교는 다시 직업교육 분야와 대안교육 분야로 나뉜다. 이 중 전자를 흔히 직업교육 특성화학교로, 후자를 대안교육 특성화학교로 부른다. 직업교육 분야의 특성화고등학교는 기존 실업계 고등학교의 대안적인 학교모형으로서 만화와 애니메이션, 요리, 영상 제작, 관광, 통역, 금은보석 세공, 인터넷, 멀티미디어, 원예, 골프, 공예, 디자인, 도예, 승마 등 다양한 분야에서 재능과 소질이 있는 학생들에게 맞는 교육을 실

---

56) 김인수, 『한국 기독교회의 역사』(서울: 장신대출판부, 1998), 473.

57) 김웅, "한국교회 성경구락부에 대한 연구," '36. 국민학교 제1호 인가학교로는 인천 제1구락부가 인성국민학교로 인가받은 것을 들 수 있음(대한청소년구락부, "국민학교 인가 제1호" 『지도자』 제9권 3호, 1964. 4., 27).

시하는 학교이다.[58] 2020년 3월을 기준으로 대안교육 특성화중학교는 17개교_{공립5교/사립12교}, 대안교육 특성화고등학교는 25개교_{공립5교/사립20교}이며, 직업교육 특성화고등학교는 80개교이다.[59] 기독교 사립학교로서 실업계고등학교들 중 상당수가 학생들의 진로를 특화한 특성화고등학교로 전환하고 있고, 이로 인해 학교 명칭의 변경이 이루어지고 있다. 대안교육을 지향하는 특성화고등학교 가운데도 기독교적 가치관으로 대안교육을 추구하는 여러 기독교 사립 고등학교들이 설립에 포함되어 있다.

인가 대안학교는 「초·중등교육법」 제60조의 3에 의거, 학업을 중단하거나 개인적 특성에 맞는 교육을 받으려는 학생을 대상으로 현장 실습 등 체험 위주의 교육, 인성 위주의 교육 또는 개인의 소질·적성 개발 위주의 교육 등 다양한 교육을 하는 학교로서 초등학교·중학교·고등학교의 과정을 통합하여 운영할 수 있다. 인가 대안학교 중에는 기독교적 대안성을 추구하는 기독교대안학교들이 상당수 포함되어 있는데, 인가받은 대안학교는 국가의 재정을 직접적으로 지원받지는 않지만 교육청의 감독을 받게 되고 공식적으로 기독교 사립학교 범주에 포함된다. 2020년 3월을 기준으로 각종학교 인가를 받은 대안학교는 총 45개교이며, 공립 16개교, 사립 29개교이다.[60]

---

58) https://terms.naver.com/entry.nhn?docId=796175&cid=46615&categoryId=46615

59) http://buseo.sen.go.kr/web/services/bbs/bbsView.action?bbsBean.bbsCd=313&bbsBean.bbsSeq=67&ctgCd=1017

60) https://blog.naver.com/kedi_cesi/222137143934

V. 나가는 말: 향후 과제

해방 이후 기독교 사립학교를 포함한 사립학교의 팽창은 한국의 역사와 맞물려 매우 독특한 현상으로 나타나고 있다. 사실 광복 후 오늘에 이르기까지 우리나라 초·중등학교 적령인구의 완전 취학과 고등교육의 보편화는 사학의 기여 덕분이다. 국가의 재정이 국민의 교육기회를 확충하는데 한계가 있었던 만큼, 사학이 교육발전에 지대한 역할을 한 것은 높이 평가받을 일이다.[61] 그러나 중등교육 이상의 교육에서, 1945년 이후 1970년대까지의 급격한 사립학교의 팽창은 오늘날에도 사립학교의 준공립화 및 사학의 공영화 정책의 요인이 되고 있다. 이러한 우리나라의 사립학교, 특히 기독교 사립학교의 팽창의 역사를 살펴볼 때 향후 해결해야 할 몇 가지 중요한 과제가 있음을 알 수 있다.

첫째, 국가의 사학 의존 유상 중등교육 정책이 사립학교 팽창의 근본적인 원인이었고, 그렇기 때문에 국가가 이러한 상황에 대한 책임감을 갖고 사학 정상화를 위한 노력을 기울여야 한다. 국가 재정이 어려울 때 정부가 중등교육 이상의 교육을 위해 사학의 설립을 요청하였다면, 국가 재정이 점진적으로 호전될 때 국가 재정의 투자사학의 국가 매입 포함를 통해 국·공립학교의 비율을 높이고, 사학의 비중을 줄이는 노력을 기울여야 했다. 그러나 국가는 중등교육과 고등교육에 있어서 사립학교에 지속적으로 의존하면서 사립학교를 포함하여 국가주도의 공교육을 시행하게 되었고, 이로 인해 사립학교의 정체성과 자율성은 심각한 위기에 직면하

---

61) 교육신문사, 『한국교육100년사』 (서울: 교육신문사, 1999), 166.

게 된 것이다. 국가는 지금이라도 이 문제의 심각성을 인식하고 사립학교 정상화를 위한 정책적 노력을 기울여야 할 것이다.

둘째, 평준화제도 등 사립학교 정체성을 훼손하는 정책에 대한 국가의 후속 정책의 부재 문제를 들 수 있다. 중학교 무시험제도나 고교평준화 제도는 당시 과열된 입시문제를 해결하는 면에 있어서 일부 공헌한 것은 사실이고, 오늘날에도 그 제도 자체에 대한 여론은 우호적인 것도 인정할 수밖에 없다. 그러나 적어도 사립학교 차원에서는 그 존립 기반을 무너뜨리는 정책이었고, 이로 인해 세계 어느 나라에서도 찾아보기 어려운 국가주도의 획일적인 공교육에 사립학교를 포함시키는 기형적인 형태가 나타나게 되었다. 국가가 어떤 정책이나 제도를 시행할 때에는 그로 인한 부작용을 심각히 고려하고, 보완적인 조치를 지속적으로 시행해야 함에도 불구하고 이를 방기하였다. 평준화 제도 속에서도 사립학교의 건학이념이 구현될 수 있는 '회피 및 전학제도[62]'를 포함한 다양한 정책적인 노력을 기울여야할 책임이 정부에게 있음을 분명히 인식하고 이를 실천하여야 할 것이다.

셋째, 국가는 사립학교 존립의 필요성과 중요성을 인정하고, 국·공립학교와 사립학교가 조화롭게 발전할 수 있는 정책을 수립하여야 한다. 현재와 같이 사립학교가 그 정체성을 상실하고 있는 상황 속에서는 사립학교 정상화를 국가 교육정책의 최우선으로 설정하고 이를 해결하는 방안을 연구하고 이를 정책으로 시행하여야 한다. 작금에 이루어지고 있

---

62) '회피 및 전학제도'에 대해서는 『종교적 갈등이 없는 학교: 회피 및 전학제도』 참조(박상진 외, 『종교적 갈등이 없는 학교: 회피 및 전학제도』 (서울: 예영, 2015)).

는 소위 '사학 공영화 정책'은 사학의 공립화 정책으로서 이는 사학의 존재를 인정하지 않고 실제적으로는 '사학 폐지 정책'과 다를 바 없다. 만약 국가가 사립학교의 필요성과 중요성을 전혀 인정하지 않는다면 '사립학교 폐지 방안'을 정책 방향으로 밝히고 국민적 동의를 얻어야 하며, 이를 위해서는 자유 민주주의를 기조로 하고 있는 헌법에 대한 개정도 필요할 것이다. 진정으로 사립학교를 국가 교육의 큰 그림 안에서 국·공립학교와 함께 동반자로 인식한다면 오히려 '사학 육성 방안'에 대해서 청사진을 제시하여야 할 것이다.

넷째, 오늘날 당면한 중등교육정책으로서 사립학교를 포함하고 있는 고교무상제의 실시에 대한 재검토가 요청되며, 그 재정을 사립학교 정상화를 위한 재원으로 활용하는 방안을 검토하여야 한다. 고교무상제는 이 때까지의 유상 중등교육의 성격에서 무상 중등교육으로의 전환을 의미한다. 특히, 우리나라의 경우, 고등학교의 사학 의존도가 높았고 유상 중등교육의 성격이 강했는데, 이러한 사학 의존도를 낮추는 방향으로 먼저 재정 투자가 되는 것이 바람직하다. 현재 사학 의존도가 높은 상태를 그대로 두고 고교 무상제를 시행하는 경우, 사학의 정체성은 더 상실될 수밖에 없다. 특히, 고등학교의 경우 기형적으로 사학 의존도가 높은 문제를 해결할 수 있는 기회로 삼아야 할 것이다. 만약 부득이 고교무상제를 시행해야 한다면 국가가 학교를 지원하는 방식이 아닌 바우처Voucher 형태로 학생의 부모에게 지급함으로써 부모가 자녀가 다니는 학교에 납입하는 방식도 고려할 필요가 있다. 그렇게 함으로써 국가가 직접적으로 사립학교를 통제하는 방식이 아닌 사립학교의 자율성을 인정하면서도 무상교육의 취지를 실현하는 것이 바람직하다.

　마지막으로, 종교계 사립학교에 대한 별도의 교육정책을 고안할 필요도 있다. 특별히 건학이념이 독특하며 그 구현이 학교의 존립과 관계되는 종교계 사립학교의 경우, 일반 사립학교와는 다른 트랙을 마련하는 방안을 검토할 필요가 있다. 종교적 신념에 따라 종교계 학교를 선택하기를 원하는 학생들이 선지원할 수 있는 방안을 마련하되, 그 종교계 사립학교는 입시위주의 교육을 하지 않고 종교적 특성화교육을 하는 것을 전제 조건으로 하는 방식이다. 현재 종교계 사립학교 중에서 삼육고등학교에 대해서는 입학 시 일반 전형에 앞서 선지원하는 방식을 취하고 있는데 참고 사례가 될 수 있을 것이다. 그러나 이것은 종교계 사립학교의 특수성에 근거한 하나의 제안일 뿐, 전체 사립학교가 정상화된다면 이러한 별도의 종교계 사립학교만을 위한 방안은 필요치 않을 것이다.

#기독교대안학교 #학교유형 #선구자들 #촉진자들 #촉진단체

제4장

한국 기독교대안학교 운동사

조성국 교수

I. 들어가는 말

현대 한국교육사와 한국기독교교육사에서 최근 관찰되는 '기독교대안학교'는 또 하나의 새로운 유형의 학교이다. 그리고 기독교대안학교 설립의 사회적 운동은 우리나라 기독교학교역사에서 의미 있는 사건이 되었다. 기독교대안학교가 기독교계 내에서 발생하여 전국적인 교육운동으로 확산되기 시작한 시점이 21세기 전후였으니, 기독교대안학교의 역사는 이제 20년을 조금 넘겼다. 역사적 기술을 위해서라면, 20-30년의 기간은 관찰과 반성과 평가를 위해 충분한 시간이 아니다. 그래서 지금까지 기독교대안학교에 대한 연구는, 사회적 현상에 대한 기술과 분석을 통해 이 운동을 이해하고, 이 운동이 미친 사회적 의의를 설명하는 사회학적 연구가 일반적이었다.

우리의 근·현대 역사에서 기독교계가 설립하여 운영해 온 기독교학교는 여러 이름으로 칭해져 왔다. 교회 내에서 성경과 기독교신앙을 가르치려는 목적으로 운영해 온 주말학교는 '주일학교' 혹은 '교회학교'로 칭해졌다. 선교회 혹은 교회가 한국사회를 향한 교육선교의 목적으로 설립해 운영해 온 주간학교는, 주한외국선교부의 관점에서는 '미션스쿨'로, 우리 정부의 학교유형 분류에 따라 사립학교들 중 기독교계가 설립하여 운영하는 종립기독교학교라는 특별한 의미를 담아 일반적으로는 '기독교 사립학교'로 칭해 왔다.

물론 처음부터 교회나 교단이 설립하여 운영하는 종립의 기독교 사립학교도 있고, 학교법인이 개인 혹은 사회단체를 기반으로 구성되어 있어 법적으로는 일반 사립학교이나 실제로는 교육선교를 실행하는, 성격상 기독교 사립학교인 경우도 있다. 이 양자 모두, 학교주체의 관점에서나 혹은 대중적 관점에서 '기독교학교'로 칭해진다. 우리나라 기독교학교의 역사는 선교의 역사만큼이나 길다.

'기독교대안학교'는 기존의 기독교 사립학교기독교학교와 스스로를 구별하면서 설립된 새로운 학교이다. 기독교대안학교는, 국가의 공교육 행정 하에서 유지되는 (기독교)사립학교가 지닌, 세계관과 교육과정의 이원론적 한계성을 지적하면서, 기독교 사립학교의 실제 유형을 미션스쿨로 칭하여 구별하고, 기독교대안학교만을 순전한 의미의 '기독교학교'로 칭하고 싶어 한다. 이 학교는 공교육기관의 범주 밖에 있다는 의미에서, 현 상태로는 성격상 대안학교이다. 동시에 기독교대안학교는 기존의 기독교

사립학교와 구별되는 새로운 유형의 학교이므로 잠정적으로 '기독교대안학교'로 칭해진다. 물론 많은 기독교대안학교는 현재, 정부의 대안학교법이 인정하는 유형에도 해당되지 않아, 일부를 제외하고는 공식적인 대안학교로 인정받지 못한 상태여서, '기독교대안학교'라는 용어는 법적 용어라기보다 학술적 용어라고 할 수 있다.

현재의 시점에서 볼 때 많은 기독교대안학교는 우리나라 교육부로부터 학교로 혹은 대안학교로 인정을 받지 못한 상태여서, 교육청이나 문화관광부의 사단법인, 곧 종교단체의 교육공동체로 운영되고 있다. 물론 이러한 상태가 필연적으로 기독교대안학교가 학교 존재로서의 부당성과 부실성을 의미하지는 않는다.

교육역사에서 볼 때 학교 인정제도란, 근대에 이르러 국가가 교육법을 제정하고 학교교육을 관리, 통제하면서 확립된 것이다. 현대 민주국가들은 근대 초기의 권위적이고 전체주의적인 통제 제도에서부터 벗어나 더 민주적인 방향으로 발전하면서, 학교인정에 대한 획일적이고 닫힌 제도도 열어 다원화하는 방향으로 나아가고 있다. 그 개방 과정에서 다원적인 성격의 열린 학교인정 제도는, 국가주도로 이루어지기보다, 주권자인 시민들의 다양한 요구를 수용하는 방향으로 이루어져왔다고 할 때, 학교교육의 다원화는 사립 영역의 학교교육 운동들로부터 이루어져 온 것임을 알 수 있다.

우리 사회의 종교적 다원성과 21세기 사회의 지구적인 다문화 현상에도 불구하고, 우리 정부는 여전히 공교육 범위와 교육체제에서 획일적인 통제관리 의지가 강하다. 그 결과 대부분의 기독교대안학교는 학교로서의 법적 지위를 인정받지 못하고 있고, 정부의 재정 지원으로부터 제외되어 있다. 기독교대안학교들은 학교교육의 인정 획득을 위해 다른 방법, 곧 국제기독교학교연합회_{혹은 북미기독교학교연합회}에 가입하거나, 우리나라 안에 있는 전국 혹은 지역 기독교대안교육기관연합회_{혹은 기독교학교교육연구소, 샬롬대안교육센터 등}에 가입하여 학교교육 인증을 위해 상호 협력하고 있다.

기독교대안학교 운동은 실체적으로 한국교육사 그리고 특히 기독교교육사에서 주목할 만한 교육운동이다. 한편으로는 우리나라 공교육 정책에서도 교육의 자유가 존중받는, 민주주의의 발전된 수준을 위해, 또 다른 한편으로는 기독교공동체가 요구하는 기독교학교교육의 정당한 발전을 위해 격려되어야 하는 운동이다. 기독교대안학교 운동에 대한 연구는, 교육의 역사적 운동으로 발생하여 진행되고 있는 이 운동의 정당한 방향 설정과 학교로서 견지해야 할 공공성(윤리성) 유지를 위한 필수적 과제이다.

이 글은 교육사 교육철학의 일반적 연구방법을 따른다. 이 글은 지난 20~30여 년의 기독교대안학교 운동으로 드러난 현상을 조사, 관찰하여 통계적으로 살피고, 그 주요 요인들과, 그 요인들 사이의 관계를 입체적으로 설명하는 사회학적 방법이 아니라, 교육역사의 맥락과 학교교육에 대한 기독교교육철학의 가치 기준에서, 그 역사적 배경, 운동으로 발전하면서 드러낸 주요 특성, 선구자들과 주목할 만한 학교, 이 운동의 주요 촉진자들과 기구 등을 기술하는 방법으로, 이 운동의 역사적 진행과 특성을 기술하고, 역사적 의의를 논의하는 방법으로 작성되었다.

II. 한국 기독교대안학교 운동의 배경

교육은 인간의 성장과 삶의 본성적 활동이다. 학교는 효과적인 교육활동을 위해 설립된 교육전문기관으로서, 그 사회의 세계관과 문화 형성, 지적 혹은 전인적 역량의 개발, 구체적인 삶의 기술과 직업기술 구비라는 개인 및 공동체의 요구에 부응하는 기관이었다. 학교의 역사를 보면, 근대 이전에는 학교교육에서 사회의 주도적 종교와 국가이념과 문화만 공적 세계관으로 수용되었고, 학교의 기능은 소수의 사회 인재 양성과 선발의 통로로 간주되었으며, 교육기회는 제한적이었다. 근·현대 이후에는 사회변화에 따라 새로운 세계관들이 등장하였고, 문화교류에 따라 다원화되었다. 민주주의의 발전으로 시민 개인의 자유와 권리가 신장되고, 학교교육이 자기실현을 위한 권리로 간주되면서, 학교교육은 보편적이면서도 개방적인 제도를 지향하게 되었다.

21세기에 이르러 우리사회도 세계관과 문화에서 다원화하고, 개인의 자유와 권리 인식이 높아져 자기실현에의 열망이 더 없이 커졌다. 정부가 시민들의 학교교육 열망과 요구를 여전히 근대주의적인 학교교육체제 안에 제한해 두려는 정책은 필연적으로 우리사회에서 기독교대안학교가 출현하여 운동으로 발전할 수밖에 없는 직접적인 배경이 되었다.

먼저 기독교대안학교 운동의 배경을 비교적 먼 배경과 가까운 배경으로 나누어 구체적으로 서술해보려 한다. 교육사에서 볼 때 다음 몇 가지는 비교적 먼 배경에 있음에도 불구하고 기독교대안학교 운동의 명분과 힘을 공급해 온 간접적 요인들이므로 간단하게나마 언급할 필요가 있다.

첫째, 고대로부터 전근대에 이르기까지, 우리나라 교육역사에서 학교는 처음부터 지속적으로 관학만 아니라 사학이 함께 유지되어 왔다. 학교에 대한 역사적 기록이 등장하는 삼국시대로부터 시작하여 조선말에 이르기까지, 학교교육의 이념과 내용은 동일한 것이었으나, 수적으로 충분하지 못한 관학을 보충하는 사학은 언제나 장려되었다. 사학도 관직 선발시험을 준비시키는 간접적인 통로였으며, 사학운영은 퇴직한 관료와 학자들의 꿈이었고, 공동체를 위한 봉사의 통로였다. 학교는 국가만 설립할 수 있는 배타적인 권한으로 간주되지 않았다. 학교설립은 사회에 기여하는 활동으로 장려되었으므로, 사회 지도층과 지식인들은 학교의 설립과 운영에 대하여 열린 태도를 견지해 왔다.

둘째, 구한말은 성리학적 유교의 닫힌 세계관이 한계에 직면하고, 서구로부터 새로운 세계관에 기초한 근대학문과 문화가 유입되던 시기였다. 급격한 사회변화에 따른 필요에 부응하여 근대 세계관과 학문으로 인재를 양성해야 할 요구가 급박했으나, 조선왕조는 효율적인 방법으로 학교를 개편하고 근대학교를 확산시킬 수 없었다. 이러한 시대상황에서 기독교선교사들의 미션스쿨 설립과 운영은 조선의 필요를 충족시켜주는 도구였으므로, 세계관의 차이가 명확한 선교 목적의 사학이었지만, 왕조는 학교 설립과 지위를 인정하는 방법으로 지원하였다. 기독교선교사들의 미션스쿨운동은 한국인 그리스도인과 교회들의 사학설립운동으로 확산되었다.

셋째, 일제강점기는 식민주의 이념을 독점적으로 형성하려는 목적으로 관학에 배타적인 정통성을 부여함으로써 사학을 억압하고 배제하기 시작한, 우리나라 교육사에서 비정상적인 특별한 시기였다. 식민지정부가 군국주의 이념 형성과 식민지 통치에 필요한 보조자 양성 목적으로 관리하였던 관학은 지속적으로 확장되었다. 식민지정부는 학교의 교육과정을 독점화하고, 사립학교들도 준관학화하였다. 민족주의 관점에서 볼 때 일제강점기의 국가 교육이념은, 비록 정부의 공적 이념이었다고 해도 반민족적이다. 민족주의자들은 사학의 설립과 운영을 통하여 민족의식을 고취함으로써 미래의 독립을 고무하였다. 사학설립운동은 국외에까지 확장되었다. 그리스도인들은 기독교사학 설립과 운영에 적극적인 태도를 가졌고, 미션스쿨은 하나의 좋은 모델로 간주되었다. 미션스쿨 재학의 경험은 해방이후 사학설립운동으로 발전하도록 만든 힘이었다.

넷째, 해방직후로부터 다시 사학은 공교육에서 동반자 지위를 회복하였다. 기존의 사립학교들이 원래의 교육이념을 회복하였다. 많은 사립학교들이 새로 설립되어 신생 현대국가의 민주시민 양성교육과 산업화 인력양성 요구에 부응하였다. 기독교 사립학교는 다시 교육선교활동을 실행할 수 있었다. 그러나 권위주의적 군사정부가 주도했던 1969년 중학교무시험제도, 1974년 고교평준화제도, 1980년 고교내신제도 등의 교육정책 변화는 장점도 있었으나, 결과적으로 기독교 사립학교의 교육선교와 교육과정 운영을 현저하게 제한하였고, 지속적으로 학교 내 종교활동에 대한 갈등 유발의 원인을 제공하였다. 기독교계 설립주체들은 종종 일제강점기의 사립학교 교육 통제를 떠 올렸으나 학교운영을 위해 정부의 정책을 수용할 수밖에 없었다.

다섯째, 국가가 주도해 온 근대주의적 공교육의 교과교육 표준화는 역설적이지만 입시를 위한 사교육 발전의 배경이 되었다. 표준화된 교과서에, 표준화된 시험으로 이어지는 치열한 대학입시경쟁의 조건은 학교 수보다 더 많은 입시보습학원, 충실한 참고서와 문제지 출간, 유명강사들의 학원사업을 발전시켰다. 유명학원의 교과교육은 학교의 평준화된 교과교육에 비하여, 학생 개인의 학업능력 진단, 수학능력시험 유형 학습, 대학논술시험 대비 등 입시의 구체적 요구에 더 효과적으로 부응한다는 사회적 평가를 받았다. 역설적이지만 학교라는 공교육기관이 아니어도 표준화된 교과내용에 대한 학습은 충분히 가능할 정도로, 학원과 교사와 학습 자료는 많았다. 이러한 여건은 학부모와 학생의 관점에서 학교 밖으로 나서는 일에 대한 두려움을 줄였고, 새로운 학교의 설립과 운영에 자신감을 가진 교육가들의 수를 늘렸다.

여섯째, 정부의 전체주의적 공교육 관리의 닫힌 제도 내에서 표준화된 교육내용에 표준화된 시험으로 동일 학년 학생 수십만 명이 경쟁하여 대학으로 밀려가는 선발중심 교육평가체제는, 20세기 말의 민주적이고 선진적인 시민들의 자기실현 열망을 크게 제한하였으므로 학교교육에 대한 불만족은 커질 수밖에 없었다. 학교교육의 위기국면에서 교육관련 지식인들은, 서구의 학교비판이론, 낭만주의적 실험학교, 대안학교와 열린교육, 그리고 북유럽 학교교육에서 해결 방법을 모색하였다. 한국 공교육처럼 과도하게 통제받지 않는, 20세기 중반 서구의 실험학교, 대안학교, 그리고 특정 공동체 세계관의 사립학교들은 자유롭고 민주적이며 매력적인 인간적 교육기관으로 비쳤다. 따라서 공교육체제 내의 학교에서 부적응과 불만족을 그리고 사교육비의 과도한 부담을 느낀 부모들은 현재의 부적응과 불만족 상태가 지속될 수밖에 없고 결과적으로 미래도 밝지 못한 학교보다, 변화를 시도할 수 있는 대안학교에 관심을 가졌다. 그 필요에 부응하여 특화된 인성교육과 노작교육, 국제교육 등을 제공하는 새로운 대안학교들이 등장하였다. 학교위기에 대한 토론과 대안학교를 다루는 미디어의 영향으로 시민들의 이해가 확장되면서 대안학교도 학교라는 대중적인 인식이 생겼다.

이상과 같은 역사적 배경에서, 학교교육의 개혁을 위해 새로운 종류의 사립학교를 설립할 수 있고, 신설한 학교라고 해도 일반학교와 대등하거나 때로는 특수목적학교에 근접하는 학력수준의 성과를 낼 수 있다는 자신감이 생겼다.

한편, 기독교대안학교 운동은 더 직접적인 가까운 배경의 몇 몇 요인들로부터 발생하여 운동으로 확산되었다. 기독교대안학교 운동을 촉발하고 유지하게 만드는 직접적인 배경 요인들을 살펴보면 다음과 같다.

첫째, 초등학교 영어조기교육, 대학수학능력시험의 영어듣기시험 반영, 해외고등학교졸업자에 대한 대학특별전형 개설 등은 영어 교과와 영어점수 비중에 대한 관심을 크게 높였다. 1995년 정부는 세계화 정책에 따라 기존 영어교육에 대한 반성에서 초등학교 영어교육 실시방안을 제안하였다. 이에 따라 제6차 초등학교 영어교육과정이 확정되어, 1997년부터 실용영어 방식의 영어교육이 실시되었다. 1993년부터는 대학수학능력시험에서 영어듣기시험이 시작되어 영어교육방법의 근본적 변화가 불가피해졌다. 대학수학능력시험의 응시자는 1994학년도 742,668명에서 시작하여 1996학년도에 840,661명으로 늘어났고, 2001학년도까지 80만 명대가 이어졌으며, 2000년에는 896,122명으로 최고치에 이르렀다. 이후 조금씩 지속적으로 감소하기는 했으나 2017학년까지도 605,988명에 이를 만큼 수능시험 응시 지원자들이 많았다.[1] 명문대학교 진학을 위한 경쟁이 치열하였으므로 영어점수의 조기 확보는 명문대학입학의 필수조건이 되었다.

학교교육만으로는 영어에서 미리 높은 점수를 확보할 수 없었으므로, 영어권 학교로의 조기유학 필요가 떠올랐다. 일찍이 1978년 시작된 재외국민특별전형이 확대되어, 영어권 국가로의 조기유학, 혹은 국제학교로의 유학이 명문대학 입학의 또 다른 통로가 되었다. 1991년부터 특수목적고등학교로 인가받은 외국어고등학교는 명문대학교를 향한 새로운 명문고등학교로 인정받았다. 영어 사교육은 유치원까지 내려갔고, 외국인 교사로부터 듣기부터 실제적으로 소통 가능한 영어를 배워야 했다. 영어를 잘 가르치는 학교, 영어로 가르치는 학교로 자녀를 보내고 싶은 것은 대부분의 부모의 열망이 되었다.

이러한 교육사회적 배경은 그리스도인들과 교회에 특별한 장점을 일깨웠다. 영어는 우리나라에 선교한 주요국가의 언어였다. 한국교회는 선교사들과의 협력사역을 통해 일찍이 서구사회 교회들과 교류해 온 공동체여서, 실용 영어교사 확보와 외국 기독교학교와의 교류에 있어 유리한 문화적 자산을 가지고 있었다.

둘째, 한국 정부의 세계화 정책과 더불어 대외적으로 개방된 여건에서 한국교회의 해외선교운동도 활발하게 진행되었다. 선교는 부수적이지만

---

1) 한국교육과정평가원의 연도별 수능 응시자 수 도표에서 선택적으로 가져온 수임.

국제학교 및 기독교학교를 직접 경험하는 기회가 되었다. 서구국가에 정착한 해외 주재원들과 교포들은 대부분 현지사회 주류 문화가 기독교문화인 경우가 많아, 한인교회에서 정기적으로 만나 교제하면서 생활정보를 얻었다. 1990년대부터 신학 유학생 수도 증가하였고, 그들 중 상당수는 교포들의 요구에 부응하여 한인교회를 설립하고 목회하였다. 한인교회 목회를 위해 청빙을 받아 온 목사들도 많았다. 한인교회는 교포와 주재원들의 현지사회 적응을 돕고, 자녀들을 위해서는 기독교학교 혹은 국제학교를 주선하고, 교육경험을 나누는 교육정보 나눔터가 되었다.

선교사들은 자녀들을 선교사자녀학교 내지 기독교 국제학교에 보내면서, 그리고 비교적 장기간 현지사회에 체류하는 특성상 학교에 대한 정보도 많이 가지고 있었다. 선교사들 중 일부는 한국 교회 부모들의 요청에 부응하여, 비교적 적은 비용으로도 영어교육이 가능한 기독교학교에 조기유학을 주선하고 유학생을 돌보는 일로 도움을 주었다. 한국 교회 목회자 자녀들과 교회의 자녀들이, 비교적 적은 비용으로 장, 단기간 기독교학교를 경험하였다. 교회지도자들과 서구사회 기독교학교와의 만남은, 기독교학교가 우리나라의 기독교 사립학교와 무엇이 다른지 경험적으로 알 수 있는 기회였다.

기독교공동체 구성원들이 해외에서 경험한 것은 서구 선진국들이 우리나라처럼 근대주의적 국가 독점 관리의 닫힌 학교체제를 가진 것도 아니었다. 기독교신앙과 세계관의 기초에서 교육하는 사립학교로서도 학교의 지위를 누리고 있고, 특히 기독교학교들이 공립학교보다 좋은 교육을 제공하고 있다는 사실이었다. 해외 기독교학교의 좋은 여건에서 친

절한 교사의 도움으로 학업성취와 인성발달을 경험하고, 영어구사능력에서 현저한 발전을 경험하고, 국내외에서 대학 선택의 범위가 확장됨을 경험하였다. 이러한 비교 경험으로 우리나라 학교교육 전반을 비판적으로 볼 수 있는 시야를 열었다. 서구의 기독교 학교모델을 우리나라에 적용하여 기독교대안학교를 설립하여 운영하려는 열망과 경험에서 비롯된 자신감이 있었다.

셋째, 우리나라 기독교 사립학교의 신앙교육 한계와 기독교세계관 교육운동의 영향이다. 명문중학교, 명문고등학교, 명문대학교로 이어지는 고질적인 입시경쟁을 완화하려는 의도에서 도입했던 중학교무시험제도1969와 고교평준화제도1974는, 기독교 사립학교의 학생선발 권리를 국가에 귀속시켰다. 공교육의 표준화된 교육수준을 관리하고 대학입시를 공정하게 관리하려는 의도에서 도입한 고교내신제도1980는, 기독교학교의 종교활동과 신앙교육 권리를 약화시켜 기독교학교의 교육선교 역할이 크게 위축되게 했다. 의무적인 종교활동과 신앙교육은 비기독교인 부모와 세속사회로부터의 심각한 비판에 직면하게 되었다. 이러한 조건에서도 교사선교단체와 신우회 교사들은 조심스럽게 사적인 관계에서 복음전도와 제자교육을 실행하였고, 기독교 사립학교들은 교육선교활동을 유지하기 위해 기독교학교연맹을 통해 공동으로, 정부와 행정적인 대화를 시도하였다. 기독교학교의 교육선교 역할 퇴보는, 교육선교가 충분히 제공되는 새로운 기독교대안학교 설립의 필요성을 발현시켰다. 그러나 기독교 사립학교의 교육선교를 위한 투쟁이 기독교대안학교 출현의 강력한 동인이 된 것은 아니다.

기독교대안학교에 대의명분과 추동력을 제공한 강력한 요인은 1980년대부터 대학선교단체를 중심으로 일어나기 시작한 기독교세계관 교육운동이었다. 기독교세계관 교육운동에서 기독교세계관은 근현대의 사회문화와 교육, 자연과 학문에 대한 비판적 조망을 뜻하는 것이었다. 기독교세계관교육은 서구 기독교 사상에서의 근현대 학문과 문화에 대한 학문 철학적 논의를 내용으로 한 것이어서, 그리스도인 대학생, 대학원생과 연구원, 교수 집단으로 빠르게 확산되었다. 기독교세계관에 기초한 기독교 대학교 설립운동으로 발전하고, 기독교세계관 교육 프로그램은 1990년대 후반 기독교대학교의 교양 교육과정에 편입되었다.

기독교세계관 교육운동은 기독교적 지성교육으로서 사회문화의 기독교적 개혁과제를 제안하였다. 학교교육의 전문직에 참여한 그리스도인 교육학자들과 교사, 교원양성기관 대학생들은 기독교세계관교육으로부터 학교교육의 기초와 내용, 교육과정과 방법을 비평적으로 검토하여 개혁하는 방법을 알고 싶어 하였다. 이에 기독교세계관과 교육문제를 연구하는 모임들이 생겨났다. 기독교세계관 교육운동은 그리스도인 교사들에게, 학원선교를 넘어 공교육과정에서 기독교적으로 가르치는 방법도 연구해야 한다는 새로운 과제의 지평을 열어주었다.

기독교세계관교육의 결과, 학부모로서 혹은 기독지성인으로서, 교육선교를 통해 기독교적 인재를 양성하는 일로 기독교공동체와 사회개혁에 기여해야 한다는 소명감을 갖고 기독교대안학교 운동에 참여하는 그리스도인들이 증가했다. 반기독교적 세계관을 형성하는 학교교육, 학업경쟁에 매몰된 비인간적인 교육, 표준화된 교육과정에서 소명과 재능을 발현시켜주기 어려운 공교육, 과도한 사교육비에 비하여 비효율적인 교육 성취에 대한 깊은 실망감의 배경에서 서구 기독교학교에서의 자녀교육 경험과 국내의 기독교세계관교육은, 기독교대안학교에 대한 연구와 학교설립으로 나아가게 만든 가장 강력한 요인이 되었다. 이 그룹이 시간이 흐를수록 기독교대안학교 운동의 주요한 주체들이 되었다.

이상에서 간단하게 열거한 바와 같이 영어교육과 국제학교의 요구, 세계화와 선교의 맥락에서 경험한 서구 기독교학교교육의 경험, 그리고 기독교세계관 교육운동이 기독교대안학교 운동의 가장 근접한 직접적 배경이 되었다.

Ⅲ. 기독교대안학교 설립운동의 발전과 학교 유형

해방이후 우리나라에서 설립된 최초의 기독교대안학교는, 1958년 설립된 풀무농업고등기술학교로 알려져 있다박상진·이종철, 2019, 34.[2] 기독교학교교육연구소의 실태조사에 따르면, 1990년대 중반 이전에 설립되어 현재까지 기독교대안학교로 남아있는 학교는, 특성화고등학교인 풀무농업고등기술학교와 특수학교인 동방학교1987 뿐이다.

기독교대안학교는 1997년부터 2001년까지 매년 2~4개의 새로운 학교가 설립되면서 관심을 이어갔다. 2002년 이후로는 태풍처럼 운동으로 발전할 수 있는 힘이 생성되어, 매년 20개 이상 새로운 학교가 더해졌다.

---

2) 전영창 교장이 기독교적 인생관교육과 인성교육, 노작교육 등 대안교육을 실행해 온 것으로 잘 알려진 거창고등학교(1953년 설립)는 기독교 사립학교의 범주에 속해 있으므로, 기독교대안학교 역사에서는 빠졌다.

2009년에는 모두 124개가 됨으로써 세 자리 수에 진입했다. 이후 7년 동안 기독교대안학교 운동은 더욱 탄력을 받아 전체 학교의 수가 배가되었다. 2016년 조사에서 설립년도가 확인된 학교만 모두 247개, 정확한 개교연도가 확인되지 못한 학교를 포함하면 265개였다. 여기에 2017년 추가된 7개 학교를 더하면, 모두 272개이다박상진·이종철, 2019, 19–25,35–37. 이에 비추어 지난 20년 동안 기독교대안학교 운동은 역사적 교육운동으로 명명할 수 있는 현상이 되었다.

2016년 기독교학교교육연구소 조사에 따르면박상진·이종철, 2019, 17, 기독교대안학교의 지역분포는 경기도가 전체의 50.2%133개교, 서울이 14.3%38개교, 충청이 11.7%31개교, 경상이 9.8%26개, 전라가 9.1%24개, 강원이 3.4%9개교, 제주가 1.5%4개교였다. 지역적인 분포특성에는 인구분포의 현실도 반영되었지만, 기독교종교 인구분포, 학교교육에 대한 개방 성향, 학교설립과 운영의 경제성과 편의성도 반영된 듯하다.

한편, 교육부가 공개한 "2016년 대안학교 및 대안교육 특성화 학교현황"(권동주)에 따르면, 인가받은 대안학교는 '대안학교각종학교' 25개교공립6, 사립19, 특성화중학교대안교육' 13개교공립3, 사립10, 특성화고등학교대안교육'25개교공립4, 사립21 뿐이다.3) 기독교대안학교들 중 일부만 위의 분류에 따라 인가받은 대안학교의 지위에 있다. 대부분의 기독교대안학교는 정부로부터 학교의 지위를 얻지 못하여, '대안교육시설'로 간주되는 미인가 대안학교들이다.4) 미인가 상태의 대안학교 수에 대한 정확한 조사 발표

3) 교육부 홈페이지(www.moe.go.kr) 자료실

4) 기독교학교교육연구소의 제3차 실태조사에 따르면 전체의 86.8%가 비인가 대안학교이다(박상진 이종철, 2019, 137).

는 아직 없다. 기독교학교교육연구소의 추정에 따르면, 미인가 대안학교의 전체 수는 비기독교대안학교가 155개 이상, 기독교대안학교가 230개 이상으로, 약 400개이다박상진·이종철, 2019. 33-34. 이 수에 비추어 볼 때 기독교대안학교는 미인가 대안학교 전체 수의 약 60% 정도여서 가장 큰 집단이 되었다.

기독교대안학교 운동의 역사적 전개에 나타난 구조를 기술하기 위해 운동의 출발점이 된 내면적 동인과 정체성, 그리고 그에 따라 실체화 된 유형을 검토하는 것이 필요하다. 손원영2002. 81-85은 대안학교의 유형을 (1) 제도안, 제도밖, 제도곁대안교육관련자 모임으로, (2) 자유학교형, 생태학교형, 재적응학교형, 고유이념추구형이종태으로, (3) 학교형, 탈학교형, 틈학교형김희동으로, (4) 제도화형수용형, 타협형과 제도이탈형갈등형, 갈등유예형, 무관심형으로강대중 나누는 등의 다양한 유형론을 정리한 바 있다. 이러한 유형구분들은 기독교대안학교 운동의 특성을 설명하기에 충분하지 않다.

박상진2006. 24-26: 2010. 35-40은 '기독교'와 '학교'의 상호조합으로 4가지 기독교학교 모델을 제안한 바 있다. 또 리처드 니버의『그리스도와 문화』가 제안하는 5가지 모델에 따라 정체성인 '기독성'과 '대안성'의 상호조합으로 기독교대안학교 유형을 나누어 논의한 바 있다. 그리고 박상진·조인진·강영택·이은실2012. 30-53. 56-57. 96은, 기독교대안학교의 정체성과 특성을 규명하는 작업에 착수하면서, 10가지의 준거인가/비인가, 기독교성/대안성. 국제지향/국내지향, 엘리트교육/긍휼교육, 도시형/전원형, 기숙형/비기숙형, 교회설립/개인(기타)설립, 기독교적 교과/일반교과, 장애학생통합/비통합, 고급형/서민형를 작성하였다. 그리고 기독교대안학교 유형분류 작업의 기초가 되는 6개의 기준기독교미인가학교, 기독을 제안하였다.

위 연구자들은 개별 기독교대안학교의 실제에 반영된 주요 특성을 미시적으로 검토하려면, 기독교학교와 국제학교와 대안학교와의 관계 안에서 위 6가지 기준들을 우선순위에 따라 종합할 수 있다고 했다. 기독교대안학교의 교육성과 분석에서는, 기독교대안학교가 일반학교와 차별성을 드러내는 기독교성, 대안성, 학교성의 3가지 준거를 강조하였다. 성과분석을 위한 설문지 작성에서는 기독교성, 대안성, 수월성, 국제성, 긍휼성의 5가지 항목을 사용하였다. 이러한 준거, 기준, 유형 등은 기독교대안학교를 주요 요인별로 혹은 다차원에서 심층 분석하고 평가하는 작업에 유용한 틀이 될 수 있다고 판단된다.

그러나 본 연구는 기독교대안학교 설립 동인이 개별 기독교대안학교가 지향하는 정체성을 구성하는 여러 요소들로도 설명가능하나, 역사적인 맥락에서 기독교대안학교 운동을 이해하기 위해서는 더 근본적인 출발점이 된 근원적인 관점에 주목할 필요가 있다고 본다. 우리나라 기독교대안학교들은 설립주체가 초기에 특정 관점에 따라 학교를 설립하였다고 하더라도, 실제 운영과 연구 과정에서 참여자들의 요구, 교육학적 요구, 사회적 요구에 직면할 때, 종종 정체성을 수정하거나 재구성하는 어려운 작업보다, 새로운 요인들을 지속적으로 더하여 종합해 가는 경향을 보인다. 따라서 많은 경우 위의 유형 요소들이 처음부터 고정된 것이 아니어서 기독교대안학교 운동의 동인과 그 운동의 역사적 발전과정의 특성을 보여주기에는 적합하지 않다. 따라서 기독교대안학교 운동의 역사적 특성을 기술하는 본 연구에서 설립주체의 관점과 동인에 따른 2가지 구분으로 단순화하여 발전 특성을 기술하려 한다.

1. 신학과 교회로부터의 기독교대안학교 운동: 학교교육목적에 대한 반성

지난 30여 년간의 기독교대안학교 운동에서 가장 두드러진 설립과 운영의 주체는 기독교공동체인 교회의 신앙교육자인 목사와 그의 지도하에 있는 교회였다. 많은 목사들이 교회 안에서, 혹은 교회 지원으로 기독교대안학교를 설립하여 운영하였다. 기독교학교교육연구소 박상진 이종철(2019, 39, 78)의 실태조사_{2006, 2011, 2016}를 보면, 학교 설립주체에서 교회는 지속적으로 가장 높은 비율 점수를 보였고, 그 비중은 2016년의 44.6%와 거의 변화가 없다. 목사가 교장인 경우도 41.6%에 달했다. 기독교대안학교 설립자에 관한 설문조사 문항에서, 목사는 개인과 비영리법인 항목에도 포함될 수 있어, 목사와 교회가 설립주체인 기독교대안학교 수와 비율은 더 높을 것으로 추정된다.

기독교학교교육연구소 제3차 실태조사₂₀₁₆ 결과를 보면, 기독교대안학교를 설립한 교회가 소속된 교단은 주로, 보수 복음주의 신학 성향의 장로교였다. 장로교는 68.8%를 차지하여 가장 주요한 설립주체였다. 제2차 실태조사까지는 장로교 내의 통합교단 학교 비율이 높았으나, 제3차 실태조사에서는 합동교단 학교 수가 더 많아졌다. 장로교 외의 교단도 복음주의 신학 성향의 성결교, 침례교, 독립교단이 그 뒤를 따랐다. 장로교 합동교단은 2015년 총회에서 1개 노회가 1개의 기독교대안학교를 설립하여 운영할 것을 결의하였다_{박상진·이종철, 2019, 38-40}. 2017년 고신교단은 교육지도위원회 내에 '기독교대안학교연합회'를 구성하여 대안학교와 교육공동체를 지원하게 하였다.

진보신학 성향의 감리교와 기독교장로교가 설립한 기독교대안학교도 있으나 보수 복음주의 교단에 비하여 현저하게 낮은 비율이었다. 보수 복음주의 교회들이 설립한 대안학교가 일반적으로 '기독성'을 강조함에 비하여, 진보 성향 (교육)신학자들은 '대안성'에 초점을 맞춘 대안학교 운동에 더 관심을 보였다.

보수 복음주의 성향의 목사와 교회가 기독교대안학교 운동의 주요 주체이면서 독려자(집단)가 된 이유는, 역사신학적인 그리고 교회 상황적인 반성에 있다. 첫째, 실천과 선교 영역에서 역사신학적인 반성의 근거는 다음과 같은 것들이었다. ① 16세기 개신교 종교개혁자들은 교회 개혁자이면서 학교설립 운동가였고, 교회개혁과 학교개혁을 동시에 시도했다. ② 근대 세속국가가 공교육을 제도화하여 독점 관리하면서 전통적인 학교종교교육이 약화되었고, 반기독교적 인본주의 세계관이 확산되어, 결과적으로 교회공동체가 점차 위축되었다. ③ 구한말 이래로 교회는 학교를 세워 종교교육과 교육선교를 실행함으로써 많은 기독교 인재를 양성해 왔다. ④ 해방 이후에도 기독교 사립학교의 교육선교는 효과적인 학원선교전략이었다. ⑤ 유치원, 선교원과 어린이집 등 교회의 기독교유아교육기관 운영은 신앙교육과 지역사회 교육선교의 통로였다. ⑥ 해외선교에서 미션스쿨 설립과 운영은 효과적인 선교방법이었다. ⑦ 서구 기독교 사립학교는 공립학교 이상의 여건에서 좋은 성과를 내며 운영되고 있다.

둘째, 교회 상황적인 반성은 21세기 한국사회와 교회의 위기가 근거였다. 21세기에 접어든 이후 한국사회는 저출생과 세속화 문제가 심화되고, 주일학교 어린이와 청소년의 수도 급감하였다. ① 우리 사회의 저출생 경향은 교회 내 현상이기도 했다. ② 학교교육에서도 인본주의와 세속화로, 인권과 성性, 젠더의 이해에서 반기독교적 주장이 거세졌다. ③학원 사교육과 대학입시준비에 맞춘 학교교육의 비정상적 요구와 압박으로, 주일 신앙교육활동과, 여름성경학교, 수련회 활동이 무기력해졌다. ④ 사회의 세속화와 반기독교적 여론으로 주일학교 내의 불신 가정 어린이와 청소년 구성비가 빠르게 축소되어 왔다. 이러한 교회공동체의 미래 위기문제의 해결을 위해, 우선 그리스도인 자녀들을 지키려는 목적에서라도 기독교대안학교를 설립하여 운영해야 한다는 절박성이 생겼다. 교회 상황적 절박성은 해방 이후 개교회주의 입장에서 교회와 학교조차도 애써 이원론적으로 구별해 왔던 보수적 복음주의 교회들로 하여금, 기독교대안학교 설립을 개별교회의 과제로 삼고, 더 나아가 교단의 공동과제로 결의하도록 촉구한 배경이 되었다.

교회는 기독교대안학교 설립과 운영에서 비교적 유리한 조건을 가지고 있다. 교회들은 예배당과 교육관과 식당, 때로는 체육장도 구비한 경우가 많다. 대부분 교회의 시설들은 주말에 사용되는 것들이어서, 주중에 기독교대안학교의 교실과 강당으로 사용될 수 있다. 교회에는 가르치는 활동에 참여할 수 있는 교사, 신앙적 가치를 이유로 학생모집에 응할 부모와 자녀가 있다. 교회는 교회의 자녀들을 위해서라면 상당한 규모의 교육재정을 지속적으로 지원할 수 있는 비영리단체이다. 사회적 관점에서도 교회는 종교교육을 위한 학교와 같은 기관이다. 교회는 역사적으로 다양한 형태의 학교 교육 경험을 가진 공동체이다. 이러한 조건들이 목사와 교회로 하여금 기독교대안학교 설립의 주요한 주체가 되게 한 배경이 되었다.

신학과 교회로부터의 기독교대안학교는, 실제 교육과정에서 두 가지 방향을 보였다. 첫 번째는 기독교인문학교 교육을 지향하여, ① 기독교 신앙교육(성경과 영성), ② 영어교육, ③ 인문학교육(고전 읽기와 글쓰기), ④ 인성교육(음악, 체육, 예술, 공동체 등)을 특화하였다. 공교육의 학교교육과정에 기독교인문교육을 동시에 제공함으로써 일반학교 교육과정과 차별화하고 인문교육의 수월성을 추구하였다. 이러한 형태의 교육과정은 서구의 전통적인 중등 인문교육과정과 신학예비과정에 가깝다. 기독교공동체의 인재, 특히 신학 혹은 인문사회 전공으로 대학에 진학하려는 학생들을 위한 예비교육과정에 해당되는 유형이다. 이러한 유형의 기독교대안학교는 일반적으로 졸업생들이 국내 대학에 진학할 것을 염두에 두었다.

두 번째는 기독교국제학교를 지향하여, ① 기독교신앙교육영어성경, ② 영어와 중국어수업과, 국제교류 혹은 해외캠퍼스 이동수업, ③ 북미기독교학교 교육과정을 특화하였다. 우리나라 공교육 교육과정과 더불어 국제 교육과정을 병행하여 졸업생들의 해외 대학 진학도 지도하는 국제학교 유형이다. 이 유형의 기독교대안학교는 국제기독교학교연합회ACSI, CSI 혹은 북미기독교학교연합회AACS 회원학교 인정으로 학력을 인정받으려 한다. 조기유학 대신 비교적 경제적인 방법으로 국제학교교육을 받고,

해외 대학에 진학하도록 지도하거나, 검정고시를 통해 영어특기로 국내 대학 진학을 지도한다.

기독교국제학교로서의 기독교대안학교는, 해외 유학, 해외 목회, 해외 선교 경험을 가진 목사들에 의해, 혹은 해외 유학경험을 가진 교사나 가족이 주도하였다. 국제학교유형 기독교대안학교들은 학교이름에 '국제', '글로벌', 'international'이라는 단어를 명시함으로써 학교의 '국제성' 특성과 방향을 표명하였다. 학교이름에 국제성을 암시하는 단어를 포함하고 있는 기독교대안학교들은, 2001년 처음 등장하였고, 이후 지속적으로 증가하여, 2017년 현재 98개이며, 기독교대안학교 전체의 37%에 이른다_{박상진·이종철. 2019. 134.}

국내외의 경제상황 변화, 저출생의 영향, 해외유학 성과에 대한 반성, 선진 사회적 인식 변화 등으로 조기유학과 해외 유학생 수가 줄면서, 교육과정에서 외국교과서를 그대로 사용하는 학교의 수는 점차 줄어들었다. 기독교학교연구소 조사에 따르면, 비록 조사대상 학교 수가 많지는 않았으나, 외국교과서 사용 점유율이 지난 10년간 20.9%(2006)에서 10.8%(2016)로 줄어든 반면, 우리나라 공교육 교육과정에 따른 교과서 사용의 점유율은 18.6%(2006)에서 27.7%(2016)로 늘어났다_{박상진·이종철. 2019. 101.} 완전한 국제학교로서의 기독교대안학교 운영은 현실적이지 않았던 것으로 보인다.

2. 기독교세계관과 기독교학교교육로부터의 기독교대안학교: 학교교육에 대한 이론적 반성

  그리스도인 부모나 교사, 혹은 기독교교육학자들에 의해 주도된 기독교대안학교 운동은, 교육목적에 대한 반성을 넘어, 교육과 학교의 기초와 실천에 대한 반성, 곧 학교교육에 대한 이론적 반성에서 진전되었다. 국내외 기독교학교에서의 자녀교육 경험으로부터 받은 감동이 기독교대안학교 설립과 운영의 교육선교로 이어졌다. 이러한 유형 기독교대안학교는 학부모, 교사, (기독교)교육학자가 주체이거나 목사나 교회가 기독교대안학교의 실제운영을 기독교교육가에게 위탁하는 경우가 일반적이다.[5]

  기독교세계관은 세계와 사회문화에 대한 기독교사상의 관점과 배경이고, 기독교(학문)철학의 주된 토대이다. 기독교세계관운동은 근대와 현대 사회문화의 토대와 방향에 대한, 기독교적, 이론적 반성을 촉구하는 교육운동으로 발전해 왔다.

  근대이후 신학은 전통적인 교회의 학문으로 남든지, 아니면 근현대 세계관과 사회와 더불어 신학하든지, 양자 중 하나의 방향으로 나뉘었다. 전자는 보수 복음주의 신학의 특성이 되었다. 전자의 신학자들은 교회의 신학과 전통에 연구를 집중함으로써 비기독교적 근현대 사회문화에 부정적이었고 관심도 적었다. 신학이 기독교공동체인 교회의 기초와 내

---

5) 기독교학교교육연구소 편, 『기독교학교 리더를 만나다: 기독교학교 설립매뉴얼』, (서울: 예영커뮤니케이션, 2013, 15). 샘물기독학교와 기독중고등학교 설립자 박은조 목사는 자녀의 해외 기독교학교 교육 경험에 감동받아 기독교대안학교 설립을 적극적으로 고려하였다고 말했다. 이러한 경우가 전형적인 사례이다.

용에 대한, 그리고 기독교공동체를 위한 충분한 학문이라고 보았기 때문에, '기독교세계관'에 대하여 신학과 유사하고 오해의 소지도 있다고 보아 조심스러워 하였고, 때로는 이러한 표현을 좋아하지 않았다.

진보적 신학자들은 근현대의 세계관으로부터 교회와 인간과 사회를 위한 신학을 시도하였으므로, 신학의 연구 활동이 사실상 기독교세계관 운동과 유사하였다. 그러나 기독교세계관운동은 전통적 관점에서 출발한 것이어서 진보적 신학자들과 달리 근대와 현대의 세계관과 상황을 수용하기보다 근현대 세계관의 토대 자체를 비판하는 입장이었다. 진보신학자들은 오늘날의 신학 작업은 근현대의 세계관과 사회문화와 대화하는 것이므로, 현대신학이라는 말로 충분하다고 보기 때문에 기독교세계관이라는 표현을 선호하지 않았다.

우리나라에서 기독교세계관운동은 1960년대에 '칼빈주의문화관'이라는 이름으로 신학교육에서 다루어졌다. 서구 개혁교회 신학자들과 달리 우리나라 보수 신학자들은 그것을 신학활동으로 간주하였으므로, '기독교세계관' 대신 아브라함 카이퍼의 표현처럼 '칼빈주의' 혹은 '개혁주의'라는 표현을 선호하였다. 1980년대에 부각되어 1980년대 후반에는 교육운동으로 확산된 기독교세계관 교육운동은 신학자나 신학교육이 아니라, 그리스도인 일반 학자들과 대학원생들의 연구모임에서 시작되었다. 기독교세계관교육은 이원론적 신학의 보수 복음주의 한국교회가 그 동안 외면해 왔던 근현대 사회문화에 대한 기독교적 반성이었으므로, 대중적으로는 대학의 선교단체 교육에서 환영받았고, 학문적으로는 기독교 지성운동과 학문운동으로 나아갔다. 기독교세계관교육은 근현대 사상의 토대와 학문에 대한 비판적 사유의 교육이었으므로 일부에서는 지성주의적 엘리트교육으로 간주하기도 했다. 대중적인 기독교세계관 교육운동은 2000년 이후 선교단체와 교회청년 교육에서도 동력이 많이 약화되었다조성국, 2019, 327-329.

그러나 1990년대에 기독교세계관 교육운동은 기독교교육학과 학교교육에서, 특히 우리나라의 일부 기독교대학교와 기독교대안학교에서 새롭게 주목받기 시작했다. 1990년대에 고신대학교, 한동대학교, 백석대학교가 기독교 사립 대학교 유형에 속하는 다른 기독교계 대학들과 스스로를 구별하여, 기독교적 고등교육과 기독교학문 연구를 실행하는 순전한 기독교 대학교를 지향한다는 의미로 '기독교 대학교'라는 표현을 사용하였다. 이러한 기독교 대학교들은 기독교세계관을 대학의 정체성을 표현하는 주요 용어로 채택하였고, 기독교세계관이라는 이름의 교양기초 교과들과 교수연수프로그램들을 적극적으로 개발하였다.

기독교대안학교 운동에서 기독교 대학교 교육운동이 기독교 초등, 중등학교 교육운동보다 조금 앞서 실행된 이유와 배경은 다음과 같다. ① 1980년대 기독교세계관 교육운동은 그리스도인 학자들의 지성운동이었던 까닭에, 먼저 기독교학문연구와 기독교적 전공교육이 가능한 새로운 형태의 기독교 대학교 설립에 대한 열망으로 표출되었다. ② 1990년대에 많은 신학계 대학교들이 종합대학교로 확장되면서, 신학대학을 넘어 여러 단과대학을 포함하는 기독교 종합대학교의 정체성을 새롭게 정의해야 할 필요가 있었다. 비신학계 학과들의 전공교육에서 기독교적 접근의 교육과 연구를 독려해야 할 필요가 절박해졌다. ③ 대학은 교육과정 신설과 운영에 있어, 초등 및 중등학교보다 교육부로부터 덜 통제받았으므로, 비교적 자유롭게 교육과정을 개편 내지 신설할 수 있었기 때문이다.

기독교세계관에 기초한 기독교학교운동인 기독교대안학교 운동은, 주로 2000년대 초에 시작되었다. 비교적 초기에 설립된 이 유형의 기독교대안학교는, 한동글로벌학교2001, 독수리기독학교2002, 지구촌고등학교2002, 꿈의학교2002, 밀알두레학교2005, 샘물기독학교2006[6) 등이다. 이 기독교대안학교들은 앞선 유형(신학과 교회로부터의 기독교대안학교 운동)과 비교할 때, 신학만큼이나 기독교교육학, 교회만큼이나 학교, 목사만큼이나 교사와 부모의 주도성을 고려하면서, 교육과 학교에 대한 이론적 반성으로부터 새로운 기독교대안학교를 설립하여 운영하려했다. 이러한 기독교대안학교에서는 기독교교육이 교목의 과제로 제한되는 것이 아니라, 기독교교육전문가인 교장과 교사, 그리고 부모들의 과제로 이해되었다. 교육선교이면서도 그것은 교회의 사역과 구별되어 학교교육사역으로 이해되었다.

그래서 기독교대안학교 설립 준비단계로부터, 기독교학교의 정체성과

6) 샘물기독학교는 1999년 샘물교회 박은조목사 주도로, 기독교세계관교육운동에 참여해 온 학부모들이 기독교학교설립위원회를 발족하였다. 2000년 기독유치원, 2006년 샘물기독초등학교와 유아학교, 2008년 샘물중학교, 2012년 샘물고등학교를 설립 운영하는 언약의 자녀 학교교육을 위한 샘물교육공동체의 기독교대안학교이다. 기독교세계관에 기초한 기독교학교운동의 촉진자인 (기독교)교육학자 박상진, 현은자, 그리고 네덜란드 기독교학교 자녀교육과 홈스쿨링을 경험한 신학자 임경근이 샘물학교 설립과 운영에 참여하여 지원하였다. 미국의 Logos기독교학교, Pella기독교학교, 돌트대학교와 Sioux Center기독교학교 등을 모델로 삼고 탐방 교사연수를 진행하였다. 그리스도를 섬기는 제자와 기독교적 삶의 실천을 목표로, 성품교육, 통합교육, 과외규제, 미디어훈련, 부모교육, 통권수업, 청지기훈련 등 특색 있는 교육방법을 실행하였다. 중고등학교의 핵심가치는 하나님을 앎, 섬김의 공동체, 선한 청지기, 하나님 나라의 확장이다(샘물학교와 샘물중고등학교 홈페이지 www.smcs.or.kr; www.smca.or.kr). 샘물기독학교는 교회 지원의, 기독교세계관에 기초한 기독교대안학교이다.

교육신조, 기독교교육과정과 교육방법, 기독교학교 교육행정 등 기독교 대안학교교육 전반에 대한 꼼꼼한 연구 모임을 시작하였다. 행정적으로 교회로부터 독립적인 학교기관으로 확립하려 하였다. 기독교대안학교 교육실행을 위한 빠른 학습 방법으로, 서구 기독교학교들로부터 교육 실제를 학습하였고, 교사교육과 학교행정에 기독교교육학자들의 참여를 요청하였고, 학교로서의 공공성에 주의를 기울였다.

　이 유형의 기독교대안학교들은 학교교육의 공공성을 위해 주로 두 가지 형태의 학교 지위를 선택하였다. 첫 번째는 교육부로부터 인가받은 대안학교인데, 이는 기존의 학교법인이 선호한 유형이었다. 한동글로벌학교는 한동대학교 학교법인 현동학원이, 그리고 지구촌고등학교는 학교법인 복음학원이사벨중학교, 고등학교이 설립한 대안학교대안교육 특성화고등학교였다. 두 학교는 대안학교법이 인정하는 특수학생 범주에 해당되는, 선교사자녀 등 해외 동포 자녀와 귀국한 자녀들을 모집대상으로 삼아, 교육부 인가를 받고 운영한 대안학교이다. 기존 기독교 사립학교를 운영하고 있는 학교법인이 새로운 기독교대안학교를 신설하여 운영한 형태여서, 이 유형의 기독교대안학교는 학교교육의 안정적이고 전문적인 관리에서 공신력을 가졌다. 교육의 자유와 다양성에 기초한 미래의 발전, 곧 열린 교육법과 교육행정을 염두에 둔다면, 비록 대안학교라는 점에서 잠정적이나, 인가받은 학교로 출발 했다는 점에서 긍정적인 모델이었다.

　그러나 대안교육법조차도 명칭과 달리 경직성이 커서, 교육청은 규정된 범주의 특수학생들만 신입생으로 모집하도록 허락하고 감독하였으므로, 지구촌고등학교는 우리나라에서 두 번째 규모인 부산광역시에 소재한 기독교대안학교였음에도 불구하고, 학생모집의 어려움과 그에 따른 운영의 어려움이 겹쳐, 아쉽게도 2020년 폐교하였다. 신기영 교장이 학교법인 복음학원 안의 기독교 사립학교 이사벨중학교와 이사벨고등학교와 나란히, 기독교세계관에 따른 새로운 모델의 기독교대안학교로 지구촌고등학교를 설립하여, 그리스도인 교사들과 함께 의욕적으로 실험하고 헌신해 왔던 지구촌고등학교가 20년을 넘기지 못하고 폐교할 수밖에 없었던 것은 우리나라 학교교육제도의 폐쇄적 경직성을 잘 보여주는 증거라고 할 수 있을 것이다.

둘째는 기독교세계관에 따른 기독교대안학교를 운영하기 위해, 미인가 상태를 유지하면서 기독교대안학교 연대를 통해 전문성을 제고하려는 형태이다. 우리나라의 경직된 교육법과 대안학교법에 따르면, 기독교세계관에 기초한 기독교대안학교의 인가와 운영이 사실상 불가능하다. 비록 교육과정에서 단위학교 재량의 가능성과 여지가 많아졌다고 하지만, 공교육 안에서 국가이념에 따라 표준화된 교육과정과 교수학습방법, 총체적인 행정 감독과 평가관리 체제 안에서는 기독교대안학교를 제대로 운영할 수 없다. 그래서 대부분의 기독교대안학교들이 비인가 상태에 머문다. 서구에서는 많은 경우 사립학교와 대안학교가 공동체의 세계관 차이에서 발생하는 것으로 간주되지만, 우리의 근대주의적 세속 정부는 종교적 세계관에 우호적이지 않고, 교육과정에 대한 기독교세계관의 의미 해석에 대하여는 더욱 우려할 정도로 이해가 부족하다.

이에 기독교세계관에 따른 기독교대안학교들은, 초기에는 종교업무를 가진 문화관광부에 교육선교 사단법인을 신청하여 인정받는 방법으로 최소한의 사회적 공공성을 확립하였고, 학교교육의 공공성을 위해서는 한국기독교대안교육기관연합회_{기독교대안학교연맹}, 샬롬대안교육센터, 기독교학교교육연구소, 경기도대안학교연합회, ACSI, CSI 등에 소속됨으로써 연대 안에서 교육의 전문성을 제고하고, 평가받으며, 상호 협력을 추구하려 했다. 최근에야 기독교대안학교 연합단체들 중 몇 몇 단체들이 교육부와 교육청의 사단법인 인정을 획득하였다.[7]

기독교세계관에 기초한 기독교대안학교들은 학교 내에 자체의 교육연구소 혹은 교사교육원를 두는 경우가 많다. 교육연구소를 통하여 학교교육의 전문성 제고를 위해 교사교육, 교육과정에 대한 기독교적 해석, 기독교적 교수학습방법, 교육정책에 대한 연구를 실행한다. 기독교대안학교는 주로 기독교교육학자들의 책을 통한 독서토론과,[8] 국내외 교육학자들의 강연을 통해 기독교세계관과 기독교학교교육을 공부하는 방법의 연수활동을 실행해 왔다.

기독교세계관과 기독교학교교육은, 공교육기관_{국·공립학교와 사립학교}에서 교사로 일하는 그리스도인, 기독교교사단체, 교사선교회에서도 관심 있는 주제였지만, 특히 기독교대안학교에서는 절실한 실천적 요구였다. 교

---

7) 예컨대, 샬롬대안교육센터는 2016년 교육부의 사단법인을, 한국기독교대안교육기관연합회는 2017년 서울시교육청의 사단법인 인정을 받았다.

8) 기독교학교교육 학습을 위해 서구 기독교학교교육학자들의 저서가 많이 번역되어 활용되었다. 알버트 그린의 『기독교세계관으로 가르치기』(2000), 『기독교세계관으로 살아가기』(2003), 리처드 에들린의 『기독교교육의 기초』(2004), 존 볼트의 『이야기가 있는 학교』(2006), 해로 반브루멜런의 『교실에서 하나님과 동행하십니까?: 기독교적 교수-학습방법』(1996), 『기독교적 교육과정 디딤돌』(2006), 존 반다이크의 『가르침은 예술이다』(2003), 『지혜의 시작-기독교학교의 성격과 역할』(2007), 파커 팔머의 『가르침과 배움의 영성』(2006), 오버만과 존슨의 『진리와 하나된 교육』(2007), 월터스토프의 『샬롬을 위한 기독교교육』(2014) 등이 이러한 연구모임의 주요 토론 문헌들이었다.

과별 연구모임을 만들어 서구 기독교학교 교과서를 연구하고, 우리나라에 적합한 교과서 개발도 시도하였다. 처음부터 교육과정 개발에 많은 노력을 기울였지만, 교육과정과 교과서 개발은 큰 규모의 전문적인 작업이어서 사실상 어려웠고, 점차 학생과 교사의 현실적 유익을 고려하여, 국가교육과정 교과서를 그대로 사용하되 내용을 기독교세계관에서 비평적으로 해석하여 다루는 방법으로 나아갔다.[9]

고신대학교, 아세아연합신학대학교, 한동대학교, 장로회신학대학교 등은 (교육)대학원에 기독교(대안)교육 혹은 교육과정 전공을 개설하여 기독교학교교육의 전문성 제고를 지원하였다. 그러나 기독교대안학교 교사들의 경우 임금과 근무조건에서의 영세성으로 교육대학원 수학은 일부만 누릴 수 있는 기회였다. 따라서 기독교대안학교 내 교사연수교육 혹은 교사연구모임에서의 독서토론 학습이 일반적인 연수방법이었다.

기독교세계관에 기초한 기독교대안학교이면서, 기독교학교교육의 공공성과 전문성에서 주목할 만한 학교는 2012년 교사선교회TEM가 설립한 별무리학교이다. 1973년 결성된 교사선교회는 제자양육을 토대로, 그리고 영역주권사상에 기초하여, 일찍이 학원복음화의 주체는 교사라는 사명감을 구체화해왔고, 1975년에 기독교학교 설립을 먼 그림으로 꿈꾸었다. 1996년부터 기독교세계관에 기초한 기독교학교 설립을 공적으로 토론하기 시작하였고, 2001년에는 기독교학교를 교사선교회의 핵심가치 실현을 위한 비전사업으로 설정하였다. 홍세기에 이어 박현수 대

9) 예컨대 샘물기독학교의 박은조, 밀알두레학교의 정기원도 교과서 자체개발을 위해 많이 노력했으나 결국 국정교과서를 사용하면서 재해석하는 선택으로 나아갔다고 말한다(기독교학교연구소 편, 2013, 158-162).

표간사와 헌신적인 많은 교사들이 대학원에 진학하여 기독교학교교육을 연구하였다. 2007년 박현수가 구체적인 작업을 이사회에 제안하여, 2008년 학교설립준비위원회를 결성하였고, 자금과 부지를 마련한 후, 2012년 기독교대안학교인 별무리학교를 설립하였다홍세기, 2018, 93-97; 박현수, 2011, 40-41.

별무리학교는 공교육에 주체적으로 참여해온 교육전문가들인 교사들의 교육선교단체가 장기적인 계획과 전략에 따라, 교육과 학교에 대한 기독교적 이론과 실천, 그리고 교육여건을 적절하게 갖춘 이후 설립하여 운영하고 있는 기독교대안학교이다. 기독교세계관이라는 가치 중심의 교육을 위해 교육부에 설립 인가를 신청하지 않았지만, 문화관광부에 교육선교단체로 법인 인가를 받았고, 농어촌개발공사의 정부사업에 참여하여 만들어진 전원마을 공동체 학교이다. 따라서 교사, 교육과정, 교육시설 등 교육여건에서만 아니라, 새로운 마을공동체 학교 모델이기도 하여, 공공성이 확립된 기독교대안학교이다.

기독교학교역사에서 볼 때 전통적인 모델은 교회 혹은 교회지도자 설립 학교였다. 근대이후 교회가 학교교육에 주권을 행사하기 어려워졌으므로 개혁교회공동체는 부모중심 기독교학교 모델을 발전시켰다. 이에 비추어 별무리학교는 학교교육 전문가 집단인 교사중심의 기독교학교라는 점에서 또 새롭고 발전적인 모델이라고 할 수 있다. 마을의 필요에 따라 새로운 학교가 세워지는 것을 넘어, 기독교대안학교가 마을공동체를 만들었다는 점에서도 주목할 만하다.

IV. 한국 기독교대안학교 운동의 선구자들과 촉진자들

1. 기독교대안학교의 선구자들

기독교대안학교 운동은 겨우 20-30년 정도여서 여전히 첫 번째 세대 안에 있다. 많은 기독교대안학교들이 여전히 확립된 법적 지위를 누리지 못하는 실험학교이다. 더욱이 공교육 제도와 정부의 지원체제에 따라 전국에 확산된 통일성 있는 형태의 학교가 아니라, 거의 모두 개별학교로 출범했다.

기독교대안학교 운동은, 중앙 조직체로부터 출발한 전국적인 조직 확장이 아니라, 밀물로 파도가 지속적으로 해안으로 밀려오듯, 개별 기독교대안학교들의 참여로 이루어진 운동이다. 기독교대안학교들은 각자의 개별성을 인정하는 한계 안에서 공동의 유익과 문제해결을 위해 협력연대를 구성하고 있는 형태여서 그 유대가 느슨하다. 기독교대안학교연합회도 단일조직이 아니라 복수로 존재한다.

따라서 특정 기독교대안학교 설립자나 교육행정가를 기독교교육 역사의 특정 시대 기독교학교 운동 선구자로 지목하는 일은 매우 어려운 일이다. 여전히 한 세대 내의 운동이어서 특정 학교 설립자와 교육행정가를 평가하는 일도 이르다. 현 단계에서는 기독교대안학교 운동에 참여한 모든 사람들, 곧 기독교대안학교 설립자, 교육행정가, 교사들, 학부모들이 어려운 조건에서 희생과 헌신을 감수하면서 이루어낼 수밖에 없는 선구적 활동에 참여하고 있어, 모두를 위대한 선구자들이라고 칭해야 할 것으로 보인다.

물론 현 시점에서의 평가가 실제로 제한적이기는 하지만, 기독교학교 교육의 철학과 역사적 발전이라는 가치에서 볼 때, 잠정적이기는 하지만, 기독교교육학자들이 긍정적으로 평가하는 기독교대안학교, 그리고 실제로 다른 많은 기독교대안학교들이 벤치마킹하기 위해 참조해 온 기독교대안학교는 열거할 수 있다.

기독교대안학교 연구자들의 평가를 근거로, 지금까지 특별히 주목받은 선구자 몇 사람의 이름만을 열거해본다. 최초의 기독교대안학교 설립자로 인정받는 풀무농업고등기술학교의 홍순명, 수원중앙기독초등학교의 김요섭, 독수리기독학교의 단혜향,[10] 지구촌고등학교의 신기영, 밀알두레학교의 정기원,[11] 꿈의학교의 김의환,[12] 별무리학교의 박현수 등이다.[13] 단혜향, 신기영, 김의환, 정기원은 자신들의 기독교대안학교 성과로 주목받는 교육행정가들로서, 그리고 기독교대안교육기관연합회의 이사장으로 선임되어, 기독교대안학교교육의 발전을 위해 기여해 왔다.

김요섭의 수원 중앙기독초등학교와 기독중학교는 인가받은 공교육 범주 안에서 기독교 대안교육을 실행한다는 점에서, 박현수의 별무리학교는 학교교사 선교단체인 교사선교회가 설립한 기독교대안학교라는 점에서 기독교대안학교의 새로운 모델 개척의 선구자들이라고 할 수 있다.

2. 기독교대안학교 운동의 촉진자들

19세기말 우리나라에 온 선교사들이 교육선교전략으로 미션스쿨을

설립하여 운영할 때, 교육대상이 피선교지 학생들이었다는 점에서 미션

스쿨이었지만, 점진적으로는 그리스도인 자녀들을 위한 기독교학교를

10) 독수리기독학교는 단혜향이, 1999년 방과후학교에 이어, 2000년 교육연구소를 설립하여 준비한 후, 2002년 독수리기독중학교, 2005년 독수리기독고등학교를 설립한, 독수리교육공동체의 기독교대안학교이다. 단혜향은 성경적 자녀교육으로 문화명령과 지상명령을 실천하는 교육, 자녀와 가정과 민족을 살리는 기독교교육을 목표로 기독교대안학교를 설립하였다. 독수리기독학교는 성경과 기독교세계관의 기초에서 "탁월한 영성과 성숙한 인성과 뛰어난 지성"을 구비한 그리스도의 군사를 배출하여 역사의 변혁을 꿈꾸는 기독교적 수월성 교육을 지향하였다(독수리교육공동체 홈페이지 www. eagleschool.com). 개혁신학과 기독교세계관의 기초, 교육의 국제화를 위한 CSI 가입, 미국기독교학교 교과서 활용, 캐나다 자매 기독교학교에서의 학기교육 이수 등이 주목받았다(정영찬, 2007, 197-209). 기독교세계관에 기초한 기독교학교운동에서 촉진자였던, 아세아연합신학대학교의 오춘희가 교육연구소에 참여하였고, 고신대학교 총장을 역임한 전광식이 이사장으로 참여하였다. 단혜향은 2005년 기독교대안학교연맹(기독교대안교육기관연합회)의 첫 번째 대표로 일했다.

11) 밀알두레학교는 가정과 교회와 학교의 협력관계를 고심하던 두레교회 김진홍 목사의 대안학교 제의에 따라, 초등학교 교사였던 정기원의 주도로, 교회공동체가 준비하여 설립한, 사단법인 밀알두레 교육공동체의 기독교대안학교이다. 정기원은 오스트레일리아 시드니, 캐나다 에드먼턴과 밴쿠버, 스페인과 일본과 덴마크의 여러 기독교학교들을 탐방 연구하였고, 1998년 이래로 두레기독교사모임을 통해 구체적 준비를 갖춘 후, 2005년 학교를 설립하였다(정영찬, 2007, 105-126). 교육이념은 밀알본문(요12:24)에서, 목표는 예수님의 성장특성(눅2:52)에서 찾았고, 학교 기본방향을 진리교육(말씀과 기독교세계관), 공동체교육, 소명교육, 사랑교육, 세계화교육, 생태교육으로 정하였다(밀알두레학교 홈페이지 www.miraldure.com).

12) 꿈의학교는 2002년, 국제사랑의봉사단 황성주가 설립자로, 그리고 김의환이 교장으로 개교한 기독교대안학교이다. 김의환은 국제 사랑의 봉사를 학교교육에서 구현하기 위해, 선교적인 사랑의 봉사자를 교육적 인간상으로 삼아, 진리의 사람, 사랑의 혁명가, 하나님의 군사의 핵심가치를 교육을 통해 형성하고자 했다. 교훈은 '사랑으로 세계를 품으라.'이고, 하나님의 형상회복을 위한 전인교육, 하나님 나라 회복을 위한 비전교육을 교육 목표로 삼았다. 국제 선교와 봉사를 지향하였으므로 아시아와 아프리카 단기선교활동과 봉사활동을 주요한 학생체험 활동으로 실행해왔다(꿈의학교 홈페이지 www. dreamschool.or.kr). 김의환은 기독교대안교육기관연합회(한국기독교학교연맹)의 대표(2009-2012)로 일했다.

13) 김선요(2002, 61)는 풀무농업고등기술학교 홍순명을 우리나라 대안학교의 선구자로 간주하였고, 제1회 대안교육협의회 창립 세미나에서 기조강연을 맡겼다. 정영찬(2007)은 기독교대안학교에 대한 그의 박사학위 논문에서, 두레학교의 정기원, 샘물기독학교의 박은조, 하누리국제학교의 김원동, 한동국제학교의 홍세기, 독수리기독학교의 단혜향, 지구촌고등학교의 신기영을 주목할 만한 사례와 선구자들로 다루었다. 기독교학교교육연구소(2013)는 기독교학교의 리더 9명 대담을 통해 기독교대안학교 설립과 운영의 경험으로부터 기독교학교의 설립 매뉴얼을 개발하였다. 리더 9명 중에서 기독교 사립학교의 교육행정가를 제외하면, 기독교대안학교 교육행정가는 수원중앙기독초등학교의 김요셉, 꿈의학교의 김의환, 샘물기독학교의 박은조, 지구촌고등학교의 신기영, 밀알두레학교의 정기원, 풀무학교의 (홍순명 이후의) 정승관이었다.

염두에 두었다. 미션스쿨의 모델은 선교사들이 수학했던 서구의 기독교 학교들이었다. 이교적 세계관이 대세였던 한국 사회문화의 조건과, 일제강점기 정부의 권위주의적 통제 조건에서 선교사들의 학교운영은 미션스쿨 수준에서 작동할 수밖에 없도록 제한받았다. 그러나 선교사들의 경험과 마음에 있는 기독교학교는 기독교세계관에서 근대교육을 실행했던 서구의 학교였다. 선교사들의 기독교 사립학교는 복음화의 미션스쿨 기능만 아니라 기독교세계관교육과 기독교학교교육 기능도 부분적이나마 실행하였다.

해방이후 한국사회에서 기독교 학교교육은 한국인 그리스도인들에 의해 주도할 수 있게 되었다. 그러나 새로운 우리정부가 일본식민지정부를 대체하였으나 교육체제는 일제강점기 교육 통제에 익숙한 권위주의 체제였다. 기독교 사립학교는 기독교세계관에 기초한 기독교학교교육을 이전에 충분히 경험하지 못했고, 충분한 자유를 누리지도 못했다. 해방된 신생국가여서, 학교교육에 대한 이론적 반성을 설득할 수 있는 기독교교육전문가를 찾기 어려웠다. 이러한 비판적 반성이 기독교공동체의 담론이 되지도 못하였으므로 기독교공동체 내에서 광범위한 지지를 확보할 수준에 이를 수 없었으므로, 기독교학교교육이 주체적인 운동으로 발전할 수 없었다.

기독교세계관에 기초한 기독교학교교육의 경험은, 일찍이 소수 그리스도인들에게만 주어져 왔다. 일제강점기와 해방이후 1990년대 이전까지, 해외 유학을 통해 직접 혹은 간접적으로 기독교학교를 경험한 그리스도인들이 있어 왔다. 그들 중 일부는 우리나라 기독교 사립학교의 조건과 한계를 안타까워했지만, 대부분 교회 성장의 과제, 복음화의 과제가 앞선다고 보았고, 대안적 기독교학교 설립에는 현실적 이유로 소극적이었다.

일찍이 국가의 세속적 이념이 가진 종교성을 간파하고, 적극적으로 기독교세계관을 형성하는 기독교학교교육이 있어야 기독교공동체의 미래가 있다는 판단에서 기독교학교운동을 시도했던 유럽의 경험은, 네덜란드에서 유학한 신학자들로부터 알려졌다. 네덜란드에서 유학한 후 돌아와 1960년부터 신학교육에 참여한 고려신학교고신대학교 이근삼은, 기독교세계관의 신학적 표현인 칼빈주의 문화관과 교육을 소개하였다. 이근삼의 제안에 따라 네덜란드 기독교학교 교육학자 얀 바터링크J. Waterink의 『기독교교육원론』김성수 김성린 역, 1978이 처음 소개되었다. 이후 고신대학교의 김성수와 김용섭은 기독교세계관에 기초한 기독교학교교육의 첫 번째 전도자들이 되었다.

총신대학교에서도 정성구 등 네덜란드에서 연구한 신학자들이 기독교학교운동을 간단히 소개하였고, 정정숙은 네덜란드계 미국 기독교학교 교육학자인 야르스마C. Jaarsma의 『헤르만 바빙크의 기독교교육철학』1983을 번역하여 출간하였다. 이어서 노르만 더 용N. de Yong의 『진리에 기초를 둔 교육』신청기 역, 1985, 조지 나이트G. Knight의 『철학과 기독교교육』박영철 역, 1987이 이어 출간되었다. 그러나 기독교학교교육을 논의하는 이러한 책들의 내용은 신학대학의 기독교교육과 전공교육의 높은 담장 안에 머물렀고, 기독교학교교육운동의 주체자들이어야 할 학교교사, 학부모, 교육선교 헌신자들을 각성하기에는 여전히 일렀다.

일반적으로 학교교육참여자들인 교사와 학생과 부모는, 권위적인 정부가 주도하는 학교교육의 이념과 정책에 언제나 순응하도록 길들여져 있었다. 학교 공교육의 국가이념세계관에 대한 비판적 반성은, 1980년대를 전후하여 비로소 분출되기 시작했다. 진보적 사회학자들과 기독교계 내에서 신마르크스주의적 비판이론에 기초한 민중해방교육론이 등장하였다. 1989년 전국교직원노동조합 창립선언문 발표 사건은, 학교 내부로부터 정부의 교육이념과 정책에 대한 비판 여론이 분출한 사건이었다. 1991년에는 한국열린교육연구회가 창립되었다. 공교육 내에서 열린 교실학습이 실험되고, 대중적으로는 학교 밖 대안교육에 대한 관심이 촉발되었다.

이러한 배경에서 1980년대에 기독교공동체에서 기독교세계관 교육운동이 시작되었고, 1990년대에 기독교학교로 칭해진 기독교대안학교의 열린 지평을 비로소 제대로 볼 수 있게 되었다. 따라서 기독교대안학교에 대한 교육과 연구의 촉진자들이 활발하게 활동하고, 그들의 영향력이 운동을 촉진하기 시작한 것은 1990년대 초부터였다.

기독교(대안)학교 운동은 신학에서 출발하여 기독교교육학을 연구한 기독교교육학자들보다, 주로 교육학에서 출발하여 기독교교육학을 연구한 학자들에 의해 촉진되었다. 신학으로부터 출발한 기독교교육학자들은 교회교육에 대한 신학적인 의미를 해명하는 데 적극적인 관심을 보인 반면, 기독교(대안)학교에 대한 관심에는 소극적이었다. 그러나 교육학에서 출발한 기독교교육학자들은 교육의 전문기관인 학교와, 교육현상을 보는 교육학의 패러다임에 따라, 교육과정, 교육방법, 교육사회와 행정 영역 등 학교교육 전체의 맥락에서 교육실천을 분석하는 일에 관심을 가졌으므로, 그리스도인 학교교사들과 기독교(대안)학교 운동가들과 쉽게 소통하였다.

기독교대안학교교육운동의 전개에 주요 촉진자 역할을 했던 (기독교)교육학자 몇 사람의 특별한 기여는 조금 상세하게 언급할 만하다. 기독교(대안)학교의 교육과 연구, 촉진활동의 시간적 순서에 따라 대표적인 네 사람의 (기독교)교육학자의 기여를 정리해보면 다음과 같다.

(1) 고신대학교의 김성수

김성수는 기독교세계관에 기초한 기독교(대안)학교 교육과 연구에 있어 시간적으로 우리나라에서 가장 앞선 기독교교육학자였다. 경북대학교에서 교육학과 교육철학을 공부했던 교육학자로서, 고신대학교 교수로 임용된 직후인 1978년부터 기독교학교교육론의 기초 논문을 발표하였고, 네덜란드 기독교학교 교육학자인 얀 바터링크의 『기독교교육원론』1978을 번역, 출간하였다. 1981년부터 남아공화국 네덜란드계 포첩스트룸대학교에서 기독교세계관에 기초한 기독교교육철학을 연구하였고, 1960-1970년대 미국의 학교교육 비판이론을 기독교세계관에서 비평적으로 다룬 주제인 『현대학교: 위기와 미래』1984의 박사논문으로 학위를 받았다. 그는 1980년대 중반부터 전공교육에서 기독교세계관과 기독교학교교육을 특화하여 가르쳐 온 선구적 촉진자였다.

1989년부터는 빈번하게 미국 돌트대학교에 오가며 북미 기독교학교교육을 연구하고, 기독교(대안)학교의 교육과정과 교육방법 이론을 가르쳤다. 기독교(대안)학교교육에 대한 그의 전문성이 고신대학교 밖의 그리스도인 교사와 교육학자들에게 알려지기 시작한 것은 기독교세계관교육운동을 통해서였다. 고신대학교 학교행정가로 일한 기간이 길어, 기독교학교교육에 대한 글을 많이 발표하지는 못했으나, 이 주제의 초기 대표적인 글은, 「통합연구」에 실린 '학교와 학교교육에 대한 성경적 조망'1991과, 그가 번역한 책 『가르침은 예술이다』J. van Dyk, 2003이다.

김성수는 기독교세계관과 기독교학교교육에 대한 교육과 연구에 특화된 전공 교육과정을 제공하는 일에 크게 기여하였다. 1991년에 기독교세계관과 기독교학교교육관련 과목들은 고신대학교 기독교교육과 전공교육과정에서 핵심교과목들이 되었다. 1993년 이래로는 기독교대학의 기초필수 교양교과로 확장되었다. 기독교세계관과 기독교학문의 기초를 확립하는데 초점 맞춘 '소명과 학문'을 기초교양필수 교과로 개발하였다.14) 1993년 이래로 대학원에서 그의 지도에 따라 '기독교학교'를 주제로 한 석사학위논문들이 나왔다.

기독교학교의 확립과 발전에 일관된 노력을 기울였던 김성수는, 대학교육행정가로 일하는 동안 먼저 기독교대학교의 교육과 학문적 정체성을 확립하는 일에, 그리고 기독교학교교육을 교육하는 기독교교육학 전공교육을 제공하는 일에 주력하였다. 이를 기반으로 기독교학교교육 연구와 기독교대안학교 운동이 촉진되기를 기대하였다.

일반적으로 기독교대학교의 일반 학과 교수들이 그리스도인이지만 기

---

14) '소명과 학문'은 네덜란드계 기독교세계관대학교인 포쳅스트룸대학교의 기초필수 교과목 이름(roeping en wetenschap)을 그대로 가져왔다.

독교세계관에 기초한 기독교대학교와 기독교학문에 대한 이해가 부족했던 우리의 현실에 비추어, 기독교대학교의 교육과 연구의 특성과 과제를 빠르게 학습하도록, 김성수는 1980년대 말부터 남아공화국의 포첵스트룸대학교, 북미의 돌트대학교와 기독교학문연구소 등 기독교세계관에 기초한 고등교육기관들로부터 지속적으로 신학자, 기독교철학자, 기독교교육학자들을 초청하여 교수연수와 기독교교육 전공교육 기회를 제공하였다.

1998년부터 포첵스트룸대학교의 박사 예비과정 프로그램을 열어 기독교학교교육에 대한 교육과 연구를 국내에서도 시작할 수 있게 하였다. 2000년에는 교육대학원 기독교교육교육과정전공을 개설하여 그리스도인 교사들에게 기독교학교교육 이해와 연구를 촉진하였다. 2001년부터는 대학원 기독교교육학과 박사과정을 개설하여, 교사들이 기독교학교교육 전공 학자가 될 수 있는 길을 열었다. 김성수로 인해 기독교학교의 세계관과 철학, 교육과정, 교육방법에 대한 교육과 연구가 활성화되었다.

김성수는 고신대학교에 기독교학교 교사교육원을 개설하려는 의도로 오스트레일리아 기독교교육연구소NICE 교수이며 기독교교육협회 회장이었던 에들린R. J. Edlin을 교수로 초빙하였다. 에들린은 한국학생들과 외국인 유학생들에게 기독교세계관과 기독교학교교육을 가르치고 학위논문을 지도하였다. 에들린은 한국기독교대안교육기관연합회기독교학교연맹와 기독교학교교육연구소의 컨퍼런스 발표, 기독교대안학교의 교사교육과 자문 활동으로 기독교학교교육을 촉진하는 일에 기여하였다.[15]

15) R. J. Edlin은 2009년부터 2018년까지 10년간 고신대학교 교수로 협력하였다.

김성수는 2004년 지구촌고등학교 신기영과 함께 부산기독교대안교육
협의회 설립을 주도하였다. 2006년에는 김선요에 이어 한국기독교대안
교육협의회 제2대 대표간사로 일했다. 이러한 배경에서 고신대학교 대학
원과 교육대학원은 교사선교회와 동남권 그리스도인 교사들이 기독교
(대안)학교교육을 배우고 연구할 수 있는 교원교육기관이 되어 왔다.

김성수 이후에는 조성국, 소진희, 이현민이 기독교(대안)학교의 교육
철학과 교육역사 분야에서 교육과 연구 활동을 이어가고 있다. 조성국
은 네덜란드 기독교학교의 교육철학과 역사 연구로 기여하였다. 고신대
학교의 또 다른 촉진자로 기독교철학자 전광식을 들 수 있다.[16] 전광식은
1980년대 말부터 기독교세계관교육운동과 기독교대학설립운동, 기독교
학문운동, 기독교대학 교원 연수교육 등으로 기독교대학교운동의 촉진
자가 되어 왔다. 그는 기독교대안학교인 독수리기독학교 이사장으로서,
단혜향 교장과 협력하여, 교사교육과 학교운영을 지원하는 방법으로 촉
진자 역할을 해왔다.

(2) 아세아연합신학대학교의 이숙경

아세아연합신학대학교는 일찍이 서울 서대문캠퍼스에서 대학원 기독
교교육학과를 먼저 인가받았다[1991]. 이숙경은 이화여자대학교와 파리제
10대학교에서 교육학을 공부하여 박사학위를 받고 아세아연합신학대학
교의 첫 번째 기독교교육학 교수로 임용되어 기독교교육학 전공을 지도

---

16) 전광식은 고신대학교에서 신학을 공부하는동안 교직과정을 이수하여 교사자격증을 받았고, 대학원 기독
교교육학과에서 기독교세계관철학의 교육적 인간론을 연구하여 석사학위를 받았다(1981). 유럽에서 고
대철학으로 박사학위를 받은 후 고신대학교 신학과의 기독교철학교수로, 고신대학교 총장으로 일했고, 대
안학교와 관련해서는 『기독교대안교육과 대안학교』(2019)을 출간했다.

하였다. 이숙경은 이후 학부 기독교교육학과 설치1998, 그리고 교육대학원 설치1999를 주도하였다. 이숙경의 아세아연합신학대학교 교육대학원은 서울경기지역 그리스도인 교사들의 기독교학교교육 연구의 중심이 되었다.

1990년대 초부터 아세아연합신학대학교 교육연구원에서, 이숙경의 지도로 기독교세계관 교육운동의 영향을 받아 공교육을 비판적으로 반성하던 그리스도인 교사들이 기독교학교연구회를 결성하였고, 기독교학교설립에 대한 프로젝트를 두고 토론하였다.17) 기독교학교연구회는 기독교적 관점에서 교육과정과 교육방법에 대한 실천적 토론과 연구의 사랑방과 같은 모임이었다. 이숙경은 기독교교육연구에 있어 주로 기독교학교교육의 목적과 의사전달과 평가에서 문화의 문제를 깊이 논의하는 글들을 발표하였다. 그에게 있어 학교교육의 세계관과 세계관 형성과정은 문화의 문제였다이숙경, 2010.

이숙경은 교육대학원을 설치한 후 본격적으로 그리스도인 교사들의 요구였던 '기독교적으로 가르치는 것'을 학교교육의 교육과정과 교수-학습과정에서 실행할 수 있도록 하는 데 초점을 맞추었다. 이숙경은 북미 기독교학교 교육학자의 저서들을 교재로, 이론의 토론, 모델링과 구체적인 적용방안 개발을 지도하였다이숙경, 2019, 3-5.

아세아연합신학대학교에서 이숙경 외에 다른 촉진자로 오춘희를 들 수 있다.18) 오춘희는 기독교교육의 철학과 역사, 그리고 기독교(대안)학교

---

17) 김윤권과 박상호의 회고에 따르면, 기독교학교연구회의 주요 참여자들은 이숙경, 오춘희 교수와 박상호, 임태규, 강영택, 김윤권이었다(강미영 외 7인, 2019, 16,68).

와 홈스쿨링 등을 연구하면서 가르쳤다. 오춘희는 독수리기독학교의 부설기관인 기독교교육연구소에서 기독교대안학교교육의 교육적 기초, 교사교육, 교육과정과 교육방법, 기독교교육 실천과정 관리, 교육정책 연구 등의 실천적 전문성을 제고하는 일로 기독교대안학교를 지원하였다. 오춘희는 기독교(대안)학교교육의 촉진자에서 실천연구자로 나아갔다.

아세아연합신학대학교에서 기독교학교교육을 공부했던 그리스도인 교사들에게, 이 학교가 일찍이 기독교학교교육에 집중된 전문교육과정을 개설하였으므로 교육과 연구 만남의 장이었다. 이숙경과 오춘희, 그리고 김정효를 비롯한 (기독교)교육학자들이 학교교육의 교과와 수업방법에서 기독교적 통찰을 구체화할 수 있는 실천적 교육을 제공해 주었으므로 만족감이 높았다. 그래서 기독교적 학교교육을 열망하는 그리스도인 교사들은 이 학교에서의 특별한 교제, 이후 기독교학교교육과 기독교교과교육 전문학자들이 된 동료들을 염두에 두고, 이 기관을 '기독교학교교육의 본산'으로 여길 만큼 자부심이 컸다(강미영 외 7인, 2019, 68, 105).

235

(3) 서울여자대학교의 김선요

서울여자대학교의 교육사회학자 김선요는 서울대학교와 캐나다 앨버타대학교에서 교육사회학을 전공한 후, 1981년부터 서울여자대학교 교육심리학과 교수로 일했다. 김선요는 교육사회학자로서 공교육에 대한 비판이론을 연구해왔으므로, 홈스쿨링과 대안교육은 그의 주요한 학문적 관심 영역이었다. 그는 서울여자대학 내에 대안교육아카데미를 열고

---

18) 오춘희는 이화여자대학교와 연세대학교에서 교육철학을 전공하였고, 코메니우스를 연구하여 박사학위를 받았다. 아세아연합신학대학교 교육대학원에서 교수로 일했다.

수강자를 모집하여 기독교대안교육을 가르쳤다.

김선요는 기독교세계관교육운동에 참여하면서 기독교대안교육 연구를 위해 1999년, 미국 칼빈대학교에서 연구년을 보냈다. 그는 미국 네덜란드계 기독교대학교인 칼빈대학교에서 북미 기독교학교들이 발전시켜온 기독교세계관과 기독교학교교육의 철학적, 교육학적 토대에 대한 집중적 연구의 기회를 가졌다. 그는 칼빈대학교에서의 연구가 그의 이후 기독교대안학교 운동에 큰 영향을 주었다고 고백했다현은자, 2018. 16.

김선요는 연구와 교육을 통해, 교육과 교육학의 중립성에 의문을 던지며 세계관의 기능을 지적하였고, 기독교학교에 대한 성경적 조망, 기독교학교의 성적평가, 기독교홈스쿨링운동 등의 주제로 기독교대안학교의 교육과정 전반에서 성경적 방향을 제안하였다.

김선요는 2000년 기독교대안교육협의회샬롬대안교육센터를 설립한 대표간사로서, 기독교세계관에 기초한 기독교대안학교 운동의 주요한 활동가와 촉진자로 일했다. 그는 여러 기독교대안학교를 방문하여 기독교세계관에 기초한 기독교대안학교교육을 실행하도록 독려하는 적극적인 촉진자 역할을 수행했다. 기독교대안학교와 관련된 그의 주장의 요점은 교육활동이란 세계관에 기초한 것이어서 가치중립적일 수 없고, 기독교공동체가 기독교적인 교육을 실행하기 위해서는 기독교대안학교가 필수적이며, 기독교대안학교는 기독교세계관에 따라 교육의 기초에 대한 반성, 기독교적 교사교육, 기독교적 교육과정, 기독교적 교육행정이 이루어져야 한다는 것이었다김선요, 2004.

그는 공교육 위기에 대하여 세계관에 근거한 근원적 질문을 던지고,

대안학교운동과 홈스쿨링운동을 촉구하며, 기독교교육 연합체들이 공동으로 기독교교육과정을 개발해야 한다고 강조하였다김선요. 2002. 김선요가 주도했던 기독교대안교육협의회는 2005년 한국기독교대안학교연맹으로 통합되었다가 다시 분리 독립하여, 2016년 샬롬대안교육센터가 되었다.

(4) 장로회신학대학교의 박상진

장로회신학대학교 박상진은 기독교대안학교 운동의 초기 촉진자는 아니어도 2000년 이후의 기독교대안학교 운동에서 교육과 연구, 그리고 실제 촉진활동으로 주목할 만한 성과를 내고 있는 기독교교육학자이다. 박상진은 성균관대학교에서 교육학, 서울대학교 대학원에서 교육사회학을 공부한 후, 장로회신학대학원, 미국 유니온신학대학원과 장로교기독교교육학대학원UTS & P.S.C.E.에서 연구한 후 박사학위를 받은 기독교교육학자이다.

장로회 통합교단은 선교사들이 한국선교 초기부터 운영해온 많은 기독교 사립학교들을 관리해 왔다. 장로교 통합교단은 기독교학교교육과 관련해서는 학원선교 전통을 따랐고, 신학과 교육신학에 있어서는 기독교신앙과 교회교육에 대한 신학적 탐구에 몰두하는 경향을 보였다. 이러한 배경에서도 박상진은, 기독교학교의 종교교육, 기독교학교교육학, 학교에 대한 교육사회학적 연구를 통해 기독교(대안)학교교육에서 주목할 만한 촉진자가 되었다. 이러한 차별성은 박상진의 생애에서, 대학원의 첫 번째 전공이 교육사회학 이었고, 한국정신문화연구원과 한국교육개발원의 교육연구원 경험,[19] 특히 1983년 한국기독교사회TCF 대표간사로 일한 이후로부터 기독교세계관교육과 기독교교사운동에 참여해 온 경험 등이 깊은 영향을 주었기 때문이다박상진, 2006, 7-8.

박상진은 2000년 중반부터 기독교 사립학교의 종교교육, 기독교학교의 자율성과 정체성, 기독교대안학교 유형, 기독교학교의 교육과정, 기독교학교교육 컨설팅, 기독교학교의 지원체제, 교육공동체, 기독교학교교육의 공공성, 대안교육기관에 대한 법률 등 우리나라 기독교 사립학교와 기독교대안학교교육의 주요한 당면 문제들을 입체적으로 다루는 글들을 발표해 왔다. 그의 많은 연구물들은 주로 교육사회학적 방법으로 이루어졌으나, 한국기독교학교교육의 학문적 기초 확립의 필요에서 기독교학교교육의 역사를 다루는 글들도 발표해 왔다.

박상진은 통합교단 및 수도권 기독교사립(혹은 대안)학교 교사 및 목회자들의 기독교학교교육연구를 촉진함으로써, 장로회신학대학교 교육대학원을 기독교학교교육의 주요한 교원교육기관이 되게 했다. 박상진은 기독교대안학교 운동을 촉진시킴과 동시에, 기독교대안학교교육의 방향설정, 교육과정과 방법에서의 교육학적 전문성 제고, 사회적 공공성의 발전에 기여하도록 독립적인 기독교학교교육연구소를 설립하여 운영하였다.

기독교학교교육연구소를 통해 박상진은, 기독교대안학교교육의 전문적인 정보와 자료 제공, 교사교육, 컨설팅 등의 지원활동과 주요 주제에 대한 학술대회를 주관하고, 기독교학교교육 당사자들과 연구자들의 협

19) 박상진의 첫 번째 석사논문은『검정고시의 사회적 선발기능』(서울대학교 대학원, 1982)이다.

력을 크게 촉진하고, 연구물들을 출간하는 방법으로 기독교대안학교 운동의 실제적 촉진자 역할을 해왔다.

3. 기독교대안학교 운동의 촉진단체

기독교대안학교 운동을 촉진하기 위해 구성된 연합회와 연구소 등 단체들도 있다. 기독교대안학교 운동을 촉진해 온 주요 단체를 활동시작의 순서대로, 기독교대안교육협의회샬롬대안교육센터, 한국기독교대안교육기관협의회기독교대안학교연맹, 기독교학교교육연구소 순서로 간단하게 기술하려한다. 부산기독교대안학교협의회, 경기도대안학교연합회, 한국기독교교육연합회 등도 있으나 주요 촉진활동들은 위의 세 기구를 통해 설명될수 있다고 본다.

(1) 기독교대안교육협의회와 샬롬대안교육센터

우리나라에서 기독교대안교육기관들의 연합단체가 처음 출범한 것은 '기독교대안교육협의회'이다. 기독교대안교육협의회는 2000년 11월 18일 김선요의 주도로 서울여자대학교에서 발족되었다. 첫 회의에서 김선요는 대표간사로 선임되었다. 협의회는 기독교대안학교와 홈스쿨링운동을 촉진하려는 목적으로 매년 세미나컨퍼런스를 개최하였다.[20]

기독교대안교육협의회는 2003년 별개의 연합조직으로 '기독교홈스쿨링연맹'을 조직하였다. 2004년에는 '부산기독교대안교육협의회' 발족을

---

20) 샬롬대안교육센터 홈페이지(www.caeak.com) 연혁.

지원하였다.[21] 2005년에는 '기독교대안학교연맹'을 창립하여 대안교육 운동을 확장하였다. 기독교대안학교연맹은 첫 번째 대표로 독수리기독학교의 단혜향을, 사무총장으로 임태규를 선임하였다.

2006년에는 기독교홈스쿨연맹과 CheaKorea를 통합하여 '기독교홈스쿨협회KCHA'를 창립하고, 이사장에 장갑덕을, 실행대표에 김남영을 선임하였다. 2006년에는 고신대학교 김성수를 기독교대안교육협의회 제2기 대표간사로 선임하였다. 2010년에는 기독교대안교육협의회를 '기독교대안교육센터'로 개칭하였다. 2014년 11월 기독교대안교육센터와 기독교대안학교연맹이 완전히 분립되었다. 기독교대안교육센터는 2015년 '샬롬대안교육센터'로 개칭되었으며, 2016년 10월 교육부 소관 사단법인으로 등록 승인받았다.[22]

기독교대안교육연합회와 샬롬대안교육센터는 김선요의 주도로 다음 몇 가지 방법으로 기독교대안학교 운동을 촉진해 왔다.

첫째, 기독교대안학교 설립과 운영에 참여한 사람들에게 기독교세계관에 기초한 기독교학교교육의 교육철학, 교육과정, 교육방법에 대한 이해를 제고하는 정기적인 교육기회를 제공하였다. 초기부터 기독교대안교육협의회는 정기 컨퍼런스와 현장 세미나를 통해, 북미 기독교학교교육을 모범사례로 삼아 대안학교교육의 전문성을 제고하는 사업에 주력하

---

21) 2004년 부산기독교대안교육협의회 발족 기념의 기독교학교와 홈스쿨을 위한 기독교대안교육세미나는 부산기독교대안교육협의회와 고신대학교교육대학원이 공동 주관하였다. 이 세미나에서 김선요는 '우리나라 기독교 교육의 현황과 비전'이라는 주제로 기독교학교교육의 정체성과 과제를 논했고, 김성수는 '기독교 대안교육이란 무엇인가?'의 주제로 기독교세계관에 기초한 기독교학교교육의 방향을 제안했다(고신대학교 교육대학원 부산기독교대안교육협의회, 『기독교교육의 비전과 대안학교 설립』, 2004 기독

22) 샬롬대안교육센터 홈페이지(www.caeak.com) 연혁.

였다. 김선요와 김성수는 처음부터 기독교대안학교교육 세미나의 주요한 강사였고, 두 사람은 북미 기독교학교교육의 주요 학자들과 연맹사무총장을 초청하여, 세미나를 통해 기독교대안학교의 방향설정과 기독교학교교육 특성구현에 있어 이해의 지평을 확장하였다.

둘째, 기독교대안교육협의회는 기독교대안학교연맹과 기독교홈스쿨연맹의 결성을 주도하여 공동의 기독교대안교육운동을 촉진하였다. 전국의 대안학교(협회)와 홈스쿨 가정 및 단체들이 연합체를 결성하여, 정기적인 세미나와 협력 사업으로 기독교대안(학교)교육의 자료와 프로그램을 공유하고, 정부교육정책에 공동으로 대응하는 방안을 모색한 것은, 기독교대안학교 운동 촉진과 발전의 필수적인 작업이었다.

셋째, 샬롬대안교육센터기독교대안교육협의회는, 기독교대안학교의 설립, 기독교대안학교교육과정 개발과 지원, 국제 교사교육 프로젝트와 국제 학교평가 인정사업 등을 지원하는 방법으로 기독교대안학교의 지위 및 성취수준 제고에 기여하였다. 기독교대안교육협의회는 2003년 기독교대안학교 운동을 촉진하기 위한 기초자료로『기독교학교설립매뉴얼』임태규·마병식·장선희을 발간하였다. 2015년에는 북미개혁교단 세계선교부CRWM의 교사성장프로젝트Educational Care와 협력 조인하였다. 그리고 국제 학교평가인정기관들인 GAA, CSI의 평가인정을 받을 수 있는 절차와 과정을 지원하고 있다. 현재 주요사업으로 기독교대안학교에 PBLProject Based Learning과 ECEducational Care 교육 프로그램을 지원하고 있다.

(2) 한국대안교육기관연합회 기독교대안학교연맹

기독교대안학교협의회는 기독교대안학교 운동의 확산, 공공성과 전문성을 촉진하기 위해 2005년 1월 7일 '기독교대안학교연맹'을 창립하였다. 이 연맹은 2013년 10월 '한국기독교대안교육연맹'으로 개칭되었으며, 2017년 12월 서울시 교육청으로부터 '사단법인 한국대안교육기관연합회'로 설립 승인을 받아 법적 단체로 확립되었다.

기독교대안학교연맹의 첫 번째 대표는 독수리기독학교의 단혜향이었다 2005. 이후 기독교대안학교연맹의 대표로 일했던 촉진자들은, 지구촌고등학교의 신기영 2006-2009, 꿈의학교의 김의환 2009-2012, 글로벌선진학교의 조인진 2013-2015, 드림국제학교의 원호상 2016-2017, 밀알두레학교의 정기원 2017-2019, 나드림국제미션스쿨의 김승욱 2020-현재이다. 기독교대안학교연맹의 실무를 담당하였던 사무총장은 임태규 2005-2009, 마병식 2010-2013, 차영회 2013-현재이다.[23]

한국기독교대안학교연맹은 2005년 창립이후 한국기독교대안교육협의회와 함께 사업을 진행하였고, 2014년 한국기독교대안교육협의회와 분리된 후에는 독립적으로 기독교대안학교 확산을 위한 촉진사업을 실행해 왔다. 한국대안교육기관연합회 기독교대안학교연맹가 기독교대안학교 운동을 촉진해 온 일들은 다음의 몇 가지로 정리될 수 있다.

첫째, 기독교대안학교 참여자들에 대한 교육활동으로, 기독교대안학교의 교육철학과 교육과정, 교육방법에 대한 이해를 제고하였다. 한국대안교육기관연합회는 2020년까지 총 20회에 걸쳐 매년 기독교대안학교

23) 2020.10.30. 사무총장 차영회 제공의 문서자료.

의 주요 주제와 과제를 토론하는 전국 규모의 컨퍼런스를 열어 왔다. 그리고 2014년 이래로 대안학교 예비교사 연수교육과 교육실습을 진행해왔고, 교장리더십 연수를 실행하였다. 2017년에는 '한국대안교육학회'를 창립하여 대안교육에 대한 연구 활동을 촉진하였다. 2019년 기독교대안학교 설립 전문과정 연수 기회를 제공하였다. 이러한 교육기회 제공은 기독교대안학교에 대한 이해의 지평을 확장하고, 기독교대안학교의 설립을 촉진하였다.

둘째, 기독교대안학교교육의 공공성과 전문성을 제고하기 위해 기관협력을 확장하였다. 2013년 이후 신학대학들과 기독교대학교, 기독교교육연구기관들고신대, 총신대, 아세아연합신학대, 침신대, 장로회신학대, 기독교학교교육연구소, WHAF과의 교류협정체결을 확장하여, 교육협력, 대안학교졸업생들의 대학진학에서 협력방안을 구체화하였다. 2011년부터 기독교대안학교박람회를 개최하여 기독교공동체에 기독교대안학교를 홍보하는 일로 운동을 촉진하였다.

기독교대안학교연맹은 2017년 12월 서울시 교육청으로부터 '사단법인 한국대안교육기관연합회' 설립 승인을 받아 법적 단체로 확립되었다. 2018년 3월에는 비인가 상태의 기독교대안학교인 꿈의학교와 별무리학교가 충청남도교육청과 협정을 체결함으로써, 처음으로 개별 기독교대안학교가 정부 교육행정기관과 공적 협력관계에 들어갈 수 있게 되었다.[24] 2020년 1월에는 비인가 대안학교 '학교안전공제'에 가입의 길을 열었다.

─────────────────

24) 2020.10.30. 사무총장 차영회 제공의 문서자료

셋째, 기독교대안학교의 공공성을 확립하고 대안학교교육의 법적 지위 인정과 재정지원을 가능하게 하는 법안 제안 사업을 진행해 왔다. 한국대안교육기관연합회가 관심을 가졌던 최근 10년 간의 대안교육법안은, 2009년 김춘진 의원의 법안 이후, 김세연, 김병욱, 박찬대 의원의 법안들이었다. 한국대안교육기관연합회는 2014년 7월 대안교육 법제화를 촉구하는 성명서를 발표하였고, 2015년 별무리학교 박현수 교장을 팀장으로 법제화전략팀을 구성하였다. 이후 법제화 사업은 한국대안교육기관연합회 이사장과 사무총장, 그리고 법제화전략팀의 주요 과제가 되어왔으며, 2020년 김승욱 이사장 시기에 비로소 한 계단 올라서게 되었다.

2018년 10월 박찬대 의원이 대안교육에 관한 법률안을 발의하여, 2019년 6월 법안소위원회에서 합의 통과된 후, 교육위원회 전체회위에서도 여야합의로 통과되었으나, 2020년 5월 법사위원회에서 협상실패로 폐기되었다. 그러나 박찬대의원은 다시 2020년 6월 "대안교육기관에 관한 법률안"을 발의하였고, 이 법안은 8월에 국회 교육위원회 전체회의에 상정되었으며,[25] 마침내 12월 9일 국회 본회의에서 통과되었다. 대안교육기관에 대한 법은 대안교육기관 등록제를 기반으로, 한편으로는 교육과정에서 대안교육의 취지를 살리면서, 학습자의 교육권을 보장하도록 시설기준, 설립자와 교원의 자격을 규율하는 내용을 담고 있다.[26] 비인가 상태의 기독교대안학교가 등록제를 기반으로 법적 지위를 인정받을 수 있는 길이 열린 것은 진일보한 것이다.

....

25) 2020.10.30. 사무총장 차영회 제공의 문서자료.되었다.

물론 국회를 통과한 대안교육기관에 관한 법은 기독교대안학교만을 염두에 둔 것이 아니고, 기독교대안학교가 기대하는 온전한 수준의 법적 지위 인정과 재정지원을 보장하는 법도 아니다. 그럼에도 불구하고 우리 정부로 하여금 기독교대안학교에 대한 열린 교육 정책과 재정 지원을 향한 진보의 한 걸음을 내 딛도록 한 조처라고 말할 수는 있을 것이다.

(3) 기독교학교 교육연구소

기독교학교교육연구소는 2005년 11월 설립된 기독교학교교육 전문 연구소이다.[27] 이 연구소는 기독교대학이나 교회교단에 소속된 기독교계 연구소들의 일반적인 경우와 달리, 전임 연구원들을 두고 상시적으로 교육과 연구 사업을 수행하는 전문적인 독립 연구소이다. 이 연구소는 설립된 이후 현재까지 교육, 연구, 출판 사업을 통해 우리나라 기독교(대안)학교 교육에 대한 기독교계의, 그리고 사회의 관심을 불러일으키는 일에 크게 기여하였다.

기존의 한국대안교육기관연합회한국기독교학교연맹가 상호협력단체로서 기독교학교들의 연대와 학원선교활동에 주력해왔고, 교사선교단체들과 신우회는 학원복음화에 집중해왔다면, 기독교학교교육연구소는 기독교 사립학교가 직면한 종교교육의 위기, 기독교(대안)학교의 역사적, 교육학적 정체성, 기독교(대안)학교교육의 이론적 특성추구 등에 대한 교육

---

26) 송진희, "대안교육운동 20여 년만의 쾌거... 대안교육법 국회통과", 「기업경제신문」 사회면, 2020.12.10. 09:17. 박찬대 의원이 2020년 6월 태영철 대안교육연대 대표, 김승욱 기독교대안학교연맹 이사장, 박현수 법제화전략팀장 등과 함께 기자회견을 열어 법안을 설명하면서 국회통과를 약속했던 것이 마침내 실현되었다.

27) 기독교학교교육연구소 홈페이지(www.cserc.or.kr).

학적 연구와 사회적인 토론을 이끌어 왔다. 그리고 기독교(대안)학교교육의 과제 연구에 다수의 교육학자들이 참여하여 공동으로 연구결과들을 발표해 옴으로써 한국교육 연구에서 기독교학교교육의 이해를 넓혔다.

기독교학교교육연구소는 사실상 기독교대안학교교육연구소라고 말할 수 있을 정도로 기독교대안학교교육의 전문성 제고를 위한 교육과 연구와 지원활동에 기여해 왔다. 이 연구소의 주요 기여를 몇 가지로 정리해 보면 다음과 같다.

첫째, 기독교학교교육연구소는 기독교대안학교 운동을 적극적으로 촉진하기 위해 설립매뉴얼을 만들었고, 기독교대안학교의 교육전문성 제고를 위해 교육행정가와 교사와 교목을 위한 연수교육, 교육과정과 교육방법에 대한 교육 기회를 제공해 왔다. 공동의 법행정적 대응을 위한 협력연대기구의 역할도 수행하였고, 기독교대안학교의 구체적인 요구에 부응하여 실제적인 지원 사업을 지속적으로 확장해 왔다. 그리고 학부모교육, 교회(교사)교육 등으로 기독교대안학교교육에 대한 이해의 저변 확장에 기여하였다.

둘째, 기독교학교교육연구소는 우리나라 근현대 교육사 연구에서 제대로 다루어지지 않았던 기독교학교운동의 역사를 연구함으로써, 기독교학교운동의 긍정적 기여에 대한 교육역사학적, 사회적 이해를 확장해 왔다. 이러한 연구는 기독교계가 기독교학교교육 과제를 재발견하도록 촉구하고, 기독교학교교육에 참여하는 예비교사와 교사의 재교육 기회를 제공하고, 기독교학교와 기독교대안학교의 상호협력과 공동과제 수행을 위한 장기적 기반을 제공한다. 기독교학교교육연구소는 연구 활동의 결과물을 묶어 '기독교학교교육연구신서' 시리즈를 출간하는 방법으로 교육과 연구를 위한 기초자료를 제공하고 있다.[28]

셋째, 기독교학교교육연구소는 교육사회학적 방법의 정기적인 조사연구로, 기독교대안학교 운동 현상에 나타나는 유형, 특성, 주요내용을 기술하고, 기독교대안학교의 현황과 실태를 정기적 단위로 모니터링 함으로써 정책 수립을 위한 기초 자료를 제공해 왔다.[29] 기독교대안학교교육의 전문성과 공공성을 제고하기 위해, 교육성과를 객관적으로 평가하고, 지속적으로 개선해 나갈 수 있도록, 기독교대안학교 교육성과를 양적으로, 그리고 질적으로 분석하는 과제도 수행하였다_{박상진·조인진·강영택·}이은실, 2012.

기독교학교교육연구소는 설립 때부터 현재까지 박상진의 기획과 지도력, 열정에 의해 발전해 왔다. 박상진은 기독교학교교육연구소에 많은 교회들과 기독교학교 지도자들의 협력과 지원을 끌어내었다. 기독교학교교육연구에 여러 교육학자들과 공동과제를 수행하였다. 박상진의 협력자들 중 우석대학교 강영택의 기여는 지속적이었다.[30] 강영택은 기독교세계관에 기초한 기독교(대안)학교 교육발전에의 소명에 부응하여, 기독교학교교육과정, 기독교대안학교의 행정과 재정에 대한 사회과학적

....

28) 기독교교육연구소 홈페이지(www.cserc.or.kr).

29) 기독교학교교육연구소는 2006년부터 매5년마다 전수조사 및 심층 설문조사를 포함하는 광범위한 실태조사를 실시해왔다(박상진·이종철, 2019).

30) 강영택은 일찍이 아세아연합신학대학교 교육연구원의 기독교학교교육연구회에서 기독교세계관에 기초한 기독교학교교육에 관심을 가졌고, 미국 칼빈대학교 신학대학원을 거쳐, 미시간주립대학교에서 교육행정학을 연구하여 박사학위를 받은 교육학자이다.

연구, 한국 초기기독교학교에 대한 역사학적 연구, 북미기독교학교와의 비교연구 등으로 기독교대안학교교육운동의 촉진자가 되어 왔다.

V. 나가는 말

우리나라에서 기독교대안학교 운동은 여전히 한 세대 안의 교육사회적 현상이다. 일반 대안학교 교육운동이 20세기 중반의 서구 현대 및 후기현대 시대정신과 학교교육비판이론, 열린교육 그리고 20세기 후반의 한국 학교교육 문제로부터 분출되었다면, 기독교대안학교 운동은 한국 교육문제와 더불어, 기독교 사립학교 종교교육의 한계, 기독교세계관 교육운동, 한국교회의 해외 교육선교와 기독교학교교육 경험에서 분출되었다. 기독교대안학교는 크게 신학과 교회로부터 학교교육목적을 비판적으로 반성하고 기독교신앙과 국제역량을 구비시키려던 교회학교 교육운동과, 기독교세계관과 기독교학교로부터 기독교적 교육과정과 교육방법과 교육행정을 실현하려는 기독교학교교육운동으로 분류될 수 있다. 한 세대를 지나는 동안 전자에 속한 많은 기독교대안학교들도 촉진자들과 촉진단체의 영향으로, 기독교세계관과 기독교학교교육 운동을 수용하여, 기독교신앙, 국제역량, 기독교세계관, 기독교학교교육실천을 통합 수렴하는 방향으로 발전하고 있다.

기독교대안학교 운동에서 개별학교 설립 운영자들과 교사들과 학부모들은, 제대로 구비되지 못한 조건, 적절하게 보상받지 못하는 조건에서, 소명감에 기초한 희생과 헌신으로 실험학교를 일구어 왔으므로, 모두 선구자들이라고 말할 수 있다. 기독교대안학교 설립자와 교사들과 학부모들은 개별학교에서 주목할 만한 성과를 보였다. 기독교대안학교설립이 개별학교의 범위를 넘어 운동으로 확산되는 과정에, 이해의 지평을 열고, 대의명분과 전문성을 지원하고, 참여자들을 독려하는 방법으로 운동을 독려해 온 촉진자들도 있다. 그리고 기독교대안학교 운동이 한세대 동안 지속적으로 확산되고 발전하도록 지속적으로 지원해온 촉진단체들도 있다. 이에 비추어 기독교대안학교 운동은 교육선교와 참교육을 향한 성령의 소명을 들었던 많은 그리스도인들의 참여로 이루어 온 하나님 나라의 교육운동이었다고 말할 수 있다.

기독교대안학교 운동은 초기만큼이나 어렵고 큰 도전에 직면해있다. 저출생 현상이 깊어져 학생모집이 어려워질 것이고, 재정 압박은 상존할 것이어서, 영세한 기독교대안학교들의 미래가 밝지 않다. 정부와 사회적 여론이 기독교대안학교교육에 우호적인 태도를 가질 것으로 기대하기도 어려워 기독교대안교육을 보장하는 법률제정과 열린 행정도 쉽지는 않을 것이다. 그럼에도 불구하고 하나님 나라의 참교육을 실천해야 하는 것이 기독교공동체의 과제이다.

기독교대안학교는 교육에 대한 기독교적 철학의 차별성은 물론이고, 교육여건과 교육성과에 있어서도 공립학교 평균수준을 실제로 상회해야 한다. 교육품질을 보장할 수 있도록 기독교대안학교 교사양성과 재교육을 더 전문화해야 할 과제도 안고 있다. 근원적으로 볼 때 기독교대안학교는 기독교공동체의 학교이다. 따라서 기독교공동체의 기본단위인 기독교가정과 기독교공동체의 실체인 교회가 함께, 기독교공동체의 미래를 위해 '기독교학교교육'의 의미와 기능을 제대로 이해하고, 기독교학교설립의 소명과 과제를 제대로 각성한다면, 미래 위기를 넘고 발전을 도모할 수 있는 길이 열릴 것이다.

1장

개복교회110년사 편찬위원회(2004). 개복교회 110년사, 1894-2004. 대한예수교장로회
　　개복교회.

계성100년사 편찬위원회(2006). 계성백년사, 1906-2006. 학교법인 계성학원.

고춘섭 편저(1995). 연동교회 100년사, 1894-1994. 대한예수교장로회 연동교회.

고춘섭 편저(1991). 경신사. 경신중고등학교

광성100년사 편찬위원회(1995). 光成 100년사. 광성중학교·광성고등학교.

기독교학교교육연구소 엮음(2007). 평양대부흥운동과 기독교학교. 예영커뮤니케이션.

기전70년사 편찬위원회(1974). 기전 70년사. 기전여자중고등학교·기전여자실업전문학교.

김광현, 정신백년사출판위원회 편(1989). 정신백년사(상). 정신중고등학교.

김승태 편역(1996). 일제강점기 종교정책사 자료집―기독교편, 1910-1945.
　　한국기독교역사연구소.

김승태(2006). 일제의 식민지 종교정책과 한국기독교계의 대응. 한국학중앙연구원
　　학국학대학원 박사학위논문.

김양호(2016). 목포 기독교 이야기; 목포 기독교 120년사·초기. 세움북스.

김영혁 편저(2006). 창립 100주년 신성학교사. 신성학교동창회.

대구제일교회백십년사 편찬위원회(2004). 대구제일교회 백십년사, 1893-2003.
　　대한예수교장로회 대구제일교회.

동래학원 80년지 편찬위원회 편(1975). 동래학원 80년지,1895-1975. 학교법인 동래학원.

리처드 베어드, 숭실대학교 뿌리찾기위원회 역주(2016). 윌리엄 베어드. 숭실대학교출판국.

문창교회100년사 편찬위원회(2001). 문창교회 100년사(1901-2001). 한국장로교출판사.

박상진 엮음(2013). 기독교학교, 역사에 길을 묻다. 예영커뮤니케이션.

박혜진(2015). 일제하 한국기독교와 미션스쿨. 경인문화사.

배재백년사 편찬위원회(1989). 培材百年史. 재단법인 배재학당.

성백걸(1999). 배화백년사, 1898-1998. 학교법인 배화학원.

송현강(2018). 미국 남장로교의 한국 선교. 한국기독교역사연구소.

숭실100년사 편찬위원회(1997). 崇實100년사 1. 평양숭실. 숭실학원.

숭의100년사 편찬위원회(2003). 崇義100년사, 1903-2003. 학교법인 숭의학원.

신명100년사 편찬위원회(2008). 신명백년사, 1907-2007. 신명고등학교·성명여자중학교.

안종철(2010). 미국 선교사와 한미관계, 1931-1948. 한국기독교역사연구소.

양국주(2015). 남자 좀 삶아주시오-유화례의 사랑과 인생. Serving the People.

양주삼(1930). 조선남감리교회 삼십년 기념보. 조선남감리교회 전도국.

오산칠십년사 편찬위원회(1978). 五山七十年史.

오성철(2000). 식민지 초등교육의 형성. 교육과학사.

이덕주(2008). 광주 선교와 남도 영성 이야기. 도서출판 진흥.

이덕주(2008). 예수 사랑을 실천한 목포·순천 이야기. 도서출판 진흥.

이덕주(2007). 전주비빔밥과 성자이야기. 도서출판 진흥.

이덕주(2018). 한국 감리교회사와 지역교회사 연구. 한국기독교역사연구소.

이만열(1897). 한국기독교문화운동사. 대한기독교출판사.

이만열·옥성득 편역(2010). 언더우드 자료집 제5권. 연세대학교 출판부.

李省展; 서정민·가미야마미나코 옮김(2007). 미국선교사와 한국 근대교육. 한국기독교역사연구소.

이재정(1990). 대한성공회 백년사, 1890-1990. 대한성공회 출판부.

장규식(2009). 1920년대 학생운동. 한국독립운동사연구소.

정병준(2007). 호주장로회 선교사들의 신학사상과 한국선교, 1889-1942. 한국기독교역사연구소.

정신여학교사료연구위원회 편(2014). 장로회 최초의 여학교 선교편지. 홍성사.

정재철(1985). 일제의 대한국 식민지 교육정책사. 일지사.

조지 톰슨 브라운; 천사무엘·김균태·오승재 역(2010). 한국선교이야기: 미국 남장로교 한국선교역사(1892-1962). 서울: 동연.

차재명 편(1928). 조선예수교장로회사기(상). 조선기독교창문사.

최석숭 편(1979). 평북노회사. 기독교문사.

한국기독교역사학회 편(2011). 한국기독교의 역사 I(개정판). 기독교문사.

홍선의(2007). 보성백년사, 1907~2007. 보성중고등학교.

日本植民地教育政策史料集成(朝鮮篇). 조선총독부 학무국

강영택(2013). 초기 기독교학교에서의 신앙교육. 기독교학교, 역사에 길을 묻다. 예영커뮤니케이션.

류대영(2010). 윌리엄 베어드의 교육사업". 한국기독교와 역사, 32호.

박상진(2013). 초기 한국교회의 학교 설립과 지원체제 연구. 기독교학교, 역사에 길을 묻다. 예영커뮤니케이션.

박상진(2013). 한국 초기 기독교학교의 쇠퇴에 관한 연구. 기독교학교, 역사에 길을 묻다. 예영커뮤니케이션.

박혜진(2013). 미북장로회선교부 관할 미션스쿨에 대한 한국인의 경영 참여. 한국기독교와 역사, 39호. 한국기독교역사연구소.

안종철(2005). 윤산온의 교육선교 활동과 신사참배문제. 한국기독교와 역사, 23.

안종철(2009). 중일전쟁 발발 전후 신사참배 문제와 평양의 기독교계 중등학교의 동향. 한국문화, 48호.

이재근(2015). 남장로교의 전주 신흥학교·기전여학교 설립과 발전(1901-1937). 한국기독교와 역사, 42호.

이진구(2008). 광주 스테이션의 학교교육-숭일·수피아를 중심으로. 제1회 인돈학술세미나- 미국 남장로교 한국선교부의 교육선교. 한남대 인돈학술원.

임희국(2013). 구한말 기독교학교/신식학교의 설립에서 내한 선교사와 토착인 교육자의 상호관계 고찰. 기독교학교, 역사에 길을 묻다. 예영커뮤니케이션.

임희국(2007). 한국교회 초기 기독교학교 설립. 평양대부흥운동과 기독교학교. 예영커뮤니케이션.

조성국(2007). 한국교회 초기 기독교학교의 건학이념 연구. 평양대부흥운동과 기독교학교. 예영커뮤니케이션.

한규무(2009). 순천 매산학교. 프런티어 4. 한남대 인돈학술원.

조선총독부관보.

조선휘보.

동아일보.

기독신보.

신학월보.

조선일보.

매일신보.

독노회록(1907).

예수교장로회 조선노회 제5회회록(1911).

예수교장로회 조선총회 제4회-제5회 회록(1915~1916).

조선예수교장로회 총회 제12회-제26회 회록.(1923-1937)

기독교대한감리회 100주년기념사업위원회(1984). 조선감리회연회록, 1-15.
        기독교대한감리회.

예수교장로회 조선전라노회 제3회-제4회 회록(1913-1914).

조선예수교장로회 전북노회 제3,4회, 제17회, 제18회 회록(1918, 1925-1926).

평양노회지경 각 교회사기(1925). 광문사.

Minutes and Reports of the 38th Annual Meeting of the Chosen Mission of the
        Presbyterian Church in the U.S.A.(1922, 1933).

Harry A. Rhodes, History of the Korea Mission Presbyterian Church U.S.A. vol. I,
        1884~1934(1984). 대한예수교장로회총회교육부

Presbyterian Church in the U.S.A. Board of Foreign Missions Korea Mission
        Reports 1911-1954. 한국기독교역사연구소 영인.

The Korea Mission Field

2장

강영택(2013a). 기독교학교의 사명과 공공성. 신앙과 학문. 18(4). 7-31.

강영택(2013b). 초기 기독교학교의 신앙교육. 박상진(편) 기독교학교. 역사에 길을 묻다. 서울: 예영.

고지수(2015). 김재준의 사회참여활동 연구. 성균관대 박사학위논문

기독교학교교육연구소(2007). 평양대부흥운동과 기독교학교. 서울: 예영.

기독교학교교육연구소(2020). 한국기독교학교교육운동사. 연구소 창립 15주년 기념 학술대회 자료집.

김시덕(2013). 명동촌 기와문양의 정체. 국외 민족운동의 요람 명동학교 개교 및 명동촌 건설 114주년 기념 학술회의 자료집.

김영섭(2002). 동맹휴학과 항일운동. (은진중학교동문회 편)은진 80년사. 서울: 코람데오.

김영철·강영택·김용련·조용순·이병곤(2016). 마을교육공동체의 해외사례조사와 정책방향 연구. 경기도교육연구원

김해영(2011). 북간도 한민족교육사상의 형성과 전개. 제주대학교 박사학위논문.

김해영(2014). 북간도 명동 오현의 교육사상적 연원에 관한 연구 (北间岛明东五贤的教育思想渊源研究) 민족문화논총 Vol.58, 494-516.

김형목(2013). 명동학교의 학제와 교과과정. 명동학교 개교 105주년 및 명동촌 건설 114주년 학술대회 자료집.

김형수(2018). 문익환 평전. 서울: 다산책방.

문영금, 문영미(2006). 기린갑이와 고만네의 꿈 - 문재린과 김신묵 회고록. 서울: 삼인.

문익환(1968). '동주형을 추억함', 윤동주, 하늘과 바람과 별과 시. 서울: 정음사

문익환(1973). 새삼스런 하루, 서울: 월간문학사.

민경찬(2013) 명동학교 교가에 관한 연구. 명동학교 개교 105주년 및 명동촌 건설 114주년 학술대회 자료집.

박상진(2006). 기독교학교교육론. 서울: 예영.

박상진(2010). 한국기독교학교교육운동. 서울: 예영.

백승종(2013). 초기 기독교학교에서의 지역사회와 학교의 관계: 평북 정주 오산학교의 이상촌 운동을 중심으로 박상진 (편) 기독교학교. 역사에 길을 묻다. 서울: 예영

서굉일(1986). 1910년대 북간도의 민족주의 교육운동(II)- 기독교학교의 교육을 중심으로. 백산학보 30, 31합호, 236-280

서굉일(2008). 일제하 북간도 기독교 민족운동사. 오산: 한신대출판부

서대숙(2008). 간도 민족독립운동의 지도자 김약연. 서울: 역사공간.

세계한민족문화대전(2020). http://www.okpedia.kr/ 2020.07.20. 인출

심성보 외(2019). 마을교육공동체운동: 세계적 동향과 전망. 서울: 살림터

오춘희(2003). 한국교회 갱신을 위한 기독교학교의 가능성과 그 전망. 기독교교육정보, Vol. 7, 43-73.

이이소(2020). 역사에서 이름이 지워진 독립운동가. 에큐메니안. http://www.ecumenian. com/news/articleView.html?idxno=20561 2020.07.01인출

연변민족교육연구소(1987). 연변조선족교육사. 연길: 연변인민출판사

은진중학교동문회(2002). 恩眞80年史. 서울: 코람데오.

정예지(2011). 1910년대 북간도 조선인학교의 연합운동회. 만주연구, Vol. 12, 131-158.

한강희(2019). 일제하 북간도 명동학교의 교과서에 나타난 민족주의와 근대 국가 개념.

신학사상, 184호, 35-61

한규원(1997). 개화기 한국기독교 민족교육의 연구. 서울: 국학자료원.

한철호(2009). 명동학교의 변천과 성격. 한국근현대사연구. 51. 262-280.

허청선·강영덕(2002). 중국조선민족교육사료집. 연길: 연변교육출판사

〈신문 및 영상자료〉

동아일보 1921.11.29.; 1936.05.02

CBS TV 다큐멘터리. 북간도의 십자가.

3장

강일국(2009). 해방 후 중등교육 형성과정. 서울: 강현출판사.

고병철(2012). 한국 중등학교의 종교교과교육론. 서울: 박문사.

교육부 사학혁신위원회(2019). 사학혁신위원회 활동백서: 사학제도 개선 권고안.

교육신문사(1999). 한국교육100년사. 서울: 교육신문사.

김기석(1994). 중등교육 팽창의 역사사회적 조건과 동인. 교육사회학 탐구Ⅱ. 서울: 교육과학사.

김기석(1989). 유상 중등교육의 팽창. 한국교육의 현 단계. 서울: 교육과학사.

김영철, 공은배(1988). 교육경제와 재정. 서울: 교학사.

김웅(2008). 한국교회 성경구락부에 대한 연구. 장로회신학대학교 석사학위논문, 17.

김인수(1998). 한국 기독교회의 역사. 서울: 장신대출판부.

대한청소년구락부(1964). 국민학교 인가 제1호. 지도자, 제9권 3호.

류성민(2012). 근대 이후 한국 사회변동과 개신교 학교의 종교교육. 원불교사상과종교문화, 51.

박상진(2020). 21대 국회 사학법 개정에 대한 한국교회의 대응방안. 선교와 신학, 제52호.

박상진(2008). 한경직 목사의 교회교육과 그 영향. 한경직목사 추모자료집. 서울: 한경직목사기념사업회.

박상진 외(2015). 종교적 갈등이 없는 학교: 회피 및 전학제도. 서울: 예영.

박환보(2015). 해방 이후 학교교육 팽창의 규모와 특징. 대한민국 교육 70년. 서울: 대한민국역사박물관.

사립학교교원연금관리공단(1991). 한국의 교육발전과 사학. 서울: 사립학교교원연금관리공단.

연덕원, 임은희(2019). 정부 책임형 사립대학 도입 방안. 대학교육연구소.

영락교회 35년사 편찬위원회 편(1983). 영락교회 35년사. 서울: 영락교회 홍보출판부.

오상철 외(2015). 대한민국 교육 70년. 서울: 대한민국역사박물관.

오욱환(2000). 한국사회의 교육열: 기원과 심화. 서울: 교육과학사.

이종각(2003). 교육열 올바로 보기. 서울: 원미사.

이종재, 정성수, 김영식(2006). 한국교육의 발전 전략과 새로운 과제. 교육행정학연구, 24(4).

임재홍 외(2015). 공공형 사립교육기관 운영 모델에 관한 연구. 서울특별시 교육청

최윤식(2013). 2020 2040 한국교회 미래지도. 서울: 생명의 말씀사.

한국교육개발원. 교육통계연보. 1965-2019.

한국교육개발원(1998). 한국 근대 학교교육 100년사 연구(III): 해방이후의 학교교육. 서울: 한국교육개발원.

한국기독교학교연맹(2014). 한국기독교학교연맹50년사. 서울: 쿰란출판사.

한국기독교학교연합회(2014). 한국기독교학교연합회 60년사. 서울: 한국기독교학교연합회.

https://terms.naver.com/entry.nhn?docId=796175&cid=46615&category
   Id=46615

http://buseo.sen.go.kr/web/services/bbs/bbsView.action?bbsBean.
   bbsCd=313&bbsBean.bbsSeq=67&ctgCd=1017

https://blog.naver.com/kedi_cesi/222137143934

http://www.kfcs.or.kr/index_school.htm

www.krshin-il.hs.

4장

강미영 외 7인(2019). 공교육 속에서 기독교교육하기. 서울: 아세아연합신학대학교.

고신대학교교육대학원 부산기독교대안교육협의회(2004). 기독교 교육이 비전과 대안학교 설립. 2004 기독교학교와 홈스쿨을 위한 기독교대안교육 부산세미나 자료집.

기독교학교교육연구소 편(2013). 기독교학교 리더를 만나다: 기독교학교 설립 매뉴얼. 서울: 예영커뮤니케이션.

김선요(2002). 기독교대안교육 운동에 대한 소고. 백석저널 2: 한국기독교대안교육, 2002 가을, 49-71.

김선요(2004). 우리나라 기독교교육의 현황과 비전. 기독교 교육의 비전과 대안학교 설립.

　　　　기독교학교와 홈스쿨을 위한 기독교대안교육 부산세미나 자료집.

김윤권(2019). 수학, 책 그리고 자유. 공교육 속에서 기독교교육하기. 서울:
　　　　아세아연합신학대학교.

박상진(2006). 기독교학교교육론. 서울: 예영커뮤니케이션.

박상진(2010). 한국기독교학교운동. 서울: 예영커뮤니케이션.

박상진(2021). '대안교육기관에 관한 법률' 제정의 의미와 향후 과제. 장신논단, 53-1, 329-
　　　　354.

박상진 외 14인(2010). 학교교육에 대한 기독교적 이해. 서울: 교육과학사.

박상진, 장신근, 강영택, 김재웅(2014). 기독교학교의 공공성. 서울: 예영커뮤니케이션.

박상진, 김창환, 김재웅, 강영택(2015). 기독교학교의 미래전망. 서울: 예영커뮤니케이션.

박상진, 이종철(2019). 당신이 기독교대안학교에 대해 알고 싶은 모든 것: 5년마다 알아보는
　　　　기독교대안학교의 현황: 제3차 기독교대안학교 실태조사. 서울: Bookk.

박상진, 조인진, 강영택, 이은실(2012). 기독교대안학교의 교육성과를 말한다. 서울:
　　　　예영커뮤니케이션.

박현수(2011). 한 아이를 키우려면 한 마을이 필요하다. 별무리학교 이야기: 마을 학교 그리고
　　　　희망. 금산: 별무리학교, 41-44.

별무리학교(2011). 별무리학교 이야기: 마을 학교 그리고 희망. 금산: 별무리학교.

손원영(2020). 주일 교회 학교의 대안 학교화 가능성 탐색. 백석저널 2: 한국기독교대안교육,
　　　　2002 가을, 77-110.

송진희(2020). 대안교육운동 20여 년만의 쾌거 … 대안교육법 국회통과. 기업경제신문 사회면.

이숙경(2010). 기독교학교교육에 대한 문화적 접근. 학교교육에 대한 기독교적 이해. 서울:

교육과학사, 195-226.

이숙경(2019). 머리말. 공교육 속에서 기독교교육하기. 서울: 아세아연합신학대학교, 2-6.

정병완(2008). 기독교대안학교의 교육권리와 그 실천방안: 하나님의 교육(Educatio Dei)을
중심으로. 총신대학교대학원 박사학위논문.

정영찬(2007). 한국의 기독교대안학교 교육에 대한 개혁주의적 고찰. 고신대학교대학원
박사학위논문.

조성국(2019). 기독교세계관 형성을 위한 기독교학교교육의 역사와 철학. 서울: 생명의양식.

한국대안교육기관연합회 편(2021). 법제화 연혁 자료집: 연혁, 법안, 관련 조례. 서울:
한국대안교육기관연합회.

현은자(2018). 기독교교육학자 김선요. Worldview, 2018.5, 12-19.

홍세기(2018). 한국교사선교회(TEM)의 교육선교활동과 역사적 의의. 고신대학교대학원
박사학위논문.

기독교학교운동사

1판 1쇄 찍은 날 2021년 12월
1판 1쇄 펴낸 날 2021년 12월

기   획 기독교학교교육연구소
지 은 이 박혜진, 강영택, 박상진, 조성국
펴 낸 이 박상진
책임편집 원지은
펴 낸 곳 쉼이있는교육
출 판 사 등록번호 제 2020-000015호
           (04969) 서울특별시 광진구 아차산로78길 44 크레스코빌딩 308호
           02-6458-3456, edu4rest@daum.net
북디자인 스튜디오 플럼 sangury@gmail.com

잘못 만들어진 책은 쉼이있는교육 출판사에서 교환해 드립니다.

ISBN 979-11-969691-7-2
가격 16,000원

하나님의 교육이 가득한 세상
기독교학교교육연구소

기독교학교교육연구소는 교육의 본질과 방향을 제시하며, 현장의 필요에 응답하는 연구, 나눔과 성장이 있는 연수, 왜곡된 교육을 변혁하는 운동을 통해 하나님의 교육이 가득한 세상을 이루어갑니다. 이를 위해 기독교대안학교의 성장과 성숙, 기독교 사립학교의 회복과 갱신, 공교육에 기독교적 대안 제시, 교육 회복의 주체인 기독학부모 세우기, 가정과 학교를 연계하는 교회교육의 모색 등의 사역을 감당하고 있습니다.